XIFANG JINGDIAN
XUEQIAN JIAOYU
KECHENG MOSHI
JI YUNYONG

U0574144

西方经典学前教育
课程模式及运用

霍力岩 孙蔷蔷 等◎著

北京师范大学出版集团
BEIJING NORMAL UNIVERSITY PUBLISHING GROUP
北京师范大学出版社

图书在版编目（CIP）数据

西方经典学前教育课程模式及运用/霍力岩等著. —北京：北京师范大学出版社，2016.1（2023.1 重印）
ISBN 978-7-303-19574-9

Ⅰ.①西… Ⅱ.①霍… Ⅲ.①学前教育—教学研究—西方国家 Ⅳ.①G619.1

中国版本图书馆 CIP 数据核字（2015）第 248283 号

图书意见反馈：gaozhifk@bnupg.com 010-58805079
营销中心电话：010-58802181 58805532
编辑部电话：010-58808898

出版发行：北京师范大学出版社 www.bnup.com
　　　　　北京市西城区新街口外大街 12-3 号
　　　　　邮政编码：100088
印　　刷：三河兴达印务有限公司
经　　销：全国新华书店
开　　本：787 mm×1092 mm 1/16
印　　张：17.75
字　　数：310 千字
版　　次：2016 年 1 月第 1 版
印　　次：2023 年 1 月第 4 次印刷
定　　价：39.00 元

策划编辑：罗佩珍　　　　　责任编辑：薛　萌　梁　霞
美术编辑：焦　丽　　　　　装帧设计：焦　丽
责任校对：陈　民　　　　　责任印制：马　洁

目 录

从学习与借鉴走向超越与自生

改革开放30多年来，我国幼儿教育工作者学习和借鉴了多种西方幼儿教育模式——一波未平，一波又起……应该说，西方一些优秀幼儿教育模式如高宽课程模式、蒙台梭利教育法、发展—互动课程模式、华德福教育方案、瑞吉欧教育方案、光谱方案等因其品质优秀、实践性强等优势已经成为影响我国幼儿教育改革的一股势不可挡的课程改革潮流，世界上许多著名的儿童心理学家、学前教育家，如皮亚杰、蒙台梭利、马拉古奇、斯坦纳、费尔德曼和加德纳等给我国学前教育带来了理论和实践层面的多方启示。但我们今天更应该认识并努力践行的是，站在改革开放30多年的新的历史起点上，我们应该从借鉴走向超越，从学习走向自生，从解决中国的学前教育问题和社会公平问题出发，寻求带有中国立场的中国解决方案。基于此，笔者认为有必要通过系统分析改革开放30多年来我国向西方学习的主要课程模式，为从借鉴走向超越的当今学前教育课程改革提供回顾的线索和逻辑。

一、从"师从苏俄"到"借鉴欧美"："昨日非"到"今日是"的转型之路

（一）改革开放以前的"师从苏俄"

改革开放以前，我国学前教育界主要是"师从苏俄"——向苏联学习的是一套与西方经典课程模式相向而行的"直接教学"和"分科教学"的集体主义教育模式。在我们学会了克鲁普斯卡娅、乌索娃的教育思想和教育方法的同时，也批判了我们并不了解的西方学前教育思想与实践，包括西方经典课程模式。譬如，我们批判了蒙台梭利，以及她这个"资本主义教育代言人"的"儿童中心思想""自由主义教育思想"，并形成了一套与以蒙台梭利为代表的西方学前教育模式决裂的、与中小学的"直接教学"和"分科教学"模式类似的集体主义教育模式。可以说，苏

联学前教育家乌索娃主导的"学前教学""直接教学""分科教学"的集体主义教育模式，在相当程度上成为影响新中国成立以来的前30年幼儿园教育教学的主旋律。我们不仅为"直接教学"和"分科教学"编写了幼儿园教学大纲，还集全国众多专家的智慧编写了幼儿园分科直接教学的教材和参考资料，同时培养了一大批以这种分科直接教学为依据的教研队伍。相应地，我国的广大幼儿园都在长期遵循着、实践着、提升着一套实实在在的苏联影响下的幼儿园分科直接教学的集体主义教育模式。

（二）改革开放以来的"借鉴欧美"

昨日以为非者，今日或许已以之为是；昨日还只是梦中所见，今日或许已为眼前之常。在影响着国家和民族命运的改革开放浪潮中，我们转而学习起了欧美的学前教育制度、学前教育理论和学前教育经验，于是乎欧美也就成为我国学前教育工作者积极学习和借鉴的对象。历时30余载，我国学前教育界向欧美学习的是多种"活动教学"和"综合教学"的自由主义教育模式。在一定程度上可以说，昨天我们在与以苏联为首的"直接教学""分科教学"的集体主义教育模式站在同一个阵营的同时，也和今天我们学习和借鉴的西方资本主义国家的"活动教学""综合教学"的自由主义教育模式划清了界限或至少保持了相当的距离。在"师从苏俄"的30年间，少有中国学前教育工作者在中国的土地上尝试开辟"区域活动"教学的试验田，尽管当时它已经在国际学前教育的土地上扎下根基并茁壮成长；少有中国学前教育工作者在中国的舞台上尝试出演"综合主题"教学的新剧种，尽管当时它已经在世界学前教育的舞台上屹立半个世纪不倒。如同我们不知道市场经济并非资产阶级或资本主义的专利一样，我们并不知道"现代教育有社会主义教育和资本主义教育两种完全不同的教育形态"①。我们以苏联的学前教育制度、学前教育思想和学前教育模式为榜样，以我们向苏联学习而来的学前教育制度、学前教育思想、学前教育模式为光荣。我们相信集体主义教育模式是绝对真理，我们认为学习苏联的集体主义学前教育模式并以它为基盘建设我们的学前教育模式是我们的理想和追求。

（三）比较中的发现：西方经典课程模式意蕴所在

改革开放以来的30多年，我们学习和借鉴的是与苏联的一套"直接教学"和

---

① 顾明远：《顾明远教育口述史》，北京：北京师范大学出版社，2007，第96页。

"分科教学"的集体主义教育模式截然不同的学前教育模式，是西方的多种"活动教学"和"综合教学"的自由主义教育模式，如高宽教育方案、蒙台梭利教育法、瑞吉欧教育方案、华德福教育方案和光谱教育方案等。在西方的多种多样的自由主义的教育模式中，在西方孩子们多种多样的自由活动中，我们发现了西方学前教育模式不同于苏联学前教育模式的特点："从现象上看，这种教学方法是自由主义的"，但"在自由中却蕴含着计划性、目的性"，"设计环境是教师最重要的工作。教室的环境如何布置，选择什么玩具和游戏，都要经过精心设计"，因此，对于教师来说，"自由教学并不自由"①。可以说，在西方的学前教育机构中，自由教学就是孩子们在教师精心提供的环境中的自主学习，是孩子们对教师精心设计之环境和认真制作之材料的自由探索。而表面上看来没有直接教学任务的教师，实质上是儿童发展环境的创造者，是儿童探索环境时的观察者、研究者和引导者。由此，我们发现，我们以前批判过的西方自由主义教育模式背后蕴含着教育教学的"计划和目的"，西方儿童自由活动、快乐发展的背后隐藏着教师"对儿童真正的爱"。我们开始懂得，原来，学前教育需要借鉴苏联模式的分科直接教学，还需要融入西方模式的在活动中"润物细无声"；原来，幼儿教师不单要能在教室中"眉飞色舞"得"滔滔不绝"，她的功夫还应该在教室以外；原来，"此处无声胜有声"的活动教育"才算是对儿童真正的爱"；原来，"什么才算是对儿童真正的爱"，"不只是一个方法问题，还是一个教育观的问题、人才观的问题"②。总而言之，新时期的改革开放，让中国学前教育的现代化进程在相当程度上受到西方现代化价值观的影响，中国学前教育改革与发展的进程开始反映以西方现代化理念为代表的现代社会的价值观，我国学前教育开始被打上西方文明和西方价值观的烙印。

二、"借鉴欧美"的波浪式进程：在学习和借鉴的困惑中曲折前行

（一）序幕拉开，活动区教学成为学习和借鉴对象

20 世纪 80 年代中后期，我国幼儿教育改革在学习皮亚杰认知发展理论及其"高宽课程模式"中拉开了序幕。"活动区教学""发现学习"等有别于传统教育模

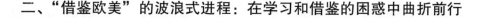

①　顾明远：《顾明远教育口述史》，北京：北京师范大学出版社，2007，第 195～196 页。
②　同上书，第 194 页。

式如直接教学模式和分科教学模式的幼儿教育新思想、新方法即始于此时。经历了对皮亚杰认知发展理论及其实践策略的学习和借鉴，我国幼儿教育工作者很少有人不知道"活动区"，也很少有幼儿园不在教室里设置"活动区"。可以说，这种学习和借鉴部分地、但极大地挑战了传统"排排坐，吃果果"的班级授课制——工业革命背景下产生的以高效率、标准化为基本追求的中小学班级授课制的下延，开始了我国现代幼儿教育法的有益尝试。

几年过去了。我国相当数量的幼儿园园长和教师开始苦恼不已：各个活动区中供儿童操作的东西不少，但孩子们似乎就是提不起兴趣。就在园长和教师百思不得其解的时候，她们遇到并认识了蒙台梭利教育法。很快，她们就放弃了皮亚杰和"高宽课程"，转而学习蒙台梭利教育法——原因是显而易见的，蒙台梭利教育法不仅带来了实实在在的几个活动区，而且带来了可以放在各个活动区里的有丰富内涵、能实际操作的活动区教育材料，儿童的活动兴趣被激发出来了，教师的活动区教学也有了实实在在的依托。我们的园长和教师恍然大悟：我们原来在教室中开设活动区的初衷是好的，但因为没有活动区特别是活动区中系列活动材料的样板，使得我们原来的活动区没有真正内涵，甚至有些形同虚设了。蒙台梭利似乎成为了我们在黑暗中摸索几年仍不得活动区要领时见到的一线曙光。不少人甚至认为，让幼儿在活动区中通过活动材料进行操作学习的时代，经由蒙台梭利教育法真的就要来临了。

（二）再次选择，怎样让活动成为学习和借鉴焦点

但是，没过几年蒙台梭利教育法又开始令我们焦躁不安——尽管数量众多的幼儿家长还在狂热地追捧，但大量运用蒙台梭利教育法的幼儿园园长和教师已经心知肚明：花费不菲买来的教具在孩子们摆弄了一个学期也许是两个学期以后就再也引不起他们的兴趣，孩子们已经开始在教具旁边走来走去、无所事事，甚至开始拿着教具玩起了打仗游戏；孩子们在幼儿园里一个上午都在操作蒙台梭利教具，彼此之间缺乏语言交流、没有社会性互动；教具成了蒙台梭利班的中心，教师及教师引导下的儿童则成了教具的奴隶。从某种意义上说，相当数量的幼儿园重视的不是蒙台梭利最为重视的儿童，而是蒙台梭利为儿童提供的儿童操作材料；不是蒙台梭利重视的由适宜材料组成的"有准备的环境"，而是蒙台梭利为儿童提供的部分知识探究材料；不是蒙台梭利重视的儿童操作材料的内在含义和活动价值，而是向儿童展示这些操作材料的一招一式……难怪已经有人感慨，我们幼儿园里的"蒙氏""蒙

事"了!

于是越来越多所谓实践蒙台梭利教育法的幼儿园已经发现，自己做的并不是蒙台梭利，或者自己并没有做好蒙台梭利，或者自己今后也做不好蒙台梭利。"我国没有统一的蒙台梭利协会，虽然不少城市都有所谓的蒙台梭利培训中心，但多数没有注册，没有办学资质，没有征得国际上蒙台梭利协会的允许，没有国外蒙台梭利教育法的权威人士参加。一些培训中心只是以赚钱为目的，培训只是走走过场，他们发放的结业证书教育部并不认可，国际上的蒙台梭利协会更不认可。"①

（三）难出误区，学习和借鉴面临困难境地

在这种情况下，不少幼儿园现在正琢磨着是否放弃蒙台梭利和如何放弃蒙台梭利。当然，放弃蒙台梭利以后他们可能会转向学习瑞吉欧教育方案。因为在他们眼里，同样来自西洋的瑞吉欧教育方案进入中国恰逢其时，正好可以弥补蒙台梭利教育法的一些所谓不足，如"不重视集体活动"，"不让幼儿说话"，等等。一些未及实践蒙台梭利教育法的幼儿园则在庆幸着自己可以少走弯路、直接跟上学习瑞吉欧教育方案的步伐，因为瑞吉欧教育方案强调方案教学——认为"儿童有 100 种语言"，教师应该"接住孩子发过来的球"，师生应该共同开展问题导向的共同探究等，而这些似乎正好可以弥补他们眼中以往学习的两个教育模式即高宽课程模式和蒙台梭利教育法缺乏综合性集体探究活动的不足。越来越多的幼儿园认为，我们应该让幼儿在问题导向的、综合性的、表现性的、全员参与的主题活动中学习。由此，选择"瑞吉欧"似乎又是理所当然的了。当然，也不排除有个别幼儿园只是又举起了另外一块西洋招牌。

但是瑞吉欧似乎并没有真正"火"起来，"瑞吉欧热"正在降温。因为教师精心选择的一个个"主题"成为了自己而不是幼儿的探究对象：教师智慧勤劳地为每一个主题活动网络搜寻各种知识、准备多种资料、设想多种方案，而幼儿则更多的是把教师绞尽脑汁、加班加点探究得来的知识接受下来再表演出来。也就是说，本来应该由儿童进行的探究由成人越俎代庖了，儿童虽然在形式上不再是教师分科直接教学的对象，变成了在活动中学习的探究者，但他们在实质上获得的还是间接知

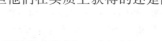

---

① 曾人：《老师打小朋友，高价幼儿园的洋招牌忽悠了多少家庭》，《家庭》，2008（1）：23。

识，还是被动地吞下了成人嚼过的馍——本末倒置；而一个个编织精密的"主题网"又罩住了一批批幼儿教师，让幼儿教师陷入了无法根据儿童的需要"生成课程"的境地；"生命""宇宙"等类似的抽象主题，也远远超出了思维处于直觉行动阶段和具体形象阶段孩子的心理发展水平，常常会把孩子带入探究的误区，或把孩子的探究欲望扼杀在摇篮之中……不少幼儿园又开始认为，瑞吉欧比蒙台梭利难学多了，因为蒙台梭利有一套经典教具作依托，具有现实的可操作性；而瑞吉欧则让人看不见又摸不着，不知从何处着手以及握着何种把手才能学习和借鉴。

所以不少幼儿园也开始放弃或准备放弃瑞吉欧，转而学习加德纳的多元智力理论和光谱教育方案。"多元智力"现在又已经热到了我国幼儿教育界的方方面面。

（四）系统回顾，剖析和反思西方经典课程模式

什么是课程模式（curriculum model）？不同的研究者有不同的看法。伯纳德·斯波代克（Spodek，B.）认为"课程模式是对一种课程方案基本要素的确立，涵盖了课程方案的理想成分，可以作为判断某个正在实施的课程方案靠近理想状态的指示物和标准。"[①] 也就是说，课程模式是一个用于决定教育计划、行动策略、课程内容、教学方法和评价的参考框架。斯泰斯·戈芬（Goffin，S.）认为"课程模式是一种思维框架和组织架构，其中显示出了教育中需要优先考虑的问题、目标、内容、教学方法、评价标准和管理政策等，是一种运用模板"[②]。而伊文思（E. D. Evans）对课程模式的释义则是：当某种理论，或者几种理论综合成为一种指导思想，被作为制订某一个具体的教育计划或者教育方案的基础，并被用以处理该计划或者方案中的各种成分之间的各种关系，使之成为一个协调的总体而发挥整体的教育功能时，这个具体的教育计划或者教育方案就不同于一般的计划或者方案了，而可以看作是一种课程模式了。[③] 综合来看，虽然众多研究者对于课程模式的界定存在着一定的差异，但他们对于课程模式的认识也存在着某种内在的一致性，即课程模式是一种

① Spodek，B. （1973）. *Early childhood education.* Upper Saddle River，NJ：Prentice Hall. Cited in Goffin，S. G.，& Wilson，C. （1994）. *Curriculum models and early childhood education：Appraising the relationship*（1st ed.）. Upper Saddle River，NJ：Merrill/Prentice Hall，p. 15.

② Goffin，S. G.. *The Role of Curriculum Models in Early Childhood Education. ERIC Digest.* ［EB/0L］. http：//www. ericdigests. org/2001-2/curriculum. html，2014-09-17.

③ 朱家雄：《幼儿园课程》，台北：五南图书出版公司，2006，第250页。

以一种或多种理论为基础建立的，包含课程理念、课程目标、课程内容、课程方法和课程评价等诸多要素的理论框架和组织架构。

我国的学前教育课程改革一直以来深受西方经典学前教育课程模式的影响，尤其是高宽课程模式、蒙台梭利教育法、发展—互动课程模式、华德福教育方案、瑞吉欧教育方案、光谱方案等课程模式的传入使得国内形成了一股学习西方早期教育课程模式的热潮，也使得我国的早期教育课程蓬勃发展起来，并形成历史上少有的多元化发展局面。然而，我国的学前教育课程改革在借鉴西方早期教育课程模式时也遇到了一些问题，出现问题的原因：一方面是我们对西方早期教育课程模式的研究还不够深入；另一方面是我们在借鉴西方早期教育课程模式时生搬硬套。由此，从课程模式的构成要素如形成动因、演变历程、理论基础、课程理念、课程目标、课程内容、教育实施、教育评价、课程特点、实践运用等方面对西方经典的学前课程模式进行介绍和分析，进一步加深对西方早期教育课程模式的认识和了解，就显得尤为必要。

（五）案例选择，"百家争鸣"与"十花齐放"

从历史的角度看，自福禄贝尔开创的幼儿园模式算起，西方幼儿园课程模式的发展已经经历了近两百年的风风雨雨，并形成了对世界学前教育理论和实践的发展有重要影响的多种模式。以美国为例，到1971年，在美国的173个地方性的"坚持到底计划"中，就出现了22种课程模式。① 有人曾说，"在美国有多少所幼儿教育机构就有多少种幼儿教育课程模式。这从一个侧面反映了美国幼儿教育课程模式的繁多。如果仅仅在美国就有数不清的幼儿教育课程模式，则全世界幼儿教育课程模式的数量就更是难以估计了。"② 但正是这众多的幼儿教育课程模式在学前教育领域形成的百家争鸣，使得早期教育研究机构、研究者及教育者对幼儿园课程模式的探索更加适宜儿童的发展。我国的早期教育课程改革一直以来深受"百家争鸣"的国外早期教育课程思想和实践的影响。尤其是20世纪80年代以来，西方早期教育课程模式不断涌入我国，使得我国的早期教育课程蓬勃发展，出现了历史上少有的多元化发展局面。

---

① Goffin, S. G. & Wilson, C. (2001). *Curriculum models and early childhood education: Appraising the relationship* (2nd.). Upper River, NJ: Merrill/Prentice Hall, p. 23.

② 霍力岩：《论世界幼儿教育的基本经验》，《比较教育研究》，1998 (6)：32。

从西方"百家争鸣"的学前教育课程模式的发展历程及其对中国的影响来看，这一百多年来在中国产生较大影响的外国课程模式主要有以下几种：蒙台梭利课程模式、发展—互动课程模式、直接教学模式、华德福教育方案、高宽课程模式、光谱方案、瑞吉欧课程模式等。但是，还有一些课程模式虽然对中国的学前教育课程改革影响较少，但在世界学前教育课程史上有着不可忽视的地位。在本书中，我们选取在理论和实践领域有重要影响的十种西方早期教育课程模式，即蒙台梭利教育法、发展—互动课程模式、直接教学模式、华德福教育方案、高宽课程模式、光谱方案、卡米-德弗里斯课程模式、瑞吉欧教育方案、创造性课程模式和发展适宜性课程模式。这十种课程模式和教育方案，都明确地表述了课程和方案的编制者如何从特定的历史条件和社会背景出发，处理课程理论和实践的关系的基本思路，以及如何完成从课程理论到教育实践的转化过程。在我们探索和建构中国幼儿园课程模式的过程中，这十种幼儿园课程模式或是教育方案在理念、目标、内容、方法及评价方面的探索与实践都将为我们提供有益经验。

三、走向中国自己的课程模式：在超越与自生的挑战中持续追求

（一）路在何方：中国自己的学前教育课程模式

回首改革开放30多年来我国学前教育改革与发展的历程，我们可以清楚地看到，我国学前教育工作者学习和借鉴多种西方学前教育模式的真实状况可谓是"一波未平，一波又起"——不断学习又不断抛弃，长跑未及半程又回到起点再跑……应该说，西方一些优秀学前教育模式如高宽教育方案、瑞吉欧教育方案和光谱方案等因其品质优秀、实践性强等已经成为影响我国学前教育改革与发展的一股势不可挡的课程改革潮流。但是，反思我们学习和借鉴多种西方学前教育模式的真实状况，我们的学习思路、借鉴原则、实践历程、实践方式并不令人乐观：在"活动学习"中拉开了序幕，"蒙台梭利"成为了再次选择，"瑞吉欧"让我们从头再来，"多元智能"要我们再回起点……改革开放以来，我们的学前教育改革已经在向西方学习的道路上走过了30多年的历程。30多年风雨兼程，我们从学前教育改革中收获了什么？下一个30年我们又该怎么办？我国学前教育改革与发展到底路在何方？或许，再过几年，我们又会质疑多元智力理论和光谱教育方案的种种问题，"猴子掰棒子"式地再丢掉多元智力理论与光谱课程方案，又去面朝西方寻找新的、"更好

的"学前教育课程模式来学习和借鉴……我们何时才能结束对西方学前教育模式的盲从和膜拜？我们何时才能有进入国际视野的、能与全球学前教育对话、进而让世人景仰的自己的优质学前教育课程模式？

（二）客观思考：民族精神和时代特征缺一不可

如果对改革开放以来我们向西方学习的浪潮进行一些客观的思考，我们就会发现，学前教育理论体系和实践模式从来都不是孤立存在的，而是与民族精神与时代特征密切相关的。如果对改革开放30多年来我们向西方学习浪潮进行一些客观思考，我们也会发现，我国学前教育工作者学习和借鉴多种西方学前教育模式的波浪起伏，既说明了我们对优质学前教育模式的渴望与追求，也说明了我们对自己没有优质学前教育模式的悲哀和无奈，更说明了我们在学习和借鉴一些外国学前教育模式时，因缺失了对这些学前教育模式之时代烙印和民族特色的深刻理解，在对这些模式的推崇中陷入了漏读、误读、误解和误用的"怪圈"，在我们自以为是的情况下有意或无意地走入了误区。

教育历来与一定的社会文化背景相联系。一定社会的教育从来都是由一定社会的要求和社会中儿童发展的实际情况决定的。历史上、国际上从来就不存在独立于社会生产水平和社会意识形态之外的教育。与社会生产水平发展相对应，学前教育发展经历了原始形态教育、古代形态教育和现代形态教育。在现代学前教育形态中，前述几种在当今世界上有广泛影响的学前教育模式也都是一定社会文化的产物：蒙台梭利教育法的形成与发展以两次世界大战为背景，它的教育目标就是通过培养具有健全人格的一代新人建设理想的和平社会，它的教育内容中无处不渗透着文化沟通、民族理解和自由、平等与博爱，而在"儿童之家"中由导师引导幼儿自主探究的教育方法则与当时蒙台梭利的祖国意大利的社会改革、经济改革相联系——没有意大利的住房制度改革，也就没有设置在社区之中、以"儿童之家"形式出现的、让儿童在"有准备的环境"中自主、自动、自由活动的新型教育形式——区别于班级授课的个别化教育形式；高宽教育方案产生于苏联卫星上天之后的美苏争霸时期的美国，其教育目标、教育内容和教育方法就与提早奠定竞争基础、提高知识教育质量以与苏联争霸世界为突出特点；瑞吉欧教育方案产生于第二次世界大战以后的意大利小城，民主管理、高效服务、自主创造、诚实守信、民风淳朴的瑞吉欧孕育了尊重孩子的"一百种语言"的民主主义教育观，孕育了激发儿童想象力和创造力

9

的方案教学、生成课程和艺术教室课程等充满自然主义精神的儿童教育思想与实践理念；光谱教育方案则出现于走出工业化时代进入后工业化时代的美国，新的时代特征催生了一个强调个性、尊重差异、讲究合作、崇尚创造的适应创造经济时代美国人要求的早期教育方案。可见，西方的学前教育模式都是一定社会文化的产物、是一定社会意识形态和价值观念在人类幼年教育中的具体体现。

在今天这个全球化时代，在中华民族开启新的 30 年的历史起点上，我们应该建设与这个时代息息相关的、有鲜明民族特色、民族风格的学前教育体系，并应让这种有鲜明民族特色、民族风格的学前教育体系体现出一个历经几千年的东方民族在全球化时代的时代性和民族性的最完美结合。而且，特别值得说明的是，这种有鲜明民族特色、民族风格的学前教育体系应该能够表现出中华民族在新的历史起点上对时代教育特别是学前教育的新贡献和新影响，是植根于中国学前教育的全球教育观、是全球化时代的民族教育观。只有民族的才是世界的。只有我们中国人自己的，而不是跟在西方人的后面，我们才能对世界做出原创性的贡献，在多元文化的"马赛克"组成的世界大家庭中占据我们应有的位置。我们从来不是狭隘的民族主义者，但作为中国的学前教育工作者，我们应该努力体会，走向世界的中国对民族精神的呼唤；对有别于西方价值观的中华民族的世界观、人生观、价值观和荣辱观的呼唤；对有别于道德、法律的能够凝聚民族精神的信仰和中国人自己的"主义"的苏醒。而所有这一切，都要求我们从学前教育这个终生教育的奠基阶段把价值教育、公民教育等工作做实做好。由此，尽快形成具有原创意义的带有我们时代烙印和民族特色的学前教育理论体系和实践模式、尽快形成具有理论创新和实践创新成果的学前教育话语体系和行为体系，这不仅应该是我们中国学前教育工作者在新的历史时期的理性选择，而且应该成为我们今天在新的起点上始于足下的现实行动。

（三）理性选择：走向全球化时代的民族化道路

如果说改革开放以来的 30 多年是我国学前教育在学习和借鉴外国学前教育中变革与发展的 30 多年，那么，今天，我国学前教育应该做出的理性选择是走出一条全球化时代的民族化道路，开启全面落实科学发展观的练内功、求卓越的形成自主品牌的新阶段，进入建设中国特色、中国风格学前教育理论体系和实践模式的新时期。

我们深知，我们身处全球化时代，当代中国的前途和命运越来越紧密地同世界各国的前途和命运联系在一起。在这样的时代，我们没有理由不与世界各国共享优秀教育遗产、资源和机遇，分享世界教育改革的最新成果并和世界各国教育工作者精诚合作。同时，我们也深知，在当今多元化的全球格局中，霸权主义和强权政治依然存在，带有强烈西方意识形态色彩的价值观正在通过各种途径包括西方的学前教育思潮和实践模式影响着中国最新一代人的纯净心灵，进而影响着我们社会的整个肌体。全球化时代更要求本土化行动。我们所处的时代要求我们既要放眼世界风云、具有国际视野，更要聚焦祖国教育、承担本土使命，与时俱进、因地制宜地研究中国社会发展和中国教育改革面临的重大问题和实际问题。由此，如何研发具有我国核心价值观和民族文化内涵的学前教育理论体系与实践模型，已经成为我们中国学前教育界面临的紧迫而实际的问题。"当今时代，文化越来越成为民族凝聚力和创造力的重要源泉、越来越成为综合国力竞争的重要因素，丰富精神文化生活越来越成为我国人民的热切愿望"。我们应该"切实把社会主义核心价值体系融入国民教育和精神文明建设的全过程，转化为人民的自觉追求"①。在新的国际国内形势下和新的历史起点上，我们中国的学前教育工作者有责任、有义务把学前教育看作是关乎和谐社会建设的政治问题和民生问题、价值问题与选择问题，在中国民族文化所具有的独特魅力和所孕育的深厚土壤中，通过我们中国人自己的努力，创造出新时期的新型学前教育模式，为我国在新的历史时期通过和谐教育建设和谐社会提供一些能源和动力。

需要我们清醒认识的是，开发中国特色、中国风格的学前教育理论体系和实践模式固然是一种使命，同时更是一种挑战。过去30年的我国学前教育改革对苏联学前教育模式的成功突围值得我们充分肯定，过去30年的我国学前教育改革在对西方多种学前教育理论体系和实践模式初步学习和借鉴中取得的成绩更是可圈可点。正是有了改革开放30年的学前教育改革与发展的积累，我们今天才有了更值得我们认真反思的建设中国特色、中国风格的学前教育理论体系和实践模式的基础。可以说，过去的30年是我国学前教育高速发展、进步最快的时期，对此怎么评价也不过分。高度评价过去30年，继承过去30年发展成果的同时，我们更需要反思过去30年，并要在反思的基础上突破学前教育科学发展的难题，创新学前教育科学发展的模式。从相当意义上说，我们应该突破的东西实际上就是传统学前教育模式的柱石，它们

---

① 胡锦涛：《高举中国特色社会主义伟大旗帜. 为夺取全面建设小康社会新胜利而奋斗——在中国共产党第十七次全国代表大会上的报告》，2007年10月15日。

11

就跟 30 年前思想解放的对立面"两个凡是"一样，已经成为不少学前教育工作者的思维定式和路径依赖，并在相当程度上还占据着学前教育教学的主导地位。由此，解放思想仍然是我们当前学前教育改革与发展工作的重中之重。解放思想，最重要的就是从传统的思维模式和行为模式中解放出来；从传统的发展模式中解放出来。这要求我们，认真体会科学发展观的内涵，全面把握学前教育科学的综合价值取向，从片面的知识价值取向中解放出来，转而追求儿童的综合发展；认真把握"以人为本"的人本价值取向，从"重教师教轻儿童学"的成人价值取向中解放出来，转而追求成人引导下的儿童主动发展；认真把握"全面协调可持续"的长期发展价值取向，从"掠夺式开发"的短期行为中解放出来，转而追求为长期发展奠定基础；从"直接教学、分科教学"知识传授价值取向中解放出来，转而追求让幼儿在适宜环境中通过活动获得综合发展……

（四）必由之路：从学习和借鉴走向超越与自生

我们身处全球化时代。我们应该充分认识到，伴随着优秀教育经验在世界范围内的传播，伴随着我们和世界各国人民一道享有优质的教育资源，伴随着世界各国学前教育经验彼此依赖性的增加，西方国家主导的价值观逐渐超越各种民族文化成为强势话语体系。由此，在改革开放进入坚持走中国特色社会主义道路的新的历史时期，我们应该确立从借鉴走向超越的"以我为主，他为我用"的学前教育改革思路。因为我们还远远没有形成能够进入国际视野的具有中国特色的教育理论体系和实践模式，远远没有形成与世界教育交流和互动的话语体系和行为体系。

从我国学前教育改革特别是幼儿园课程改革的实际来看，以往，我国的幼儿教育工作者介绍了不少国外特别是西方的教育思潮、课程模式、教育方法和教育技术等，也研究和实践了不少国外的教育模式或课程模式，期望从中找到或由此建立一种适合中国国情的幼儿园教育教学模式或课程模式。伴随着多种理论观点、研究成果和多种实验教材的问世，学前教育界的许多有识之士正在建立适合我们中华文化背景的学前教育模式并达成共识，即不存在一种现成的适合所有文化、所有国家、所有儿童、所有年龄和所有学习领域的"最佳教育模式"或"最佳课程模式"。教育的社会性决定了教育与所处民族文化或地域文化的密切联系；决定了一定民族文化或一定地域文化的教育应该适应一定的社会文化背景。我们在学前教育改革中应该做的是，尽可能立足于中国面临的实际问题，从中国人的立场和价值取向出发；

从学习和借鉴国外一切有价值的教育思潮、课程模式、教育方法和教育技术，走向超越西方的幼儿园课程模式——根据我国社会发展和儿童发展的实际，开发出我们自己的幼儿园教育模式和课程模式。

近年来，学前教育的发展日益受到了国家和社会的重视，提升学前教育质量已经成为学前教育事业发展的迫切要求。2010年7月颁布的《国家中长期教育改革与发展规划纲要（2010—2020年）》对学前教育未来10年的发展提出了指导思想。2010年11月发布的《国务院关于当前发展学前教育的若干意见》提出通过"多种形式扩大学前教育资源""坚持科学保教、促进幼儿身心健康发展"等多种途径"积极发展学前教育""促进学前教育事业科学发展"。2012年2月教育部出台的《幼儿园教师专业标准（试行）》对合格幼儿园教师专业素质提出了基本要求，保障了教师队伍质量和幼儿的健康成长。2012年10月，教育部印发了《3～6岁儿童学习与发展指南》（以下简称《指南》），以"为幼儿后继学习和终身发展奠定良好素质基础为目标"，旨在推进社会对早期儿童发展的共识，提高学前教育机构的保教质量。2012年11月，党的十八大报告将学前教育置于"改善民生和创新管理中加强社会建设"的工作任务之中，首次明确提出"办好学前教育"的发展目标。2014年11月教育部决定于2014—2016年实施第二期学前教育三年行动计划，以巩固一期成果，加快学前教育发展，深入推进学前教育改革发展。提升学前教育质量，离不开课程模式的发展与变革。因此，对西方经典的学前教育课程模式的深入研究具有实际意义：一方面，有利于进一步推进对各种学前课程模式的认识和运用，促进学前教育质量的提升；另一方面，西方早期教育的课程模式在经历了若干年的发展之后已形成具有一定质量保证的"模板"，因其利于推广的稳定性结构，会对幼儿园运用或开发优质的学前教育课程模式产生裨益。

孔子曰："君子求诸己，小人求诸人。"新中国的学前教育的发展也应该是这样。只有在与具有强势话语特征的西方学前教育模式的碰撞与融合中，不断追求中国幼儿园课程模式自身的发展和创新，保存并弘扬中国的一些核心文化特质，而非仅仅依赖异域文化价值和他国的教育经验，才能真正形成具有中国核心价值与中国行为方式的中国人的学前教育模式。从借鉴与学习外国学前教育思想和实践转向构建适宜我国的民族化学前教育和区域化学前教育、造就更多杰出的后继者就应该成为我们学前教育工作者的必然选择与历史重任。"中国的和外国的要有机地结合，而不是套用外国的东西。学外国织帽子的方法，要织中国的帽子。外国有用的东西，都要学到，用来改进和发扬中国的东西，创造中国独特的新东西。"① 由此，"只有民族的，才是世界的"。我们应该努力做到既放眼世界风云、具有国际视野，又聚焦祖国教育、不忘自己永远承担本土教育改革与发展的使命。本书选取较有影响力并能代表世界学前教育课程改革方向的十种课程模式进行分析，不仅"知其然"，并"知其所以然"，通过探究十种课程模式的形成动因、演变历程和理论基础，思考一种课程模式产生的时代、文化、社会和理论背景；不仅重理论介绍，更强调实践运用，通过"全球视野"对十种课程模式理念、目标、内容、实施和评价等要素进行系统分析，因时因地制宜探求新形势下这些课程模式对我国学前教育实践的"本土行动"。希望在全球视野下，启发幼教工作者们与时俱进、因地制宜地研究中国社会发展和中国教育改革面临的重大问题和实际问题，并积极投身于对这些重大问题和实际问题的决策和实践中，深入思考我国学前教育改革实践中的问题，努力从学习和借鉴西方走向超越他人与自主建设中国方案，以尽快构建出具有中国核心价值观的中国特色、中国风格的学前教育课程模式。

霍力岩

2015 年 5 月 9 日

---

① 毛泽东：《毛泽东同志论教育工作》，北京：人民教育出版社，1992，第 241 页。转引自田景正，张传燧，路雪：《外国学前教育引进与 20 世纪下半期中国学前教育变革》，石家庄：河北师范大学学报，2007（3）：55。

蒙台梭利教育法

蒙台梭利教育法（Montessori Method）是唯一一个以创造者的名字——意大利著名幼儿教育家玛利亚·蒙台梭利（Maria Montessori）——命名的早期教育课程模式。虽然有研究者指出，在福禄贝尔首创幼儿园模式之后，蒙台梭利教育法是世界上出现的第二个课程模式。[①] 但是，蒙台梭利教育法自1907年"儿童之家"创办以来，历经百年繁荣、发展，且通过"蒙台梭利追随者"的不懈努力，以及世界各地幼儿园的不断实践与探索，迄今为止，蒙台梭利已成为世界上传播最广、影响最大、最具生命活力的课程模式。

第一节　蒙台梭利教育法的形成动因与演变历程

一、蒙台梭利教育法的形成动因

（一）社会动因：第二次工业革命和两次世界大战

19世纪末20世纪初，资本主义社会由自由竞争阶段转入垄断阶段，资本主义社会经历着深刻变革，政治、经济、文化都备受影响。科学技术突飞猛进，各种新技术、新发明层出不穷，并被迅速应用于工业生产，经济的迅速发展推动意大利政府对社会、经济、金融等进行了一系列的改革。其中，资本家对工人的剥削，以及工业革命的发展促使大量妇女就业，造成大量儿童无人照顾，这些儿童成为街头的流浪者，这些儿童的行为具有很大的破坏力，并拒绝上学，学校不接纳这些儿童，

---

① Goffin, S. G. & Wilson, C.. *Curriculum models and early childhood education*: *Appraising the relationship*. Upper Saddle River, 2001, p. 37.

政府为了解决这些问题，为蒙台梭利提供了一个场所，主要希望蒙台梭利能对这些"顽童"加以管束，避免出现更多的社会问题。这种状况为蒙台梭利教育改革和创新、创造提供了社会条件。除此之外，1914 年到 1945 年之间意大利参加了两次世界大战，战争为社会的发展带来了创伤，因为法西斯政权的禁止，蒙台梭利教育法的发展也受到了灾难性的阻碍，蒙台梭利学校、教师培训等不仅受到战争的影响，而且还受到严重的打击和破坏，蒙台梭利教学法的推行受到严重影响。在此过程中，蒙台梭利因为受到战争的迫害和亲眼目睹战争给人类带来的创伤，提出了教育者的最终任务是实现人性的进步和世界的和平。两次工业革命和两次世界大战对意大利社会各方面的重大革命性影响，以及蒙台梭利教学法在实践中的成效是蒙台梭利教育法形成的重要背景之一。

（二）教育动因：欧洲的新教育运动

19 世纪末，社会显示需要教育培养具有创造精神、适应变化、掌握科技及能够充分自由表现自己人格的人。但当时的教育理论和教育实践完全沿袭欧洲的传统教育。传统教育过分重视精神修养和书本知识，单纯强调形式训练和智力上的成绩，学生都是盲目、被动、机械地学习，教育内容与社会现实生活严重脱离。于是，欧美便兴起了一场教育革新运动，欧洲称之为新教育运动，其美国则称之为进步教育运动，其倡导在教育目的、内容、方法上建立与旧式的传统学校完全不同的新学校。① 新教育运动主张如下。①教与学要体现科学的方法和精神。应该用科学的方法进行教育实验和研究，提倡将心理学实验的成果运用到教学中。②教育要遵循自由和民主的精神。教育要通过自由的教育发展幼儿内在的潜能，鼓励幼儿的自发探索与自主学习，注重培养幼儿的观察能力、独立创造能力和审美能力，既有利于培养适应现在社会的公民，也体现了儿童中心的观点。③教育模式要以经验和兴趣为基础，以活动为发展途径，反对知识中心、书本中心的旧观念。② 在新教育运动中，蒙台梭利也提出了自己的教育理想和教育改革方案，并且躬行实践。她在《蒙台梭利教育法》一书中开宗明义地提出："人类已经通过科学进步塑造了一个新世界，那么人类自身也必须通过新教育学来做好准备和发展自己。"她创办了"儿童之家"

---

① ［意］玛利亚·蒙台梭利：《蒙台梭利教育法》，霍力岩等，译，北京：中国人民大学出版社，2008，第 24 页。

② 张斌贤：《外国教育史》，北京：教育科学出版社，2008，第 38 页。

来实验其教育理论，认为新教育的目的在于发现儿童和解放儿童，教育就是为儿童自发的发展创造"有准备的环境"。她的教育实践被世界教育史公认为欧洲新教育运动的重要组成部分，对推动新教育和儿童教育的发展产生了深远的影响。

（三）理论动因：生物医学研究

蒙台梭利在担任助理医生期间，主要从事智障幼儿的治疗，她发现智障儿童的生存环境非常恶劣，没有任何有组织的活动，缺乏最基本的可供幼儿抓握和操作的材料。在对智障儿童进行医学治疗的基础上，蒙特梭利认真研究了法国心理学家伊塔（Jean Marc Gaspard Itard）和塞根（Edouard Omesimus Seguin）的教育思想和方法。以此为基础，蒙台梭利发展出一套自己的教育方法，并对智力不足的儿童展开了心理治疗和教育训练，她发现教育训练比医疗训练更有作用。基于此，蒙台梭利开发了一套独特的特殊教育的实践方法。之后，她又重新回到罗马大学，开展了哲学、人类学、社会学、心理学、教育学等领域的研究。在此期间，蒙台梭利还进行了儿童神经方面的疾病研究，并在专业杂志上发表了相关研究报告。基于大量的实验研究，她最终创立了举世闻名的"蒙台梭利教育法"。[①] 可以说，蒙台梭利扎实的生物医学基础和对智障儿童长期的实践研究为蒙台梭利教育法的形成奠定了重要的基础。

二、蒙台梭利教育法的演变历程

蒙台梭利教育法的形成与发展伴随着蒙台梭利积极探索、追求和平的一生。在她去世后，国际蒙台梭利学会（AMI）在世界各地成立分会，继续进行蒙台梭利教育法的实践和研究。纵观这一课程模式的演变历程，主要可以分为以下几个阶段。

（一）探索阶段：学习与探索

蒙台梭利获得医学博士学位之后，留在罗马大学精神病诊所担任助理医师，她花费大量时间对儿童的精神和心理疾病进行研究，研读了200多年来所有重要的儿童精神理论。其中伊塔和塞根关于特殊儿童的研究，使她认识到可操作的材料对幼儿发展的重要价值，她相信教育训练比医疗更起作用。1898年，蒙台梭利在一次学

---

① ［意］玛利亚·蒙台梭利：《蒙台梭利教育法》，霍力岩等，译，北京：中国人民大学出版社，2008，第2页。

术会议上建议由医生和教师组成联合小组监督和实施低能儿的教育，同时展开了一项以"感官教育先于智力教育"为原则的教育计划。蒙台梭利关于低能儿教育观点的公开发表和传播确立了她在低能儿教育上的重要地位，从此，她从一个专业医生转而成为一位教育专家。

1898年，蒙台梭利在担任国立特殊儿童学校的校长期间探索出一套特殊儿童的观察法和教育法。这种方法使特殊儿童的成长取得了惊人的成绩，也使蒙台梭利发现了许多教育的原则和规律。她确信这种教育方法也可以促进正常幼儿心理状态的成长和人格的发展。

为了继续探寻这一教育方法在正常儿童身上的适用性，蒙台梭利于1901年离开特殊儿童学校，再次回到罗马大学，继续深度学习伊塔和塞根的著作，并将这些著作译为意大利文并亲自抄写，以便深入了解作者的真正用意。除此之外，她还研究哲学、心理学、人类学和教育学等社会科学，为创立蒙台梭利教育法做好了充分的理论准备。

（二）创立阶段：实验研究和课程模式的创立

1907年，蒙台梭利在罗马的"贫民区"创办了第一所"儿童之家"，负责照看附近无人照顾的60名3～7岁幼儿。"该社区发展计划提供了一个没有装修的房间，作为孩子的活动空间，只有类似一般办公室或家庭使用的简单家具，仅有的教育设备，是蒙台梭利以前教导智障儿童所用的一套感官教具①"。因此，蒙台梭利开始有机会以正常儿童为实验对象来研究她的教育方法。在使用教具时，蒙台梭利发现正常幼儿在使用教具时的专心程度是在智障儿童身上看不见的。另外，蒙台梭利还发现孩子们能够自由选择自己喜欢的教具，并在使用教具时按照自己习惯的方式进行操作，幼儿在操作教具时并不在乎外在的奖励与惩罚。基于此，在"儿童之家"中，蒙台梭利为幼儿创造了一个"有准备的环境"，环境和教具都按照幼儿的需要进行设计，幼儿充分感受到成人的爱心和热情，在"儿童之家"这个社会环境中获得学习和发展。

（三）发展阶段：传播与完善

为了宣传自己的教育法，蒙台梭利在美国、英国、法国、德国、荷兰等国家进

---

① Paula Polk Lillard：《蒙台梭利教学的新视野》，陈怡全译，台北：及幼文化，1997，第4页。

行宣传，并开设师资培训班。1912年，蒙台梭利出版了《应用于儿童之家的幼儿教育之科学方法》一书，本书出版后迅速在世界各地传播。各类书籍、报刊等媒体对蒙台梭利和"儿童之家"的报道使蒙台梭利的理论和实践在世界范围内受到了极大关注。世界各地的有识之士来到罗马参观访问，使蒙台梭利教育法迅速扩展到世界上的其他国家和地区。此后，蒙台梭利在罗马和其他国家开设了"国际培训课程"，亲自培训教师，传播她的教育思想。蒙台梭利亲自主持了9次国际蒙台梭利会议。在1929年的第一次蒙台梭利会议上，她还主持成立了国际蒙台梭利学会（Association Montessori International，AMI）。1980年，英国率先成立了蒙台梭利学会，此后，奥地利、丹麦、法国、加拿大、日本、美国等国家纷纷设立蒙台梭利学会，接受国际蒙台梭利学会的领导，继续传播和研究蒙台梭利教育法。

第二节　蒙台梭利教育法的理论基础

蒙台梭利的研究领域涵盖了生物学、医学、人类学、哲学、心理学和教育学等，有着厚实的知识基础。此外，蒙台梭利的教育思想在形成过程中受到了卢梭、裴斯泰洛齐等自然主义教育思想的影响。因此，蒙台梭利教育法在充分尊重、理解、信任幼儿的基础上，于实践中不断地验证与修正着自己的理论。

一、教育学基础

蒙台梭利继承和发展了卢梭、裴斯泰洛齐、福禄贝尔等人的自然主义教育思想，该思想主张教育应遵循儿童的自然天性和发展规律，教育的目的是培养自由、独立、平等的人。蒙台梭利在自然主义教育思想影响下，提出幼儿发展的过程是"心灵的胚胎"逐渐成熟的过程，幼儿拥有"有吸收力的心灵"，可以从环境中吸收有益的经验，自然而然地获得发展。而环境作为影响儿童发展的外在或者第二因素，应顺应儿童天性，教师应该为幼儿提供"有准备的环境"，这个环境应该是充满爱的，使幼儿充分地与环境和材料相互作用而免受伤害。另外，蒙台梭利延伸了卢梭的道德教育理论，在感官教育方面蒙台梭利的观点与卢梭的"自然后果"法则有关，她提出幼儿的工作材料应该具有"错误控制"的特点，使幼儿可以自我教育，从而为个别化的教学创造条件。

二、自然科学基础

蒙台梭利的教育思想直接源于自然科学理论的影响，其从医的经历使她的教育思想中融入了生物学、胚胎学的观点，如在胚胎学理论的影响下，在达尔文进化论的影响下，蒙台梭利在研究中试图以生物学的本能论解释人的发展。荷兰植物学和生物学家雨果·德弗里斯首先在昆虫身上发现了"敏感期"，在不断地实验研究过程中发现了生物进化的"突变"，因而提出了"突变论"。蒙台梭利充分借鉴德弗里斯的发现，并将其运用到幼儿身心发展的研究中。蒙台梭利特别强调敏感期在幼儿身心发展过程中的重要作用，并以此解释幼儿发展过程中出现的"突发性"能力。另外，蒙台梭利认为当一个新生命形成之初，它自身包含了神秘的本能，这将是它的活动、特性和适应环境的源泉，因此蒙台梭利还充分吸收了昆虫学家法布尔的思想，即在自由的环境中研究对象的行为，因此蒙台梭利教育方法中特别强调要建立"自由"的环境，并认为教师应在自由的环境中对幼儿进行观察。

三、实验心理学基础

蒙台梭利教学法受到英国心理学家威廉·麦独孤（MC. Dougall William）目的心理学理论的影响，William 主张"策动和维持行为的动力是遗传的本能①"（这里的本能，是指在生物进化的过程中，自然的选择使人具有了心与物的倾向，使得人类感知到外界的变化，而且帮助人类体验到一定的情绪、体验到一定的动作，或者有完成这种动作时的冲动与欲望）。在 William 的影响下，蒙台梭利提出了人心理发展的内在潜力的理论。另外，蒙台梭利曾经深受费希纳（Fechner, Gustav Theodor）和冯特（Wilhelm Wundt）为代表的德国实验心理学的影响，主张教育学必须以心理学特别是实验心理学为基础。在实验心理学的影响下，形成了自己的教育实验观并进行了卓有成效的实验研究，蒙台梭利教育法是她教育实验的总结。蒙台梭利认为教育学是在尊重个人心理特征的基础上，促进儿童发展的手段和方法。由此，她在教育实验中通过对儿童的观察和研究，确定了促进儿童发展的一整套训练教材和教具，

① http://www.ikepu.com/biology/psychology/branch/hormic_psychology_total.htm，2015-06-30.

并且强调幼儿在操作教具时，教师要对幼儿进行自然观察和记录，为以后教材和教具的适宜运用及儿童的发展奠定基础。

四、缺陷儿童研究

蒙台梭利关于缺陷儿童的研究深受让·马克·加斯帕德·伊塔（Jean Marc Gaspard Itard）和爱德华·塞根（Edouard Seguin）的影响。伊塔和塞根研究了数百个有缺陷的儿童，并改变了这些儿童的人生轨迹——帮助有缺陷的儿童更好地适应社会。伊塔和塞根针对缺陷儿童的研究也对蒙台梭利教育法的形成产生了重要影响，伊塔在1800年对一个在森林中长大的"野孩"进行了治疗，塞根则在伊塔的基础上，提出了"生理教育法"。这种教育法强调感官训练对特殊儿童的作用——可以帮助幼儿发展生理功能，促进个性和智力的发展。蒙台梭利接受了伊塔和塞根关于感官发展是智力发展的基础的理念，借鉴和提升了二者的训练方法，并坚持认为感官发展是智力发展的基础，坚信有心理缺陷和精神病的儿童，能够通过运动和感官训练促使身体逐步协调，智力逐步达到正常水平。

第三节 蒙台梭利教育法的理念、目标、内容、实施与评价

一、课程理念：促进儿童自发活动

蒙台梭利认为儿童心理发展是天赋能力在适宜环境中的自然表现，而心理发展所呈现的规律在幼儿的成长中具有独特的表现，具体到对发展规律的理解可以概括为以下几个方面。

（一）幼儿心理发展是天赋能力在适宜环境中的自然表现

经过对幼儿长期的观察与研究，蒙台梭利提出儿童心理发展具有"潜在生命力""心理胚胎期""肉体化过程"和"吸收性心灵"等观点，以此观点来说明幼儿心理发展的独特性。

1. 幼儿具有"潜在生命力"

蒙台梭利认为人生来并不具备其他动物所具有的固有能力和行为方式，但是人

生而具备能使自己适应环境并发展自身的"潜在生命力"，它是儿童心理发展的原动力。所谓"潜在生命力"是指儿童自我成长、发展并形成独特心理的内在源泉的基本动力。基于"潜在生命力"的分化和发展，儿童逐渐出现了各种心理现象并形成复杂的心理现象系统。蒙台梭利认为要启动幼儿身上的这种生命力，成人必须提供"有准备的环境"，用爱来滋养这种生命力的萌发。另外，蒙台梭利认为，教育是根据幼儿自动发展的需求，提供符合幼儿兴趣和需要的环境和保护，她批评旧教育忽视儿童发展的内在力量，将成人的思想和要求强加于儿童，对儿童横加干涉，压制和扭曲儿童的发展，忽视了幼儿"潜在生命力"的发挥。[①]

2. 幼儿具有"心理胚胎期"

蒙台梭利认为，人有双重胚胎期。第一个胚胎期是在母亲体内的"生理胚胎期"，这个胚胎期是人和动物所共有的，是由一个细胞分裂为许多细胞，然后形成各种器官，发育成胎儿的过程。第二期是"心理胚胎期"，是出生以后一年间形成最初心理萌芽的时期，幼儿从出生时的"精神空白"，经过吸取外界刺激和信息，不断地积累资料，形成许多感受点和心理所需要的器官，然后发展成一个"心理胚胎"。蒙台梭利认为"心理胚胎"与"生理胚胎"的发展无论其质量还是数量都以一种令人惊异的速度发展着，并且每个幼儿的"心理胚胎"的形成和"生理胚胎"一样需要一种特殊的环境，幼儿通过与环境或人的交流，才能发展其完整的人格。幼儿具有"肉体化"过程。蒙台梭利认为婴幼儿不能自如运动的原因在于神经系统不发达，大脑不能支配身体。因此，蒙台梭利提出了"肉体化过程"的观点。蒙台梭利把"肉体化过程"说成婴幼儿的身体逐渐在意志的支配下发生行动和逐渐运动自如的过程，这一过程也是儿童逐渐形成人格的过程。蒙台梭利强调身体随着意念行动，虽然从表面上看得益于身体的发展，然而其本质却是精神的发展，即神经系统的发展使身体各部分能够协调动作。蒙台梭利认为新生儿的身体、手、足虽无法自如活动，即他的精神还不能对身体各器官起到支配作用，但由于新生儿眼、耳、鼻、手、足的外形都已具备，所以新生儿已经处在自如活动的准备状态。婴儿最先开始启动的机能是感觉器官，他们通过自己的感觉器官从环境中吸收必需的东西，

---

① ［意］玛利亚·蒙台梭利：《蒙台梭利教育法》，霍力岩等，译，北京：中国人民大学出版社，2008，第3页。

以此促进人脑中枢及联结中枢与各器官神经逐渐发达，从而使儿童的精神得到发展，随之身体也就开始随意志而运动。

3. 儿童具有"吸收性心理"

蒙台梭利认为儿童具有"吸收性心理"。"有吸收的心灵"说明了幼儿获取知识的特质和过程。"吸收性心理"是儿童受"潜在生命力"驱动所特有的无意识的记忆力、吸收环境并加以适应的能力。具体表现为：虽然幼儿对所经历的事情不加思考，但他所经历的这些事情都将自然地成为其心理发展的一部分。在其生命最初的几年里，幼儿正是依靠这种"有吸收性的心理"积极、主动地吸收环境中的各种刺激和影响，获得对周围世界的各种经验。例如，幼儿能够在周围成千上万种声音中，辨别出人的语言并进行学习和模仿，其中包括复杂的语法和发音上微小的差别，这是幼儿按照一定的规则主动地吸收环境中的各种刺激，实现心灵胚胎发育的例证。由此，蒙台梭利认为，成人的作用在于为幼儿"吸收性的心理"发展提供"养料"和保护，使他们在"潜在生命力"的驱动下，吸收环境中有益的成分，实现"心灵胚胎"的成熟和塑造。

（二）儿童心理发展存在敏感期

"敏感期（The Senstive Periods）指的是幼儿在成长过程中完全融入环境中的某一特质，而且完全排除其他特质的特定阶段。"[①] 因此，蒙台梭利认为儿童对于特殊的环境刺激有一定的敏感时期，这种敏感时期与生长密切相关，并与年龄相适应，儿童发展是建立在敏感期的基础之上的。蒙台梭利强调："正是这种敏感性，使儿童以一种特有的强烈程度接触外部世界。在这一时期，他们容易学会每样事情，对一切都充满了活力和激情。"同时，"儿童不同的内在敏感性使他能从复杂的环境中选择对自己生长适宜和必不可少的东西……使自己对某些东西敏感，而对其他东西无动于衷。"蒙台梭利指出"敏感期相当短暂，主要目的是帮助生物获得某些技能或特性，过了这些特殊时期，感受性便会消失……当敏感期达到高潮时，心智就像是一个探照灯一样，照亮了环境中的某些部分，而其他部分则相对地模糊了[②]"。所

---

① Paula Polk Lillard：《蒙台梭利教学的新视野》，陈怡全译，台北：及幼文化，1997，第4页。

② 简楚瑛：《学前教育课程模式》，上海：华东师范大学出版社，2005，第12页。

以，蒙台梭利要求在心理发展的敏感时期对幼儿进行教育、引导和帮助，从而促进幼儿心理的正常发展，并避免延误时机带来的心理发展障碍。根据长期的观察和研究，蒙台梭利指出了一些心理现象的敏感时期。如感觉敏感期：0～5岁，感觉敏感期内儿童不仅能有选择地注意周围环境，而且开始建立并完善各种感觉功能。秩序敏感期：1～4岁，此时儿童能够理解事物的时间和空间关系，并对能物体进行分类。细节敏感期：1～2岁，此时儿童的注意力往往集中在事物的细枝末节上。行走敏感期：1岁左右，此时似乎有一种不可抗拒的冲动驱使幼儿去行走，自由地探索外部世界。语言敏感期：出生后8个星期到8岁，此时儿童对人的声音产生兴趣，然后对词产生兴趣，最后才对语言产生兴趣，并在成长过程中逐渐掌握复杂的人类语言。

（三）儿童心理发展具有阶段性

儿童心理发展的过程是既定的，具有自身发展的"程序表"，这种"程序"表现为幼儿发展的阶段性。所谓阶段性是指儿童处于连续的和不断前进的发展变化之中，蒙台梭利将儿童的发展分为四个年龄段：1～3岁；3～6岁；6～12岁；12～18岁。蒙台梭利认为儿童的发展与茁壮成长的松树和杉树等不同，它不仅仅是身形长高、变粗的直线性变化，还是类似于蝴蝶的生长变化，即由卵——幼虫——蛹——蝴蝶的阶段性变化，在每个阶段，无论是体态、体色、活动方式和进食方式等都完全不同。与松树、杉树类似的变化是成长、是生物形态的扩大，如幼儿身高和重量的增加；而与蝴蝶类似的变化是发展，是有机体精神的蜕变。所以，蒙台梭利要求教育者应根据不同幼儿在不同阶段的心理发展特征提供"有准备的环境"。而且要认识到幼儿发展的每个阶段，为幼儿提供不断丰富化和复杂化的环境。每个阶段的幼儿与环境相互作用的方式有本质的不同，对环境的需求也不相同。因此，教师和家长应为处于不同心理发展阶段的儿童提供各种不同的、适合其心理发展特点的环境。

蒙台梭利基于对儿童的观察和研究，将儿童心理发展划分为三个时期，分别是心理功能形成期、平稳发展期和变革期。其中0～6岁的幼儿主要处于心理功能形成期，幼儿不断地自我调整以适应外在的环境。根据幼儿是否能够有意识地适应环境，这一阶段又可以划分为两个阶段：0～3岁无意识适应环境时期，这一时期幼儿无意识地吸收外界刺激；3～6岁有意识吸收环境时期，这一时期为个性形成期，幼儿从无意识到有意识，记忆、思维、理解得到发展，形成最初的个性心理特征。

（四）儿童通过"工作"获得心理发展

蒙台梭利充分肯定"工作"的重要作用和意义，并给以活动极高的评价——"活动、活动、活动，我请你把这个思想当作关键和指南；作为关键，它向你揭示了儿童发展的秘密；作为指南，它给你指明应该遵循的道路。"[①] 但蒙台梭利强调的对儿童最主要的活动，即"工作"，与福禄贝尔及其追随者所推崇的游戏进行了区分：游戏尤其是假想游戏会把儿童引向不切实际的幻想，不能培养儿童的责任感和良好的行为习惯。游戏和"工作"都具有愉悦身心、促进儿童发展的作用，但游戏的主要作用是愉悦儿童身心，同时兼有发展身心的作用。而"工作"的主要作用是促进儿童发展，兼有娱乐身心的作用。

蒙台梭利认为"儿童的工作要求象征着生命的本能，在顺利的环境下，工作会自然地从内在的冲动下流露出来"。[②] 她认为一个促进儿童发展的活动应该具有"引起兴趣——开始操作——出现专注——获得发现"四个阶段，只具备前两个流程的活动就只能称为游戏，具备四个完整过程的活动才能称为"工作"。所以蒙台梭利将幼儿在"有准备的环境"中自发地选择和操作材料，经过专注于活动并有所发现和发展的活动称为"工作"，成人应该为儿童提供"有准备的环境"和工作材料，引导和促进儿童心理的正常发展。

二、课程目标：培养新人类与建设新社会

蒙台梭利教育法强调教育的直接目的是帮助儿童成长为"正常化"的健全儿童。这种"正常化"的儿童是具有秩序感、内在精神协调、身心健全的儿童，这种儿童具有自我统御能力、有自信心与安定感，诚实真诚、品格优良、富有正义感、拥有自发性纪律、懂礼貌、内心稳定、对工作有耐性、协助他人，以及具备了解他人的社会性情感等特征。[③] 蒙台梭利认为，虽然每个儿童身上均具有"潜在生命力"，但这只代表了个体发展的可能性，儿童究竟如何发展，取决于"有吸收力的大脑"。教育者的头脑中应该先有一个健全人格的儿童形象，然后引导儿童的"潜

① Standing, E. M.. *Maria Montessori: Her Life and Work*, New American Library, 1962, p. 230.
② Maria Montessori. *The Absorbent Mind*, Dell Publishing Co. Inc., 1967, p. 186.
③ ［美］艾琳·沃尔夫：《有知·有涯·有真》，萧丽君译，台北：及幼文化，1991，第123～124 页。

第一章　蒙台梭利教育法

在生命力"朝着这一目标发展。由此帮助儿童形成健全人格就成为蒙台梭利教育法的直接目的。这一目的又包括两方面的具体目标：其一，引导和帮助儿童的"潜在生命力"获得正常发展，使每个儿童都成长为"正常化"的儿童；其二，纠正因不良环境影响而造成的"潜在生命力"的偏态特征，唤醒和引发被隐匿和扭曲的良好生命特征，使儿童的"潜在生命力"走上"正常化"之路。①

蒙台梭利教育法的终极目的就是通过培养具有健全人格的儿童建设理想的和平社会。在蒙台梭利看来，她的教学法不只是一种教育技术，也是一种社会性的改革手法：它不但能改变一个家庭或整个人类社会的发展，还能对后代产生深远的影响。② 从这个意义上，蒙台梭利认为，真正的和平绝不仅仅意味着依靠政治或武力来解决矛盾和纠纷，而是意味着依靠教育培养新人类——内心种下和平种子的健全发展的新人类。③ 由此，蒙台梭利教育法立足于在个体年幼时期为他们提供自由、和平、彼此理解、相互尊重的"有准备的环境"，培养出一代又一代的新人类，并通过一代代的"新人"建设和平社会。④

三、课程内容：匠心独运的内容体系

蒙台梭利教育的主要内容包括主题教育活动（团体线上教育活动）和区域教育活动（分组及个别教育活动）两大方面。

（一）主题教育活动

主题教育活动主要是指教师和幼儿一起用红、黄等颜色的标志线围成圆圈，并在圆圈上进行团体教育活动。进行主题活动时，教师可以根据儿童的发展情况、儿童与周围环境变化的情况，特别是自然界变化与社会变化的情况进行多种安排。

主题教育活动的方式和手段是多种多样的，可以开展语言活动、身体活动、艺术表现活动等，也可以以某一方面的活动为主、通过多种活动方式进行，还可以通

① 霍力岩，胡文娟：《略论蒙台梭利教育法之精要》，载《幼儿教育》，2008（5）。
② ［美］艾琳·沃尔夫：《有知·有涯·有真》，萧丽君译，台北：及幼文化，1991，第129～130页。
③ ［日］市丸成人，松本静子：《蒙台梭利教育的比较研究与实践（上卷）》，赵悌行译，台北：新民幼教图书股份有限公司，1993，第103～104页。
④ 霍力岩，胡文娟：《略论蒙台梭利教育法之精要》，载《幼儿教育》，2008（5）。

过外出参观访问等多种活动形式完成教育内容。

（二）区域教育活动

区域教育活动可以理解为分组教育活动——不同的区域自然地将儿童的活动分成了不同的活动小组，也可以理解为个别教育活动——每一个孩子都可以自由地选择活动区域及区域中的活动材料。所有区域教育活动的内容都"物化"为符合儿童特点的活动对象，儿童通过操作"物化"了的教育内容，就实现了蒙台梭利在"工作"中要求达到的心理发展阶段。蒙台梭利的区域教育主要包括日常生活教育、感官教育、数学教育、语言教育、科学文化教育等内容。另外，蒙台梭利认为"所有可以促进儿童发展的教育内容都可以是蒙台梭利的教育内容，当然也都应该被设计成儿童的活动对象"。[①] 因此，蒙台梭利认为教育内容不应仅仅局限于室内，室外教育活动如大肌肉运动、走出幼儿园的各种交往，以及在交往中获得学习和发展的活动等都是蒙台梭利教育内容的重要组成部分。

1. 日常生活教育

日常生活教育旨在培养幼儿的独立自主能力和精神，学习实际生活的技能，并促进幼儿注意力、理解力、协调力、意志力的发展及良好的生活习惯的养成。蒙台梭利认为日常生活教育可以帮助幼儿继承其国家和民族的风俗习惯和文化传统；使幼儿自发地参与日常活动，熟练地从事各种工作；促进幼儿智力的充分发展并顺利进入集体环境。[②] 日常生活教育包括四个方面。

基本动作：走路、坐、站、搬、揩、缝、倒、切等；

照顾自己：穿脱衣服、刷牙的方法、穿脱鞋、剪指甲等独立自主所必须学的行为（衣饰框、开锁板、二指捏和三指抓等）；

照顾环境：对人类之外的生物、微生物的关心、美化环境、照顾与饲养动植物等；

社交动作：不增添别人的困扰、能站在他人立场思考等行为，如打招呼、致谢、

---

① ［意］玛利亚·蒙台梭利：《蒙台梭利教育法》，霍力岩等，译，北京：中国人民大学出版社，2008，第10页。

② 霍力岩：《蒙台梭利教育法研究》，北京：北京师范大学博士学位论文，1996，第26页。

道歉、物品的收授、用餐的礼仪、应对的方法等。

2. 感官教育

蒙台梭利认为感官活动是幼儿所有智能活动发展的基础与关键，所以感官教育是蒙台梭利教学法的最为重要且最具特色的部分。因此，蒙台梭利设计了用于感官训练的 16 套教具，旨在通过视、听、触、味、嗅等感官的训练，增进儿童的经验，帮助儿童在考察、辨别、比较和判断的过程中提高自己的能力。

蒙台梭利相信幼儿常以触觉替代视觉或听觉，因此在蒙台梭利的感官训练中，触觉训练最为重要。触觉训练包括辨别物体光滑度、冷热度、轻重度、大小度、长短度、厚薄度等。触觉训练的教具有立体几何体、触觉板、温度筒、重量板、布盒等。视觉训练包括识别物体量度、形状、颜色等，视觉训练的教具有各种几何图形板、几何体、颜色板、圆柱体组、粉红塔、长棒等。听觉训练包括辨别音高、音响和音色，听觉训练的教具有发音盒、音感铃等。味觉训练主要是指识别不同的味道，味觉训练的教具有味觉瓶等。嗅觉训练包括提高嗅觉灵敏度的训练，嗅觉训练的教具有嗅觉筒等。

感官教育包括五个方面的内容，她主张在其感官教育中，通过配对、排序、分类的所谓 P（Pairing）、G（Grading）、S（Sorting）三种操作方法①帮助儿童运用教具实现感觉的发展并为以后各种活动的发展奠定基础。② 感官教育的具体内容包括五个方面。

视觉教育：大小（粉红塔、棕色梯、插座圆柱体）、颜色（色板Ⅰ，Ⅱ，Ⅲ）、形状（几何学立体组、二倍体、三倍体、二项式、三项式）；

触觉教育：触觉（触觉板）、温觉（温觉板）、压觉（重量板）；

---

① P 是从教具中找出相同的加以"配对"，G 是把教具按照一定的序列（从大到小或从小到大）进行"排序"，S 是对教具进行"分类"。配对（P）、排序（G）和分类（S）是感官教具本身的属性，任何一种教具至少应具有这三种属性中的一种，而且这三种属性也是蒙台梭利感官教育内容的三个重点。

② ［日］市丸成人，松本静子：《蒙台梭利教育的比较研究与实践（上卷）》，赵悌行译，台北：新民幼教图书股份有限公司，1993，第 173 页。

听觉教育：声音的强弱、高低、种类（听觉筒）；

味觉教育：用舌头来感觉味道（味觉瓶）；

嗅觉教育：用鼻子来感觉气味（嗅觉筒）。

3. 语言教育

蒙台梭利将语言机制看成是所有高级心理活动的先行条件，她强调应通过语言教育，促进幼儿智力的发展、完善幼儿的手眼协调机制、建立良好的书写机制，使幼儿能够准确地表达和沟通。蒙台梭利认为语言教育的具体内容主要包括听和说、读和写两部分，并按照"听——说——写——读"的顺序进行，"听和说"指的是口头语言教育，"写和读"指的是书面语言教育。因此，语言教育的具体内容包括两个方面。

听、说的教育：口语经验、口语表达及理解力（活动字母箱）；

读、写的教育：阅读练习、语文常识、书写准备、书写练习（金属嵌图板、实物配对及汉字砂纸板）。

4. 数学教育

蒙台梭利认为幼儿与生俱来具有数学性的心智，成人只要提供适宜的支持就能够促进幼儿对数的理解和掌握。她强调对幼儿的数学教育应注重对幼儿逻辑思维能力的培养，幼儿通过对实物的体验和实际操作，体会"数"的多少和大小，进而渐渐掌握抽象的数量概念，初步学会数的分类、组合、序列和简单的加、减、乘、除，了解整体与部分的关系，建立数字、数量、数名之间的关系。数学教育的具体内容包括三个方面。

体验数与量：建立数的概念（数棒、纺锤棒与纺锤棒箱、塞根板、数字与筹码）；

学习分解与组合：了解部分与整体的关系（串珠链）；

对运算及规则的掌握：进行抽象的数学概念和运算（加、减法板，平方珠，立方块）。

5. 科学文化教育

蒙台梭利认为幼儿 3 岁左右是易于吸收前人所创造的文化科学知识的关键期。学习科学文化知识可以促进幼儿发展智力、丰富精神和增长教养，同时培养儿童对大自然的热爱和探究精神，以及责任心、耐心和信心等品质。科学文化教育的内容包括历史、地理、动植物、科学、音乐、美术。教具包括活动时钟、地图嵌板、三部卡、音感钟等。

四、课程实施：首开先河的方法体系

蒙台梭利教育法的实施，是她整个教育体系中最引人瞩目、最为人称道的部分。为了达到培养新人类与建设新社会的教育目的，蒙台梭利设计了一套以"有准备的环境"为核心，以作为"导师"的教师、作为活动对象的"教具"三个要素组成的独特的方法体系，并强调自由、工作和纪律的密切关系，通过团体活动和区域活动培养儿童的各种能力。

（一）"有准备的环境"

蒙台梭利认为环境可以教育儿童。[①] 蒙台梭利教育法的环境是有准备的，这种环境包括身体、心理、社会三个层面，儿童在这样的环境中其好奇心和学习能力可以被充分激发。通常孩子出生后所接触的环境都是成人以自己的生活便利为标准而创造的，而这种环境往往不符合发展中的幼儿的身心特点，超出了幼儿的"最近发展区（Zone of Proximal Development）"不能满足幼儿身心发展的需要。蒙台梭利教育法中，依据儿童身心发展的阶段性、敏感期等特点，成人为幼儿提供的"有准备的环境"应具备以下几个特点：第一，必须是能够适合儿童发展的节奏和步调的环境；第二，必须是儿童能够自由操作各种活动材料的环境；第三，必须是对活动材料有所限制的环境（太多的材料会使儿童难以选择并导致儿童注意力不集中）；第四，必须是有秩序的环境（没有秩序的环境将会使儿童产生心理混乱，难以打下对

---

① ［日］市丸成人，松本静子：《蒙台梭利教育的比较研究与实践（上卷）》，赵悌行译，台北：新民幼教图书股份有限公司，1993，第133页。

事物进行逻辑化和抽象化的基础）；第五，必须是与成人环境有联系的环境；第六，必须是能够保护孩子并让孩子有安全感的环境；第七，必须是对儿童有吸引力的美的环境。① 除此之外，成人为幼儿提供的环境必须充满生气，且成人必须参与到幼儿生活及成长的环境之中，并应提供适当的帮助。

（二）作为"导师"的教师

蒙台梭利认为教育不是成人按照一定的教材自上而下传递知识的过程，而是通过提供"有准备的环境"，协助儿童自发地主动发展的过程，因此蒙台梭利培训的教师被称为"导师"。在蒙台梭利看来，作为"导师"的教师应尊重幼儿、热爱儿童，能用平等谦逊的态度对待每一个幼儿。此外，作为"导师"的教师必须重视对幼儿的观察和了解，能够准确地把握儿童内心世界。"导师"的主要任务包括三个方面。第一，为幼儿提供具有兴趣性、探索性和互动性的学习环境。"导师"在观察、研究幼儿的基础上，精心设计幼儿可以直接操作的活动环境，使教育内容物化到环境中，使幼儿通过实际的操作主动地"学会"教育内容，实现自身的发展，而非传统地通过教师口头的讲述和强调。这种环境应当能够引起幼儿的兴趣，可以激发幼儿积极、主动的探索活动。第二，"导师"在为幼儿提供了适宜的环境以后，还应当引导幼儿积极、主动地探索环境、操作材料、解决问题，让幼儿成为活动的主体。在这里，蒙台梭利反对传统的"知识本位"教学观下的教师角色，认为学习是教师将知识教给幼儿的过程，太注重教师的讲解和传授。她认为"导师"应当为幼儿提供主体性活动的舞台，并在关键的步骤上为幼儿指明方向，协助和引导幼儿的"工作"。第三，"导师"还应该在观察幼儿的基础上，分析幼儿的活动兴趣、活动水平和发展需求，为幼儿提供材料，促进他们更加适宜和高水平的发展，使"导师"的工作进入一个"提供环境——进行引导——调整环境——进行引导"这样一个周而复始的良性循环。②

（三）作为活动对象的"工作材料"

在蒙台梭利看来，幼儿身心发展的特点决定了他们的发展必须依赖于具体的操

---

① ［意］玛利亚·蒙台梭利：《蒙台梭利教育法》，霍力岩等，译，北京：中国人民大学出版社，2008，第10页。

② 同上书，第12页。

作材料，所有的教育内容都应该被物化为儿童活动对象的"工作材料"。"工作材料"一般遵循四点原则：一是"困难度孤立"原则，即一种"工作材料"只发展儿童某一个方面的一种具体能力而不是多个方面的多种能力，把儿童学习的重点或难点"孤立"起来，以确保儿童某一方面的一种具体能力得到真正有效的发展；二是"错误控制"原则，即每一种"工作材料"都可以自动提示儿童操作的正确与否，从而使儿童按照"工作材料"本身的提示和指引就可以得到应有的学习和发展；三是"顺序操作"原则，即每一种"工作材料"都有作为其准备的另一种"工作材料"，同时，每一种工作材料又都是另一种"工作材料"的准备，儿童对"工作材料"的操作应该遵循从简单到复杂、从具体到抽象的原则；四是"内在奖惩"原则，即每一种"工作材料"都能够满足儿童内在的发展需求，能够长时间地把儿童的注意力吸引到操作"工作材料"的活动中。

五、课程评价：基于真实活动的观察和评价

蒙台梭利运用人类学的科学研究方法——人体测量，对幼儿进行研究。蒙台梭利设计了简化的记录表，对儿童的身体发展进行了测量，安排儿童定期测量身高和体重。与传统的测量人体特征所不同的是，蒙台梭利不仅测量儿童身体特征，还创造性地提出直接观察儿童的活动。蒙台梭利对幼儿的研究和评价基础是幼儿的活动，她认为研究幼儿心理的发展必须通过外部的观察才能实现，任何人都无法真正记录幼儿内心的活动。基于对幼儿观察的重视，她提出观察幼儿的原则、方法和实施中的具体要求。

蒙台梭利认为观察是了解和评价幼儿最重要的方法，她提出观察幼儿的三要素——自然观察、精心准备的环境，以及教师作为客观观察者。首先，教师对幼儿进行自然观察是为了根据幼儿的日常表现去理解幼儿的行为，不对幼儿形成干扰。教师在观察中发现幼儿真正的需求和兴趣，理解和评价幼儿最真实的情况，才能准备和调整适宜的教材教具，创设更加适合儿童发展的"有准备的环境"。其次，精心准备的环境是指为观察儿童而专门设立的教室，这样的环境可以激发幼儿充分自由的活动，使幼儿可以充分发挥自身成长的内在驱动力。再次，作为客观观察者的教师，必须受过专门的训练，尽量避免受到主观个性的影响，真正做到对幼儿的客观观察和评价。最后，蒙台梭利强调对儿童的观察必须建立在儿童自由原则的基础之上，

她认为幼儿是自由的个体，教师对幼儿的观察和评价，不应干扰和压抑幼儿的活动和发展。

第四节　蒙台梭利教育法的特点

一、感官教育是促进儿童发展的基础

在蒙台梭利所论及的教育内容中，她非常重视感官教育，并把感官教育看成是其他一切教育内容的基础。蒙台梭利认为感官教育有以下三个特点：第一，根据儿童感官发育的不同敏感期，需要有相应的教具配合进行；第二，根据儿童心理发展表现出的阶段性特点，蒙台梭利感官教育训练都是由一套逐渐加大难度的练习组成的；第三，根据儿童心理发展是通过自我活动实现这一原理，感官教育必须是儿童操作教具的活动，成人不应过多干预。[①] 蒙台梭利认为，3~6岁时幼儿的感觉活动和智力活动是形成联系的关键时期，幼儿和环境的相互作用是通过感觉实现的，如果在这一时期儿童的感觉活动不充分，就会影响儿童以后更高级的认知活动。为了更好地促进幼儿感官的发展，蒙台梭利借鉴并发展了塞根用于治疗和教育智障儿童的感觉教具，并将这些教具运用到正常儿童的感觉教育上，而且取得了很大的成效。

二、"环境""导师"和"工作材料"三位一体

蒙台梭利教育法强调在适宜的环境中由导师引导儿童进行自主的学习，环境在儿童的成长中发挥着很大的作用，儿童出生后开始了解自己、了解环境，最后发展形成完整的人格，而蒙台梭利将幼儿常接触的环境中的人、事、物等设置成儿童可探索或协助自我成长的一部分。环境的协助可以帮助儿童成为一个独立的个体，并迅速进入成人的世界。另外，蒙台梭利教室中的教师是儿童的引导者，需要为儿童做好"充分的精神准备与物质准备"，并应随时关注幼儿的行为。而"工作材料"能使儿童专注、安静地摆弄的物体，在摆弄着能认真思考、专注于某一活动，借助

---

① 霍力岩：《蒙台梭利教育法研究》，北京：北京师范大学博士学位论文，1996，第26页。

工作材料，可以培养幼儿的专注力、探索力、观察力等。因此，蒙台梭利把构成其教育方法的"有准备的环境"、作为"导师"的教师和儿童活动对象的"工作材料"并将他们看作是彼此联系、相辅相成的整体。在"环境""导师"和"工作材料"的三位一体中，"有准备的环境"是根本，是蒙台梭利教育法区别其他教育方法的关键所在，"导师"和"工作材料"则是构成要素，抑或是"有准备的环境"的重要内容。三者相互交融，构成了蒙台梭利教育法的整体。

三、重视纪律与自由的统一

蒙台梭利希望通过教育培养有内在秩序感的独立儿童。凡是参观过正规蒙台梭利班级的教师，无人不被教室中儿童的自由自在、聚精会神、专心致志和纪律严明所打动。蒙台梭利认为"儿童只有依靠爱和自由，才能获得成长的全部能量，并成为一个真正意义上的人"。作为幼儿园教师，在实践中要深刻理解蒙台梭利所说的"自由"——儿童的真正自由即活动。成人要爱儿童，给儿童自由，尊重儿童，给儿童自由发展的空间。同时，蒙台梭利认为，儿童的自由与纪律相结合的，自由与纪律是一个有机整体。儿童的自由是有限度的，作为幼儿园教师，既不能强迫儿童遵守纪律，又不能放任儿童。正如蒙台梭利所说，"儿童自由的限度，应控制在集体利益的范围之内；儿童自由的形式，应表现为我们普遍认同的良好教养。"另外，教育者的首要任务是激发儿童的内在生命力，让生命自由发展。同时，蒙台梭利认为，教育中首先要做的是唤起儿童、唤起他的注意力、唤起他的内心世界。因此，教师要仔细观察儿童对教具的操作、观察儿童的自由活动，但不对儿童做出评价。如果儿童离开座位，教师不要干涉儿童，只要纠正一些没有秩序的活动就行。在蒙台梭利看来，如果新的科学教育学是始于对个体的研究，那么此研究必须专心于对自由儿童的观察。作为幼儿园教师，如果儿童表现出侵犯或干扰他人的行为，或任何无礼、粗鲁的行为，教师都应当禁止。而且，如果教师将纪律建立在儿童的自由活动基础之上，那么纪律本身就必定是积极主动的，静止不动并不是遵守纪律。相反，"所有儿童都在房间里忙于进行有益的、充满智慧的、自觉的活动，而没有任何粗鲁无礼的举动，我认为这才是真正的有着良好纪律的教室"。此外，幼儿园教师如果企图通过命令和训诫，即通过惩戒手段让儿童遵守活动纪律，这在蒙台梭利看来也是不可能的。总之，作为实践工作者，要深刻认识到"以儿童为中心的教育"的含义——尊重儿童，给儿童活动的自由，真正的纪律是在工作中养成的，而不是从外部强加的，因此要取消外在形式的奖励和惩罚。

第五节　蒙台梭利教育法的实践运用

美国学者珍尼特·沃斯（Jeannette Vos）和新西兰学者戈登·德莱顿（Gordon Dryden）在《学习的革命》一书中把蒙台梭利教育法说成是"世界上最好的教育思想"和"世界上一流的学前教育"①。日本著名学者相良敦子则认为蒙台梭利教育在日本的传播，为日本 1989 年以来的幼儿教育改革注入了"原动力"，她说："1989 年日本公布的新幼儿教育基本法是我们所期望的方向，其功臣当属'日本蒙台梭利学会'。"② 蒙台梭利教育法在当今学前教育体系中占有非常重要的地位，并对当前世界各国的学前教育改革与发展有着非常重要的影响。卢乐山先生告诫我们："要全面地、实事求是地看待蒙台梭利教育"，"明确了解蒙台梭利教育的意图和目的"，"做到既'与时俱进'，又'本土化'"。如果我们在借鉴蒙台梭利教育法并使之本土化时能够认真体会和运用蒙台梭利教育法之精要，我们就会在借鉴蒙台梭利教育法并使之为我所用的道路上有所作为。

一、学习蒙台梭利独到的儿童观

蒙台梭利关于幼儿发展与教育的理论与观点，其独到的儿童观对我们今天幼儿教育的实践与研究仍然具有重要的启示和借鉴意义。

（一）重视幼儿的自我发展

蒙台梭利认为，儿童心理发展是天赋能力的自然表现，是心理胚胎期的发展，是潜在生命力的分化与发展。蒙台梭利的这一观点，批判了她所处的时代以成人为中心的教育观，对幼儿进行说教、干预、灌输式的教育方式。在那些所谓爱护孩子、

① ［美］珍尼特·沃斯，［新］戈登·德莱顿：《学习的革命》，顾瑞荣等，译，上海：上海三联书店，1998，第 245 页。
② ［日］相良敦子：《蒙台梭利教育的普遍性与特殊性之生根》，刘冷琴译，台北：科学启蒙学会出版社，1992（特刊），第 3 页。

帮助孩子的行为背后，隐藏着一种观点，即幼儿是无知无能的，必须由成人进行教导，才能获得知识和能力，这种思想和观念也导致了成人总是用自己世界的标准去评价孩子，忽视了幼儿成长的独特性与重要价值，妨碍了儿童内在生命力的发展和展现，使幼儿的发展脱离了正常的轨道，儿童的天赋能力不能得到展现。重视儿童的自我发展，也是我们今天教育面临的重大转变。基于此，我们需要改变传统的儿童观，转变教师直接灌输忽视幼儿自我发展的教育行为。

（二）适应儿童心理发展的敏感期和阶段性

蒙台梭利认为儿童心理发展存在着敏感期，并指出了一些心理现象中的敏感期。既然儿童心理发展中存在着敏感期，教育者就应该在不同的敏感期内，为幼儿提供敏感期活动的环境，促进敏感能力的最大程度的发展。或许敏感期并非是幼儿的本能，但是强调幼儿敏感能力发展的观点值得我们重视并借鉴。

此外，蒙台梭利认为儿童心理发展是连续性和阶段性的统一，儿童在不同阶段的心理发展中，心理面貌会有不同的表现。在发展的不同时期，成人应该为幼儿提供符合幼儿的不同需求的环境。关注幼儿心理发展的敏感期、阶段性和连续性，对我国幼儿园事业的发展具有重要的意义。

（三）重视幼儿的自主活动

蒙台梭利强调儿童心理发展是天赋能力的自然表现，同时，这种天赋能力可以通过儿童自发的活动表现出来。所谓活动是指幼儿生命的自我活动，而不是在成人干涉下的不符合幼儿意愿的活动。通过自主活动，幼儿的生命力得到表现和满足，心理得到进一步的发展。蒙台梭利重视幼儿自我活动的思想是对旧教育压制儿童活动做法的抨击。在此基础上，她又提出了教师应学会观察、探测、支持幼儿的活动，对我们今天所强调的尊重幼儿兴趣和意愿等教育理念和实践具有很大的借鉴价值。

二、灵活运用其独特的教育方法

（一）混龄编班

国外蒙台梭利幼儿园和蒙台梭利教室中，班级组织形式基本上是"垂直式"的混龄编班。混龄编班是蒙台梭利教育法组织形式上的一个重要特点，即一个班级里有3～6岁不同年龄的孩子。从理论上说，适用于国外蒙台梭利式幼儿园和蒙台梭利教室的混龄编班，也应该适用于我国。但是家长对混龄编班的认可度不高，所以，蒙台梭利教育法中混龄编班在我国施行会面临以下挑战：首先，幼儿教师要面对不同年龄特点和不同发展需要的孩子，这就对教师提出了较高的要求，她们需要了解、观察、研究和引导每一个孩子，并促进每一个孩子的有意义的发展；其次，幼儿家长对混龄编班从心理上难以认同，年长的幼儿家长会担心自己的孩子经常和年幼的孩子在一起，影响其发展；最后，年幼幼儿的家长担心自己的孩子经常和年长的孩子在一起，可能会受欺负。综上原因，结合中国国情，我们可以在三种可能的班级组织形式上（完全混龄编班、部分混龄编班和同龄编班中）进行选择，也可以考虑由部分时间混龄编班逐步过渡到完全混龄编班（如在区域活动时间混龄，在主题活动时间分龄），比如某幼儿园采用小混龄与分龄相结合的方式编班：1.5~3岁，3~5岁，1.5~6岁。借鉴蒙台梭利的混龄编班的理念，提高幼儿之间的亲社会能力，促进独生子女之间的社会性能力的发展。

（二）大块工作时间

"所有的惯常性组织活动都要根据儿童的兴趣自发产生，可以是全天一个组，也可以是教师合理分组。'3小时工作期'是蒙台梭利方法能否成功的一个具有关键意义的项目"。[1] 在对蒙台梭利教育法的运用中，对"大块时间"的强调值得我们借鉴。蒙台梭利在对儿童学习时间的安排上，有一个重要概念——"3小时工作期"，指在一个班级里，儿童每天有一个单独的、不受干扰的3小时连续活动时间[2]。这3个小时儿童可以自由选择活动的内容和活动的方式，而不带有教师的任何要求。诸如室外游戏、小组讲故事、线上时间、音乐活动等，都不可以占儿童的这个大块工作时间。在"3小时工作期"，成人和儿童互相尊重，互不干涉对方的工作。当然，这"3小时工作期"可以被分割为每次1小时、每天3小时的大块时间。我国许多幼儿园，目前对于幼儿的一日生活流程划分比较零碎，一上午经常要过渡很多个环节，而且教师统一发号施令，儿童的操作活动中大块工作时间很少能有1小时。即使儿童正在全身心投入活动，因为活动的安排，也常常会被催促转入下一个环节。

---

[1]　刘华：《蒙台梭利》，北京：科学出版社，2009，第49页。
[2]　同上。

三、注意课程内容本土化

蒙台梭利教育法有自己相对完备的一套内容系统，作为幼儿园教师，应该在学习蒙台梭利教育法儿童观、教育观的基础上认识其教育内容。蒙台梭利教育法的课程内容可以分为 9 个相互独立又相互联系的主要领域，即日常生活练习、感官教育、数学教育、语言教育、文化科学教育、身体运动教育、历史地理教育、艺术表现教育和社会性培养。由于蒙台梭利强调应该尽可能地把需要让孩子掌握的教育内容深化为孩子可以直接操作的"活动材料"。所以，教育内容又可以分为两大类：第一类是以使用教具为主的教育内容；第二类是不以使用教具为主的教育内容。第一类教育内容主要包括日常生活练习、语言教育、科学文化教育等，教师可以设计出符合中华民族生活习惯并能在当今形势下有效地培养孩子独立生活能力的日常生活练习和相应的"活动材料"；设计出能够体现汉语语言文字特点并符合中国幼儿语言发展特点的语言教育体系和相应的"活动材料"；设计出既能反映中华民族文化精髓和创造成就，又能反映世界各民族的文化交流和科学技术日新月异发展特点的文化科学教育体系和相应的"活动材料"。第二类教育内容主要指身体运动教育、艺术表现教育和社会性培养领域的教育内容。它们符合对幼儿主动性、表现能力和创造能力培养的要求，应让幼儿能够通过音乐、美术等艺术手段自由、充分地表现于创造的环境和气氛。当然，实践工作者应该在实际应用中剔除蒙台梭利社会性发展教育中、特别是道德教育中的宗教成分，以及受社会制度和文化传统的局限而不适合我国的内容，设计出适合我国社会主义道德风尚和时代特点的道德教育内容。

小·结

蒙台梭利教育法是学前教育家蒙台梭利提出的一种非常实用、操作性极强、在世界范围内具有广泛影响力的学前教育模式，它以自然主义为理论基础，以爱和自由为两大基本原则，强调有准备的环境、作为导师的教师、教具这三大基本要素，以主题活动和区域活动为两大基本教育形式，在儿童自由与自发的活动中，全面提升幼儿素质，发展幼儿潜能，力求实现培养新人类和建设新社会的教育目标。

关键术语

潜在生命力；敏感期；有准备的环境；导师；工作材料；纪律和自由；感官教育。

思考题 • • • • • • • •

1. 简述 20 世纪 60 年代以来蒙台梭利教育法在美国复兴的主要原因。

2. 简述蒙台梭利有关学前教育课程的原则、环境、内容和教师的基本观点。

3. 蒙台梭利教育法是如何分析纪律与自由的关系的？

4. 蒙台梭利教育法对我们的教育教学实践有哪些有益的启示？

第一章 蒙台梭利教育法

发展—互动课程模式

发展—互动课程模式（Developmental-Interaction Approach），又名银行街课程模式。"发展—互动课程向我们揭示了一个具有重大意义的早期教育的历史片段，同时还揭示了理论与实践、研究者与教师、认知与情感这些对立统一关系互相达成妥协状态所发挥的微妙影响，揭示了外在的历史条件可以在何种程度上影响某个专业领域及实践①"。20 世纪 70 年代，这一课程模式为了突出课程的理论内涵，正式由"银行街课程模式"更名为"发展—互动课程模式"。"发展"指的是从幼儿到成年的成长规律和逐渐形成不同的个性特点的过程。而"互动"首先强调的是与环境的互动，一个由幼儿、成年人和物质世界组成的环境；其次，它还指幼儿的认知和情感发展的互动，也就是说，思维和情感并不是分开的，而是在幼儿成长过程中相辅相成的两个方面。②

第一节　发展—互动课程模式的形成动因与演变历程

发展—互动课程源自哈丽雅特·约翰逊（Harriet Johansson）和卡罗琳·普拉特（Caroline Pratt）在纽约市保育学校开展的进步主义（Progressive Movement）教育实验，即通过在实践中不断总结经验并结合心理学等领域的研究成果而逐渐形成自己的理论体系。发展—互动课程模式在 20 世纪五六十年代美国政府提出的"开端计划"中起到了中流砥柱的作用。因此，美国教育家斯泰西·戈芬（Stacie Goffin）认为，发展—互动课程模式是唯一一个有着多种理论视角且各理论视角都与特定价值

---

① ［美］斯泰西·戈芬，凯瑟琳·威尔逊：《课程模式与早期教育》，（第二版），李敏谊译，北京：教育科学出版社，2008，第 81 页。

② Anne Mitchell, Debra Cunningham, Debby Dixler, Nina Woldin. *Explorations with Young Children：A Curriculum Guide from Bank Street College of Education*. Silver Spring, Maryland.

观和实践相吻合的美国早期教育模式①。随着时代的发展，发展—互动课程模式自身不断地完善、与时俱进，它对美国乃至世界其他各国的早期教育都产生了积极的、可借鉴的影响，同时也为我们多元化、科学化地看待早期教育提供了一种独特的视角。

一、发展—互动课程的形成动因

（一）社会动因：工业发展促进政府对教育的关注

19 世纪末北方资本主义的胜利标志着美国南北战争的结束、国家统一、美国的社会经济和文化发展出现重大转型与变化的同时，也面临着社会和文化的危机，因此，此时社会的发展需要大量的具有独立精神和创新意识的人才；另一方面，工业的迅速发展不仅为教育的发展提供了雄厚的经济保障，同时也对劳动者素质提出了更高的要求——当前的劳动者的素质已经满足不了工业发展的需求，政府需要提升劳动者的素质以满足工业发展的需求，因此政府越来越关注教育问题。但是美国当时的教育状况无法满足社会发展的需求，而此时进步主义运动提倡"儿童中心"，旨在培养儿童的创新能力和独立精神。所以，进步主义教育是产生于这一时期的一次很有影响的社会思潮和运动，旨在反对工业社会的政治经济弊病②。进步主义者们希望通过这一场广泛的社会改良运动使美国得以重新焕发活力，进而跻身世界强国之林。他们通过揭露公立学校存在的各种弊端来呼吁改革教育和社会事务。总之，进步主义运动的核心思想在于通过政治和社会改革以回应工业化带来的社会弊病，与此同时进步主义教育则希望通过公共教育变革来实现社会改良。这一时期进步主义倡导的教育的实用性、多元化及符合个人发展的需要等教育理论成为美国教育发展的主要指导思想。

（二）教育动因：进步主义教育运动

对早期教育而言，进步主义教育运动对其发展有两个方面的影响：针对福禄贝尔幼儿园的"论战"与实验性保育学校的建立，20 世纪初期，进步主义教育派批判

① ［美］斯泰西·戈芬，凯瑟琳·威尔逊：《课程模式与早期教育》，（第二版），李敏谊译，北京：教育科学出版社，2008，第 87 页。
② 吴式颖：《外国教育史》，北京：人民教育出版社，1999，第 455 页。

福禄贝尔的幼儿园太过于结构化和不科学，强调课程应引导幼儿建构有意义的活动经验，这种理念也逐渐得到了大众的认可。另外，这一时期在进步主义的影响下相继出现了很多新式学校。其中，由露西·米切尔创立的"教育实验局"颇具特色，它是进步主义教育者践行进步主义教育理念的实验田。教育实验局建立了很多对儿童学习有新理解、致力于记录和分析教育实验结果的实验性保育学校，摒弃了不合时宜的传统教育观。另外，在进步主义运动及其杜威（John Dewey）教育思想影响下，教育实验局建立了一个以满足不同幼儿发展需求为目标、以提高教育质量为己任的新的教育体系。教育实验局最初以实验幼儿园为开端，目的在于将扩展的心理认知同教育的民主概念相结合，促进儿童更加全面的发展，提高学前教育的质量。另外，早期教育强调儿童的活动和经验，以有目的的游戏为主要的活动方式，注重儿童的社会性发展，把学校生活延伸到家庭、社区乃至社会中去。经过近百年的发展，教育实验局不仅形成了独具特色的幼儿教育课程，还将学前教育课程与学校教育课程有效衔接，形成了具有国际影响力的"发展—互动"课程模式。

（三）理论动因：儿童研究运动

为了解决高速度工业化和城市化带来的矛盾和问题，社会各界开始了广泛的改良运动，同时对儿童问题也开始了深入的研究。19世纪末20世纪初，儿童研究运动（Child Study Movement）在欧美国家形成了一股研究儿童的热潮，众多杰出的教育家展开不同的研究，为幼儿的发展提供了教育理论体系。基于教育理论的发展，儿童研究运动对欧美学前教育的发展有以下作用：第一，全面而广泛地改变了人们的学前教育观念；第二，用心理学的方法研究儿童并且将心理学运用到教育中，为后来大量关于儿童心理学和教育心理学等理论的产生和发展做了铺垫；第三，儿童研究运动为教育科学奠定了理论基础，使教育开始以儿童为出发点，为真正的教育实践决策提供了参考。在发展—互动课程的实践阶段，教育者们吸收和借鉴了儿童研究运动的研究成果——关注儿童发展心理学领域的研究，尤其是关注儿童的个体潜能，强调以儿童为中心，关注其自我表现。

（四）政策动因：开端计划

1965年美国联邦政府开始实施开端计划（Head Start Project），旨在对生活在贫困线以下家庭的3~5岁的幼儿进行为期数月的保育和教育，并帮助父母获得有关儿童发展的知识、技能和经验，增强父母对儿童成长的积极影响。在开端计划之前，发展—互动课程模式还处在实践性知识的积累阶段，没有形成一个体系化的理论框架。而开端计划的出现促使发展—互动课程形成了自己的理论框架，以便将课程体系复制并推广到其他贫困的地区。于是，发展—互动课程模式乘"开端计划"的东风，不断地提升和精炼教育理念，将实践性知识放置于理论框架内，促进课程理论化和实践化的统一。

二、发展—互动课程模式的演变历程

发展—互动课程模式经过近百年的发展，其理论与实践不断发展、壮大，目前发展—互动课程模式不再局限于发展幼儿教育，还建立了自己的研究生院，并利用自己的资源培养教师。总之，与其他课程模式相比，发展—互动课程的形成有其自己的独特之处：它并非是事先已经选择好某一理论，然后按照理论的指导去实践，而是在一个特定的价值框架内不断地实践，联系持续发展的新研究，最终形成一个理论框架。根据发展—互动课程理论的形成过程其发展大致可以分为三个阶段：1916 年教育实验局的创立至 20 世纪 30 年代，进步主义教育实验开始阶段；20 世纪 30—50 年代，心理动力学结盟的阶段；1956 年"开端计划"诞生后至今，发展—互动课程模式的理论形成完善阶段。

（一）进步主义教育实验开始阶段：实践主导课程的发展

发展—互动课程最早源自于进步主义教育实验。在进步主义教育实验的影响下，1916 年，米切尔建立了"教育实验局"，试图为幼儿提供更适合其发展和学习的环境，以此支持美国政府利用进步主义的教育哲学改变早期教育与教师培养的方式方法。1919 年，哈丽雅特·约翰逊（Harriet Johnson）成立了银行街儿童学校（Bank Street School for Children），后作为教育实验局的实验学校。1928 年，芭芭拉·比伯（Barbara Biber）加入了教育实验局，为日后发展—互动课程的理论阐述做出了重要的贡献。随后，教育实验局成立了"教师合作学校（Coooperative School for Teacher)"，培养未来将在进步主义学校中担任教师的保育学校教师和小学教师。随着教育实验局的实验成果的凝聚，发展—互动课程已经有了清晰的轮廓，并且形成了以儿童为中心的教育方法。1930 年，教育实验局及其实验学校搬迁到纽约市银行街，他们所倡导的早期教育课程被称为"银行街课程"，他们已经形成了关注学习环境、个体发展及教师角色的成熟理念，此时，银行街课程还只是一种实验性、经验性的早期课程模式。

在这一时期，教育实验局深受进步主义教育的影响，即寻求各种途径促进儿童智力发展。发展—互动课程提倡"完整儿童"理念，强调通过游戏来培养儿童对自身和周围环境的认知，鼓励儿童表达自己的经历和经验。在强调培养"完整儿童"的同时，发展—互动课程模式强调培养多方面发展的教师，教师要与儿童一起思考、感受、行动、反思。所以，此阶段发展—互动课程模式主要针对儿童教育与优秀教师两个方面促使儿童全面、完整发展。

（二）与心理动力学结盟的阶段：实践与理论互动时期

20 世纪 50 年代，发展—互动课程开始将实践积累放置在一个理论框架内。其中，动力心理学（Psychodynamic Theory）的相关理论很大程度上影响了发展—互动课程的转变。发展—互动课程开始关注儿童的个体潜能，强调以儿童为中心，注重儿童的自我表现。在此阶段，发展—互动课程从关注进步主义学校运动，走向关注儿童的认知—情感的发展，并受到诸多概念的影响，包括不断变化的发展阶段、能量与内驱力等概念，这些概念的延伸与 20 世纪五六十年代受到美国人民重视的心理健康运动接轨，"心理健康运动致力于研究各种防止心理疾病的方式，提出了个体发展的健康历程，并研究如何让各种社会机构，如学校等机构，变得更具有支持性。[①]"而发展—互动课程模式很自然地将自己的理念与心理健康的理念相糅合，出版了大量的以心理健康为视角撰写的著作。1965 年，伴随着"开端计划"的开展，发展—互动课程开始梳理和精炼先前的理念，对心理学的理论基础也进行了清晰的阐释。

（三）发展—互动课程的理论完善阶段：理论引导实践课程的发展

1971 年银行街模式正式更名为"发展—互动课程模式"。变更名称的主要原因在于发展—互动课程模式的创立者们普遍认为应该用必要的理论特征而不是偶然的地理位置来命名一种课程模式。1978 年，发展—互动课程模式成立了家庭中心，旨在为 6 个月到 4 岁的孩子服务。家庭中心在满足儿童兴趣与需要的基础上，不仅为幼儿提供了多样化的学习与探索机会，还有效地将社区和家庭结合起来。与此同时，

---

① ［美］斯泰西·戈芬，凯瑟琳·威尔逊：《课程模式与早期教育》，（第二版），李敏谊译，北京：教育科学出版社，2008，第 97 页。

教师研究、专业发展及社区合作不断地为发展—互动课程模式提供研究与发展视角，以此促进儿童全面、完整的发展。所以，在"开端计划"的影响下，这一时期的发展—互动课程模式不断完善理论框架，为实践提供了更加广阔的探索空间和坚定的探索方向。

第二节　发展—互动课程模式的理论基础

发展—互动课程的理论基础与其他课程模式相比较，有两个特别之处：一是发展—互动课程理论来源不具有预设性，它是在实践研究的基础上形成的理论框架；二是发展—互动课程模式有着多种理论视角，且各理论视角都与其"完整儿童"的价值观及教育实践相吻合。

一、教育学理论

在发展—互动课程形成早期，与进步主义教育运动密不可分。杜威作为进步主义教育运动的精神领袖，他批判了传统的教育哲学，提出教育即生长、教育即生活、学校即社会、教育的本质是经验的重组和改造，学生应"在做中学""在经验中学"等观点。他的教育理论在很大程度上影响了进步主义思潮。发展—互动课程受杜威教育思想的影响，在杜威教育思想影响下，米切尔和普拉特开办了游戏学校，游戏学校以游戏的方式开展教育活动，教师每天对儿童的日常表现进行观察和记录，以此设计下一步的课程。

近年来，发展—互动课程受到维果茨基（Lev Vygotsky）的社会文化发展理论的影响。维果茨基从社会—文化历史的角度研究儿童心理的发展，强调人的心理发展受社会文化历史发展规律的制约，并认为教学是心理发展的形式。维果茨基认为个体的发展总会打下特定社会文化背景的烙印，个体发展与教育之间不是简单的线性关系。发展—互动模式开始关注儿童学习与发展的社会因素。这些理论合力使得发展—互动课程发展为一个以儿童为中心、以经验为基础、以过程为导向、以社会环境为支持的早期教育课程方案。

二、心理学理论

发展—互动课程以心理学理论为基础，关注幼儿发展与成长的规律，以及儿童与周围环境、内在认知和情感之间的关系。在发展的过程中，发展—互动课程模式借鉴和吸收了弗洛伊德（Sigmund Freud）等心理学家所倡导的心理动力学理论强调人类情绪、动机，以及自主性的发展、心理动力学的相关理论，关注儿童情感过程和个性发展，主张社会—情感领域的发展是培养"完整儿童"最适宜的"土壤"。

"发展—互动课程这种动态本质由于和心理动力学密切相关而被进一步强化。心理动力学理论的特征就是把个人发展看作是高度动态的及高度个别化的。如果要理解某一经历，就必修根据个人的智力或者情感解释/反应。①"因此，发展—互动课程认为儿童的心理过程是与众不同的发展历程，每一个历程都是特殊的、独特的、完整的过程。

另外，皮亚杰（Jean Piaget）、沃纳（Heinz Werner）等心理学家的儿童认知发展理论对于发展—互动课程的形成也有重要影响。皮亚杰认为儿童是在与人、事、物之间的相互作用中获得发展的，儿童自身与客体之间的活动是早期儿童课程的基础，儿童通过游戏可以获得抽象思维能力和社会道德意识的发展。发展—互动课程在儿童认知发展理论的基础上，重视幼儿在游戏活动中的自由选择、自愿参与和自主探索，使儿童在游戏的过程中体会到学习的快乐，并引导他们在亲身体验和实际操作中进行探究和学习。

发展—互动课程模式也与其他的许多心理学家和教育家的教育理念是一致的，他们中许多人的教育思想也持续影响着学前教育理念的发展和革新，比如库尔特·勒温（Kurt Lewin）、洛伊斯·墨菲（Lois Murphy）、约翰逊·哈里特（Harriet Johnson）和苏珊·艾萨克（Susan Zsaac）。②

---

① ［美］斯泰西·戈芬，凯瑟琳·威尔逊：《课程模式与早期教育》，（第二版），李敏谊译，北京：教育科学出版社，2008，第 103 页。

② Anne Mitchell, Debra Cunningham, Debby Dixler, Nina Woldin. *Explorations with Young Children*：*A Curriculum Guide from Bank Street College of Education.* Silver Spring，Maryland.

第三节　发展—互动课程模式的理念、目标、内容、实施与评价

一、课程理念：培养"完整儿童"

发展—互动课程在长达一个世纪的发展中，逐渐形成了自己独特地儿童观、教育观和课程观。在儿童观方面，发展—互动课程强调应培养"完整儿童"。"完整儿童"的发展包括身体、智力、社会、情感和审美各个方面的整体发展。在教育观方面，正如"发展—互动"这一名字所传达出的理念：儿童的各领域发展并非主动产生，而是通过与人类社会及物质世界的交互作用而产生的，幼儿教育是经验的教育，是促进幼儿自主建构的教育，是学校、家庭和社会共同参与的教育。在课程观方面，幼儿的经验是综合性的，课程应实现对各领域经验的综合培养。

二、课程目标：促进儿童的全面发展

人们常认为教育体制旨在培养幼儿在广泛意识、理解能力上的发展，而发展—互动课程的目标并不单单是为了去提升幼儿个别科目的成绩，而是为了给幼儿身体、社会、情感和认知能力的发展提供更多学习和发展的机会。发展—互动性课程模式的基本理论认为幼儿认知能力的发展不能与其个人成长和社会能力的发展相分离。此外，学校是儿童所处社会环境的一部分，应该提供给儿童一个积极、活跃的环境，而不仅仅是孤立单独的一个学习知识的地方。①

基于培养"完整儿童"的观点，发展—互动课程提出了五个宽泛性的教育目标。

（1）提升能力：对于能力的定位不只是指客观的知识和技能，同时也包括了主观性的能力，如自尊、自信、表现与表达能力等。提升能力旨在提高儿童有效作用于环境的能力，包括与他人的互动能力等。

（2）发展个性：促进儿童对自我独特性的认识及发挥自己的个性特点，能够进

---

① Anne Mitchell, Debra Cunningham, Debby Dixler, Nina Woldin. *Explorations with Young Children*: *A Curriculum Guide from Bank Street College of Education*. Silver Spring, Maryland.

行很好的自我认同、自主行动、自我决策和责任承担，在接受别人帮助的同时不失其独立性。

（3）社会化发展：帮助儿童学习控制自己的冲动，调整自己的行为以便于参加集体生活或与他人的交往互动，最终适应有控制和道德约束的社会环境。这个目标有两个重要的内涵：①具有容易感知他人观点的能力，以及在工作、游戏、谈话、讨论过程中能合作或互动的能力；②沟通形式的多样性，借以了解人们的感觉、冲突，以及知识的拓展、情绪上的充电①。

（4）发挥创造力：通过律动、绘画、雕塑、旋律、数学等方式进行创造力的表达。

（5）内在世界与外在世界思想与情感的整合：帮助儿童整合那些异质的经验，包括整合思想与情感、理念与行为、主观与客观、自身情感与移情、创造性与常规的沟通方式、自发与仪式化的反应形式②。这个过程对于儿童的创造性和最大限度地参与学习至关重要。

根据上述五个广泛性的教育目标，发展—互动课程将3~5岁幼儿的教育目标精细化成八条：

（1）通过与环境的直接接触和操作去满足个体需要；

（2）通过认知策略去提升不同的经验，扩展表征的模式；

（3）提升幼儿有关周边设备的知识，如幼儿园内外的环境；

（4）为幼儿提供支持性的游戏促进不同经验的学习，如提供想象游戏的材料；

（5）帮助幼儿控制冲动，如制定规则；

（6）满足幼儿在其发展阶段遇到的需求；

（7）帮助幼儿发展成一个独立、有能力的人；

（8）帮助幼儿与同伴之间建立相互支持的模式。

总之，无论是五个广泛性的教育目标，还是根据五个广泛性目标衍生出的八条精细化的教育目标，其目的都是在强调儿童的能力、个性、社会化和整合发展的过程，并试图让儿童在不同阶段的发展最终实现个性化的发展。

---

① Biber，B.. *A developmental-interaction approach*：*Bank Street College of Education*. 1977.

② Shapiro，E. & Biber，B.. *The education of young children*：*A developmental-interaction approach. Teachers College Record*. 1972.

三、课程内容：强调儿童认知、情感和社会化的共同发展

发展—互动课程模式中教育内容可以分为以下几个部分：社会学习、读写、数学、科学、西班牙语、法语、艺术、音乐和体育。其中社会学习是课程的特色，同时也是整个课程的核心。

（一）社会学习课程

发展—互动课程强调儿童经验的整合性。在课程实践中，社会学习为整合儿童所关注的主题和学科知识提供了一种途径，因此成为整合课程的核心内容。这里的社会学习是指关于人与人、人与环境间关系的学习。发展—互动课程主张建立一种以儿童周围生活环境为基础的社会学习课程，强调社会学习课程应建立在儿童的经验及他们对周围环境的发现上。社会学习的综合课程内容大致可以分为七大类。①认识人类与自然环境；②拥有团体观念，从家庭到世界；③知道人类世代相传；④从神话、宗教、科学及艺术中获得生命的意义；⑤了解个体和作为团体中一个公民需要的知识和技能；⑥理解变化的世界；⑦人们解决问题的途径。

（二）读写课程

儿童在读写领域的发展建立在儿童已获得的社会认知技能之上，儿童被鼓励来表达自己，表达他们的思想、感受、经历，以及参与对话和讨论。发展—互动课程中关于儿童语言和文学的课程主要围绕下面几个目标展开：①表达关于自我、他人及物理的世界；②欣赏别人的观点；③对故事的感知能力；④语音意识；⑤关注口语和书面文字间的联系；⑥对书籍的热爱，关注书籍的作者和语言；⑦培养儿童关于符号特征的兴趣，鼓励儿童使用符号来表达自己的经验、想法和感觉。

（三）数学课程

发展—互动课程认为具体的数学经验可以为儿童抽象数学能力的发展提供坚实的基础。幼儿通过操作不同种类的数学材料，如单元块、钉子、攀爬架、模块、立方体、骰子等，为数学概念的发展提供支持。这些数学概念包括：①对应和计数；②数值关系、排序；③分类；④关于空间、体积和形状的几何理解；⑤尺寸、重量、时间和温度的测量；⑥模式；⑦估计；⑧数据的图像表示。

（四）科学课程

科学课程与幼儿日常生活紧密相关。科学课程的设计是为了让儿童更好地感知周围的世界，与其他领域相比，科学没有固定的时间，它渗透在幼儿的一日生活中，教师应鼓励幼儿养成一种尊重自然和周围环境的态度，为幼儿创造一种可以亲身体验自然的环境，幼儿基于自己对自然环境的观察进行记录、排序、分类、概括、讨论和预测，通过一种有趣而令人兴奋的方式学习科学的基本常识。

（五）西班牙语课程

西班牙语的教学主要以故事或歌曲的形式进行，教师将语言学习分成多个具体课堂单元，在家庭、市场、面包房等场所进行教学，采用游戏和小步骤的方式学习。通过渗透式的学习创造一种积极的学习体验，发展幼儿的语言接受和表达能力，增进幼儿对西班牙语的理解和喜爱。

（六）艺术课程

在发展—互动课程模式的教室里油漆画、素描、泥土、拼贴画、建构物品、砖块、木头等是不可缺少的材料。艺术活动面向儿童个体的需要和能力，为幼儿创造机会，支持幼儿自由地感受与表现，激发幼儿个人或者团体的艺术创作动机。

（七）音乐课程

发展—互动课程的音乐教育建立在幼儿对音乐的感知上，鼓励幼儿学习歌曲，开展律动游戏，表演打击乐器。并且强调应把音乐教育与家庭教育结合，每周都要举行家长音乐集会，鼓励家长带领幼儿去田野里聆听春天的歌曲，家园互助引导幼儿进行音乐表现。

（八）图书收集课程

图书馆课程是发展—互动课程极为重视的教育内容，他们认为幼儿应该具备检索和搜集资料的能力。教师可以组织幼儿访问图书馆，学习倾听、讨论和选择图书的相关技能；还可以学习图书馆相关礼仪、安全规则及图书的甄别能力；学习如何寻求帮助、爱护共有的资源等。

（九）运动与健康教育课程

幼儿通过感官的体验认识自己的身体及周围的环境，教师可以帮助幼儿利用户外场所来发展他们的运动能力。在体育课上，教师可多组织开展一些简单的团体协作游戏，如体操、翻滚等，让所有的幼儿都有灵活应用自己身体的机会，帮助幼儿在运动中充分感受自己身体的潜能。

四、课程实施：教师、学校、家庭的交互作用

（一）组织形式和步骤

具体的课程实施包括七个步骤：①选择主题，根据教学任务和幼儿的经验选择课程的主题；②确定目标，依据课程的内容和儿童的发展水平，设立多种目标；③教师学习，收集与主题相关的资料进行学习；④开展活动，按照设定的计划来进行活动，并且在其中注意课程轮的转动，不同的活动内容可能根据课程目标都有所涉及或者重点涉及；⑤家庭参与，家庭可以通过多种形式参与到活动中并担当重要职责；⑥高潮活动，支持活动顺利进行并达到活动高潮；⑦观察和评价，整理和总结主题的观察内容，并进行评价。

（二）教师的角色

在发展—互动课程中，教师的作用主要体现在促进幼儿社会情感发展和认知发展两个方面。在幼儿社会情感发展方面，教师是幼儿从家庭世界迈向同伴世界及其更大世界的支持者，在这个阶段，教师应给予幼儿安全感，使幼儿克服与父母分离所面临的焦虑、恐慌等心理冲突；教师应像心理治疗师一样有观察幼儿身心发展状态的能力，有像母亲一样对幼儿的爱心，能更好地帮助其自我发展，同时也应具有令幼儿信任的权威性；教师应鼓励和支持幼儿与周围世界发生交互作用，培养幼儿自我发展和促进幼儿的心理健康。

在幼儿认知发展方面，教师的作用主要是理解幼儿思维发展并加以引导，对幼儿的反应、疑惑等给予口头上的回应、澄清或纠正，促使幼儿达到掌握概念的新水平，拓宽幼儿掌握内容的范围，帮助幼儿将想法变为行动，培养幼儿直觉思维、联结思维和归纳性思维。

在这个过程中，教师们应营造出良好的适合幼儿学习和发展的环境。教师们应在有限的条件中构建一个能够迎合幼儿发展的实体环境和促进幼儿身心发展的良好氛围。在教学的个人风格、气质、文化背景和设计活动种类上，每个教师也都有各自的特点。在实践发展—互动性活动的过程中，教师的个人素养至关重要，所以在

第二章 发展—互动课程模式

51

这种教学方法下，教师一定不能将自己的个人素养排除到教室之外。这种框架结构与许多个人思想和教学方法相似。然而，教师要牢记的首要原则是尊重学生，顾及到每一位儿童，并对他们的问题做出回应。教师的任务是让幼儿学会相信自己，以及他的监护人和教师。这也就意味着教师自己必须是值得幼儿信任的。

作为教师，他有责任了解他班里的每一个孩子。"了解"的意思是知道这个幼儿的成长方式，了解他本身的特点——他的天分和劣势，他对挫折的忍耐力，他的学习方式，会让他感到自豪的事情和他对自己弱势项目的担忧。此外，教师还应了解幼儿的家庭状况和背景。这些信息大部分来自对不同状况下的幼儿近距离地、细致地、频繁地观察，因此，观察幼儿是教师工作中非常重要的一部分。[1]

（三）家园合作

家庭在发展—互动课程中有更为广泛的作用，是成人与儿童的各种组合体。在发展—互动课程的设计者看来，家庭不仅仅局限于父母，还包括养父母及其他亲属，甚至还包括家庭保姆、邻居等，可以说家庭是密切与儿童接触并受到儿童信任的人们的集合。发展—互动课程的设计者们认为，与家庭共同工作旨在"能使早期教育机构的教师与儿童生活历程中对儿童有意义的其他成人之间建立起双向的关系。通过这种关系，教师能够帮助儿童在学校与家庭建立联系"[2]。

银行街教育学院建立了家庭中心教育学院，是为 6 个月到 4 岁幼儿建立的保育中心。该中心允许儿童的家庭成员在一天中的任何时间访问或者参加活动，并创造出家庭式的气氛。另外，交流、支持和合作是教师与家庭建立良好伙伴关系的关键，家长每天都能收到教师关于自己孩子的日常生活和活动的记录。同时，也邀请家长参加家长会和家长学校，共同讨论幼儿的教育问题。

（四）环境的创设与规划

发展—互动课程强调幼儿发展的关键在于与周围世界的互动，环境的创设与规划对于实现其"完整儿童"的目标有重要意义。发展—互动课程认为应该创设能让儿童自由谈话和活动的学习环境，使幼儿接触到各种各样的活动材料。例如，在一

① Anne Mitchell, Debra Cunningham, Debby Dixler, Nina Woldin. *Explorations with Young Children: A Curriculum Guide from Bank Street College of Education*. Silver Spring, Maryland.

② Mitchell, A. & David, J.. *Explorations With Young Children——A Curriculum Guide from the Bank Street College of Education*, Gryphon House Inc., 1992, p. 257.

个典型的学前教室里，我们应该能清晰地看到各种功能区域，功能区分明确，界线清晰是活动区角的典型特征，区角的设置除了有丰富的材料和经验外，还与幼儿的年龄和兴趣有关，如画画区、玩水区、建构区、表演区和阅读区等。另外，儿童还可以自由从事各项活动，如吃点心、玩桌面游戏、搭积木或者进行与艺术有关的活动。总之，环境的创设与材料的选择源于发展性的教育目标，以及教师在教学中所选的教学策略。

五、课程评价：形成性评价为导向

发展—互动课程的评价以形成性评价（Formative Evaluation）为导向，教师基于对幼儿学习过程的持续观察、记录和反思，做出对幼儿的行为表现、所获成就，以及学习过程中的情感、态度、方法、策略等方面的评价。其目的在于激励儿童，帮助儿童有效调控自己的学习过程，增强其自信心、获得成就感，促进儿童的发展。评价的方式主要有以下三点：一是教师对儿童行为表现进行观察记录；二是教师对儿童作品进行档案袋记录；三是教师使用检核表等方式对幼儿的发展水平进行评价。分析和总结这些材料，能使教师理解每个儿童的特点和需要，促进下一步教学计划的制订和家园互动的开展。

表 2-1　发展—互动课程模式对幼儿评价的特点

评价取向	形成性评价取向
评价方法	评价方法较为宽泛，通过观察儿童的活动，为儿童提供一系列表达的机会，表达自己的理解
评价内容	1. 基本技能、分析能力和学科知识； 2. 儿童与环境互动时的态度和个性特征； 3. 既能独立工作又能与他人合作的能力； 4. 发挥主动性的能力； 5. 有效沟通的能力； 6. 能尽社区社会责任感的能力； 7. 学习中的社会和情感
评价依据	1. 幼儿的作品； 2. 日常课堂的活动和互动； 3. 个人评价资料； 4. 教师的"反思观察"

第四节 发展—互动课程模式的特点

一、强调儿童与环境的互动

发展—互动课程旨在通过课程创建各种可能性的学习环境，儿童在其中可以直接接触各种各样的环境刺激，并与之发生互动。儿童在不断地探索过程中，在丰富的课程经验下培育儿童对于他们自身和周围世界的认知，同时提供各种各样的途径尤其是游戏帮助儿童表达和表征他们的经历和情感。发展—互动课程强调课程的发展，并在发展中设置好环境，让儿童逐渐适应社会系统、自主发展并掌握一定的知识和技能。另外，发展—互动课程的设计者们强调幼儿与同伴、成人、环境的交互作用。每个孩子，每个人，都是一个家庭、社区、文化或是种族群体的一部分。因此它的课程关注三个方面的内容：环境的创设（包括材料的选择与投放）、教师与幼儿的互动以及家庭、社区与教师间的相互合作。这种开放融合的态度，与其他强调儿童为中心的环境相比，更加注重教师、社区的影响和作用。他们认为，为幼儿设立的课程是他们所处的另一个社区或群体环境。幼儿会学到如何和周围的孩子搞好关系；学会这个环境中心、幼儿园、小学的"游戏规则"；他们互相学习，互相帮助。能够培养归属感与他人合作、学习成为小组一员、学习处理意见分歧和互动方式的积极的活动都会在以后的民主社会中发挥很大作用。[①]

二、关注认知与情感的共同发展

发展—互动课程与心理动力学结盟开始就十分关注孩子的情感发展。强调情感在儿童发展中具有举足轻重的地位，与儿童发展的各方面息息相关，尤其是儿童的个性化与社会化发展与情感发展密不可分。发展—互动课程在后期吸收了更多理论之后，课程的设计者将皮亚杰的认知发展阶段理论与情感发展融合，强调用皮亚杰理论来推动课程的模式发展。

---

① Anne Mitchell, Debra Cunningham, Debby Dixler, Nina Woldin. *Explorations with Young Children：A Curriculum Guide from Bank Street College of Education.* Silver Spring, Maryland.

三、强调课程内容体现幼儿生命的个性化

发展—互动课程是以经验为主的课程发展模式。发展—互动课程认为个体之间存在着差异性，而教师在特定的阶段，在一定的环境中，发展幼儿的个性特征，促进幼儿个体差异的变化。发展—互动课程模式主要以如何动手、计划和调整为主，重在关注幼儿的实际需要，并让这些实际需要与大自然教育一致，把儿童放置在自然之中，使儿童根据他们已有经验的内容或是在自然中顺其自然地表现出幼儿的个性，促进认知水平、个性化特征的发展。

第五节　发展—互动课程模式的实践运用

发展—互动课程作为对美国乃至世界影响深远的课程模式之一，在发展过程中，始终遵循以儿童为中心、以过程为导向、以经验为基础，发展"完整儿童"等方面为我们提供了借鉴的价值。在实践过程中，幼儿园教师可以根据发展—互动模式在教学目标、教学方法中的经验，尝试提升自己的教育教学观念，完善教学及家园沟通的技巧，提升个人专业素养。

一、以完整儿童的视角看待儿童的成长

发展—互动课程模式认为儿童的成长是整体性的，任何一个阶段、一个领域的发展都与其他领域，以及以后的发展阶段之间相关联，其课程目标是培养"完整儿童"。为了实现儿童的"完整发展"，在进行课程设计时，覆盖社会领域、身体领域、智力领域、创造性领域、情感领域的发展，而且各个领域之间的发展相互关联。并在儿童发展的过程中关注个体及其个性的发展，在完整发展的基础上实现最优发展。另外，幼儿时期的发展和品质的养成，关系到儿童期、青少年时期的行为和个性的发展。因此，注重幼年时期的儿童发展，培养幼儿的良好生活习惯，关注幼儿良好情感情绪的养成，培养创造性，养成锻炼的习惯，关系到幼儿未来的成长与发展。

虽然，"完整儿童"这一理念与我国所强调的全面发展的理念有相同之处，但是在我国幼儿园教育教学中，我们往往过于强调幼儿智力领域的发展，导致很多幼

儿园存在小学化的倾向。随着《3~6岁儿童学习与发展指南》的颁布，幼教工作者们越来越重视幼儿在健康、社会、语言、科学、艺术五大领域的全面发展，但是很多教师仍然对幼儿的情感、学习品质等方面的发展缺乏足够重视。学习发展—互动课程模式为我国课程模式的发展提供了借鉴，引导我们关注儿童发展的整体性，有助于我们走出片面发展，即过分关注智力和知识提升的狭隘误区。

二、主题活动面向问题解决能力与创造力培养

在幼儿的成长过程中，幼儿无时无刻不面临着生活的变化与问题，与成人相比，幼儿的经验全部源自于生活的互动与关联，生活中蕴含着丰富的教育资源。发展—互动课程模式强调以幼儿为中心、以经验为基础为我们提供了新的借鉴，帮助幼儿从自身的生活世界中汲取营养、积累经验、发现问题并解决问题，从幼儿的生活世界中不断挖掘幼儿的生长点，培养其创造力等都为我们当下幼儿教育的发展提供依据。2012年颁布的《3~6岁儿童学习与发展指南》中提出：要重视幼儿学习品质的培养，关注幼儿的创造能力。无论是学习品质的培养还是幼儿创造力的培养，发展—互动课程在其原则与课程内容中，对于如何培养幼儿的创造能力，给予了我们新的思考：提供丰富的探索材料和机会，充分给予幼儿操作的空间，减少成人的干预；提供安全幼儿可以探究的环境；将活动的目标聚焦在提高幼儿解决问题的能力上，注重幼儿问题解决意识的形成，鼓励幼儿自主解决问题。

三、提升教师自我素养，钻研课程，促进发展

发展—互动课程模式具有独特的机构设置：学校与培养教师的教育学院相辅相成；教师的研究和培训、实习与工作都在同一体系中。发展—互动课程模式认为："我们的目标是使所培养的教师对待工作和生活有着科学的态度，也就是对教师职业具有热切的态度、敏锐的洞察力；基于课堂观察的结果对旧教育不断进行反思；把社会和生活作为教学材料；保持实验性质的开放思维，等等。如果所培养的教师应能够对工作保持热情和进行批判性的思考，我们就可以把未来的教育事业交给他们了。①"

---

① Nancy Nager, Edna K. Shapiro. *A Progressive Approach to the Education of Teachers*: *Some Principles from Bank Street College of Education*, Occasional Paper Series, 18.

因此教师不仅是实践的执行者，更是从实践中研究新思想的探索者。发展—互动课程模式培养的教师应有较高的理论素养和丰富的实践探索能力，他们能够促进课程质量的提升同时也是发展课程的根本动力。

一位教育家说过，写一千个教案，不如把一个教案反思一千遍。做一个理论的创新者很难，但做一个用心的反思者却事半功倍。发展—互动课程模式以儿童为中心，不断在实践中探索更有效、更完善的教育内容和方法。因此想要做一名合格的教师，做一名能够快速提升自己的教师，我们应该借鉴、学习发展—互动课程模式的经验，把目光聚焦于儿童，并坚持不断反思与教研，提升教学能力。

小 结

发展—互动课程模式主要源于发展心理学、心理动力学及进步主义教育理论，以培养"完整儿童"为课程目标，强调儿童认知、情感和社会化的共同发展。在课程实施过程中关注儿童与环境的互动，形成依托于教师、幼儿园、家庭的课程轮教学模式。发展—互动课程模式的主要经验，为我国学前教育的发展提供有益借鉴。

关键术语

发展互动；心理动力学；发展心理学；完整儿童；宽泛性目标；社会学习；真实性评价。

思考题

1. 发展—互动课程模式主要经历了哪几个阶段？
2. 发展—互动课程模式的发展受到哪些理论的影响？
3. 请简述发展—互动课程模式的教育目标。
4. 教师在发展—互动课程模式中扮演着什么样的角色？
5. 发展—互动课程模式有什么优秀的学前教育经验值得借鉴？

第三章

直接教学模式

直接教学模式（Direct Instruction Model，DIM），是由卡尔·贝瑞特（Carl Bere-iter）和西格弗里德·恩格尔曼（Siegfried Engelmann）在 20 世纪 60 年代创立的早期教育课程模式。直接教学模式在美国备受关注，是美国"开端计划"（Head Start）采用的课程模式之一，同时还是美国"坚持到底计划"（Follow Through）的一部分。①直接教学模式旨在帮助处境不利的儿童提升所需要的学业技能，做好入学前的准备。它与同时期的其他课程模式关注幼儿认知、社会性和情感的发展不同，其主要目标是帮助儿童获得进入小学所需的读、写、算的基本技能，并通过学业上的成就，发展儿童的自信心，增强自尊心，强调通过环境可以改变学生的学习成就。

第一节　直接教学模式的形成动因与演变历程

20 世纪 60 年代中期，伊利诺伊大学厄巴纳-香槟分校（University of Illinois at Urbana-Champaign）的卡尔·贝瑞特（Carl Bereiter）和西格弗里德·恩格尔曼（Siegfried Engelmann）创立了贝瑞特-恩格尔曼学前学校。这所学校在阅读、算术和语言方面为 4~6 岁的处境不利的幼儿每天提供两个小时的高强度的直接教学。1967 年韦斯利·贝克尔（Wesley Becker）加盟恩格尔曼的行列，强化了直接教学模式的行为主义成分。随后，该课程以恩格尔曼-贝克尔直接教学模式或 BE 教学模式而闻名。在 1980 年关于"坚持到底计划"的讨论中，恩格尔曼-贝克尔直接教学模式被认可。1981 年在相关的出版物中，该课程模式的设计者将其命名为直接教学模式。

---

①　1964 年美国政府创设"开端计划"（Head Start），由政府出资，帮助低收入家庭的幼儿上几周暑期班，让他们为入幼儿园做好准备；1967 年又增设"坚持到底计划"（Follow Through），由政府花更多钱向下层贫困家庭的学龄前儿童提供教育、健康等方面的服务。

一、直接教学模式的形成动因

（一）社会动因：第二次世界大战后学生学业成就较低

20 世纪 60 年代，由于美国普遍性的贫穷，造成了学生学业成就低的问题。直接教学模式强调低成就孩子出现的成因在于他们接受较少的文化刺激，如果能给社会经济水平较低的家庭孩子提供系统且直接的教导，使其具备未来上学所需的能力，就可缩小低社会经济地位孩子与中等阶层家庭孩子之间的差距，也就能解决贫穷所带来的低成就学生的问题。所以，直接教学模式强调改变低收入家庭幼儿的生活环境，希望通过环境的改变，来改变学生的学习成就，这种观念深受当时社会整体及学生家长的认同。

（二）政治动因：苏联成功发射第一枚火箭

第二次世界大战结束后，世界各国处于"冷战"之中。1957 年苏联成功发射第一枚火箭，美国的自尊受到严重的挑战。"当美国的儿童正在学习如何与他们的同伴相处，或者正在学习如何烤制一个樱桃馅饼的时候，苏联的儿童正在努力地学习科学和数学，这些学科的学习是技术竞赛必不可少的内容，是赢得冷战的核心"。[1] 20 世纪 60 年代中期至 70 年代早期，美国不断地进行教育改革，行为主义非常强势地契合了美国想要取得进步的信念，其"科学"语言正好符合美国寻求在技术竞赛中获得优胜地位的需求，行为主义强调的程序化的学习被美国视为可以有效缓解不利处境的行为方式，于是在教育上加强读、写、算课程的呼声大起。

（三）教育动因：提升学业成就的要求

20 世纪五六十年代，美国许多贫穷家庭的儿童因为没有接受良好的学前教育，导致入学准备不足。很多教育专家认为，落后的起点对儿童以后的学习生活，乃至终身的幸福都产生了不利影响。因此，自 1964 年起美联邦政府开始提前施行开端计划，规定要给予至少 90% 以上生活在贫困线以下的家庭中的 3 ~ 5 岁的儿童提供社区教育服务。政府利用在社区的各种教育、文化、娱乐设施、自然环境、人力资源，

① Kliebard，H. M.. *The struggle for the American curriculum* 1893 - 1958. New York：Routledge Publishing Corporation. 1986，p. 265.

尤其是在社区任职的服务人员和儿童的家长，对绝大多数的贫困家庭的幼儿施行免费的补充教育。基于当时的社会背景，在寻求针对处境不利学前儿童进行有效教育干预的研究以及联邦资金流入的共同推动下，直接教学模式关注幼儿的行为方式并根据幼儿的学习成效解释儿童行为的变化以及个体之间的差异。随着直接教学模式研究的不断深入、课程模式不断成熟，直接教学模式成为"开端计划"创设后最早被确立并发展的学校课程模式之一。

（四）理论动因：行为主义心理学和文化剥夺理论

与很多早期课程模式不同的是，参与这个模式的研究者多为教育学者和行为心理学家。因此，直接教学模式建立在行为主义心理学基础之上，其学习理论强调学生行为的改变和个别差异来自学习，而非来自幼儿自身的发展。行为主义心理学认为行为的变化以及个体的差异都应该从"学习"而非"发展"的角度进行解释。行为主义的学习理论可以概括为以下五点：刺激是环境的特征；反应是行为的特征；如果在一个反应出现之后立刻施予刺激（强化物），就会强化或者弱化该反应，而反应的加强或者减弱是可以测量的；我们可以把刺激、反应以及强化物三者联系起来理解学习；除非出现截然相反的证据，否则所有行为都是可以通过操纵环境而习得的，并且所有行为都可以根据训练得以根除。①

直接教学模式将这些行为主义心理学的原则和规律应用到教学中，建构了一个程序化的阅读、计算和语言课程。直接教学模式的提倡者们几乎不考虑儿童的发展和早期教育的经验，而是直接将语言和计算过程中应当具备的基本技能传授给儿童，相信通过学习这些技能儿童就可以提高未来的学业成就。

除此以外，直接教学模式还受到 20 世纪 60 年代盛行的"文化剥夺"理论的影响。文化剥夺理论认为，来自低收入家庭的儿童缺乏中产阶级家庭所具有的学习活动和学习态度的刺激，被剥夺了足够的学习时间。因此，当这些低收入家庭儿童进入幼儿园就读的时候，他们并没有做好学习的准备。基于此，贝瑞特和恩格尔曼认为，要填平处境不利儿童和那些更具优势的儿童之间的学业鸿沟，较为有效的方法

① White, S. H.. *The learning theory tradition and child psychology*. In P. H. Mussen （Ed.），*Carmichael's manual of child psycology*. New York：John Wiley & Sons. 1970.

是为处境不利儿童提供质量更高、步伐更快的教育。① 基于此，贝瑞特和恩格尔曼编制了一系列的阅读、拼写、语言和数学课本，为儿童设计的课程加以构造和施行。在直接教学模式施行的过程中，多项研究表明：这种高度组织化的课程模式使幼儿在学业上取得了成功，并使一部分儿童由于学业的成功而树立了自信。通过这类课程锻炼的幼儿，智力测试和学业成就测试的成绩都比较高。然而，通过直接教学模式课程学习的儿童，常常把自己的成功归功于他们的教师或其他外部因素，而且长期的学习效果并不是很理想。有研究表明，儿童的这种优势在小学三年级时就不复存在了。

二、直接教学模式的演变历程

（一）起步阶段：个人经验向社会传递

"直接教学法"（Direct Instruction）的教学模式最开始是由伊利诺伊州一位没有受过任何正式师范教育但教学经验非常丰富的幼儿园教师提出来的。这位经验丰富的教师基于民主政治的理想和杜威及皮亚杰的教育哲学观，发展出一系列的教学单元活动设计，并与其他幼儿园教师分享他的教学模式。

不久后，恩格尔曼发现了这套模式。1963 年，他就尝试使用这套教学法教育自己的孩子并取得了成功。他认为此套教学法可以帮助儿童获得很好的学习效果，特别是贫穷家庭的儿童。他认为通过严谨的教学设计学习成果，绝对比孩子从不经意的经验中去获得更加有效。于是，恩格尔曼将他使用"直接教学法"的过程拍摄成了录像带，并且展示给当时的伊利诺伊大学厄巴纳-香槟分校的教授卡尔·贝瑞特。那时，贝瑞特正在主持一项"增进幼儿智能发展"的研究项目，当贝瑞特看到恩格尔曼的录像带之后，询问恩格尔曼该教学法的有效性和适用性，即该教学法能否教导其他幼儿，并使其达到如他自己孩子一样的学习结果，恩格尔曼给出了肯定的答案。从此，恩格尔曼便加入贝瑞特的"增进幼儿智能发展"研究项目［该项目后来也一直接受卡内基基金会（Carnegie Foundation）的赞助］，并与其共同开始了对直接教学模式的探索和开发。

① Bereiter, C. & Engelmann, S.. *Teaching disadvantaged children in the preschool*. Upper Saddle River, NJ: Prentice Hall, 1966, p. 6.

（二）探索阶段：BE 教学模式

20 世纪 60 年代中期，贝瑞特和恩格尔曼在美国伊利诺伊大学建立了一所贝瑞特-恩格尔曼学校，即附属幼儿园。贝瑞特和恩格尔曼认为，贫困家庭的儿童若想追上中产阶级的儿童，需要了解中产阶级较高智商分数所需的知识和技能，避免学业失败的最好方法是补偿教育。所以，贝瑞特和恩格尔曼创立了 BE 教学模式，旨在帮助 4～6 岁低收入家庭儿童在学业上追上中产阶级家庭出身的儿童。BE 教学模式的课程内容是根据幼儿后续学习（如升入小学一年级）需要的知识和斯坦福-比奈智力测量表的内容为基础，为儿童编制了成套的阅读、拼写和数学等教材，并以此为基础设计了小步递进的教学方法帮助幼儿加以组织和实施。"小步递进的方式即教师教一点信息，儿童重复这个信息，教师提出有关这个信息的问题，儿童对教师的问题做出反应，如果反应是正确的，儿童会受到表扬或奖励，如果反应错误，教师则加以纠正，这个过程就会持续，直至儿童能够重复教师的正确答案为止，教师和儿童才开始下一个步骤的学习任务，在读、写、算三个方面，都有专职教师对儿童进行教学，教学以五人为一个小组，每节课的课时为 20 分钟，除了读、写、算，唱歌是主要的活动。"① 另外，BE 教学模式具有快节奏、减少与任务无关的行为、对儿童要求严格等特点。因此，教师在实施 BE 教学模式时能够诊断幼儿的行为，且最大程度地利用时间。

（三）发展阶段：直接教学模式

1966 年，贝克尔接替贝瑞特成为"增进幼儿智能发展"项目的主持人，推动了贝瑞特-恩格尔曼教学模式的发展：帮助父母更有效地去教导孩子；训练教师遵循行为学派的原则；应用效标参照测验评价学生的进步情况；通过两周一次的报告来评量教师的成长；使用电脑技术去评量和管理学生的学业情形。②

1967 年全美"坚持到底计划"方案展开。基于此背景，恩格尔曼-贝克尔小组便成为"坚持到底计划"在伊利诺伊大学名下的参与者，恩格尔曼也开始与该研究项目内部其他教师分享他自创的教学法，此套教学法被命名为"直接教学系统之算

① 朱家雄：《幼儿园课程的理论与实践》，上海：华东师范大学出版社，2010，第 251 页。

② Becker, W. C., Engelmann S. & Carnine D. W.. *Direct instruction model*. In W. R. Rhine (Ed.), *Making schools more effective：New Directions from Follow Through*. New York：Academic Press, 1981. pp. 95～154.

术与阅读教学"。可惜好景不长，伊利诺伊大学准备逐渐结束其与支持发展"直接教学法"之间的关系。在 1970 年，贝克尔和恩格尔曼及"直接教学法"模式的课程教材设计者一起从伊利诺伊州搬到勒冈大学。此外，他们也在校外成立非营利性质的发展中心和直接教学协会，从事课程、教材研究，协助师资培育，定期在各地举办研讨会，出版刊物并且争取教育部等机构的研究经费，以便继续进行关于直接教学法的实验研究。1980 年在关于"坚持到底计划"的讨论中，贝瑞特-恩格尔曼的直接教学模式得到了广泛的认可，于 1981 年正式使用"直接教学模式"的名称。

（四）完善阶段：促进儿童情感与社会性发展

19 世纪 60 年代末期，学术界开始对贫困儿童的智力测量结果以及"文化剥夺"等论断发生质疑。他们认为以中产阶级家庭儿童为模本制定出来的测试量表来检验贫困家庭的儿童是不适宜的，而且在贫困家庭儿童非常陌生的环境下对他们进行测试也会存在偏差。此时，还有人对"开端计划"本身以及其依靠的理论基础提出了反对意见，如教育心理学家阿瑟·詹森（Arthur Jensen）提出，包括开端计划在内的补偿教育在实践中是失败的。另外，威斯汀豪斯学习研究中心发表的研究报告指出"开端计划"的施行结果并不十分理想。他们经过追踪研究发现，参加"开端计划"的儿童拥有的智力优势到小学三年级时就不复存在了。相关的研究也在美国引起了不小的波动，于是联邦政府开始减小了对"开端计划"的支持力度。

20 世纪 70 年代，越来越多的母亲参加工作，进入儿童看护机构的儿童数量猛增，这在一定程度上转移了学前教育者和发展心理学家的注意力，使他们更加关注儿童看护中心对儿童发展的影响。同时，有不少人认为当前的课程侧重认知发展，儿童在课堂学习中没有乐趣，没有积极性和主动性，更没有开展真正的学习。而且，当前课程忽视了对儿童情感和创造力等方面的培养。另外，在学前课程实践方面，涌现了一股反"学业取向"的暗潮，他们开始关注孩子的身体、感情、社会性等多方面的发展因素。

在以上思潮的影响下，贝瑞特-恩格尔曼课程也逐渐有意识地关注儿童情感和社会性等方面的发展，如每天向儿童传授完学业技能之后也会利用剩下的时间安排其他的社会性活动等，直接教学模式不断调整变化以适应不同时期的社会要求。

第二节 直接教学模式的理论基础

直接教学模式受斯金纳行为主义理论、班杜拉的社会学习理论和维果茨基的"最近发展区"理论等影响较大。强调教学应以行为训练为主，行为训练的重要概念就是塑造、模仿、练习、回馈和强化。

一、斯金纳：行为主义理论

直接教学模式的理论建立在斯金纳操作条件反射理论基础之上，其通过儿童的学习解释儿童的行为变化与个体之间的差异。"怀特（White，S. H.）指出了该学习理论的五个特征：①环境以刺激为其特征；②行为以反应为其特征；③刺激是强化物，当被用于反应以后，可能增加或减少可测量的行为反应；④学习可被理解为刺激、反应和强化物之间的联系；⑤除非有证据提出反例，所有行为都是习得的，可由环境调控的、可被消除的和可被训练的。"① 因此，斯金纳（Burrhus Frederic Skinner）操作条件反射是一种学习方式，通过环境和刺激物的刺激，学习就会发生，每个人可以通过不同的刺激或刺激物习得知识，根据知识习得的结果程度不同解释儿童之间的行为变化和个体之间的学习差异。另外，斯金纳认为"教育就是塑造行为"，而塑造指的是经过步骤反应来帮助学生形成新的行为、获取新的知识的方法。

直接教学的代表人物贝瑞特认为，教学中行为主义技术的出现主要是来自斯金纳关于塑造（Shaping）和连续渐进法（Successive Approximation）的研究。斯金纳采用连续靠近的方法通过强化去塑造行为，即对所要塑造的反应的方向不断地给予强化，直至引出所需要的新行为。其中连续渐进法是指将学习任务划分为许多小步骤，学生每完成一步都给予相应的强化，其要点主要为：确定终点行为和起点行为——步调划分——及时反馈。依据操作性条件反射理论，在直接教学过程中，教师可以使用正强化的方法塑造学生的良性行为，激发学生的学习。当教师期望学生习得一系列的技能，就需要将这些技能、目标分解成一个个逐渐趋向目标的小步骤，

---

① 朱家雄：《幼儿园课程的理论与实践》，上海：华东师范大学出版社，2010，第250页。

在学生每完成一个小步骤时给予强化，并逐步提高要求，直到习得一系列繁杂的技能。

二、班杜拉：社会学习理论

班杜拉（Albert Bandura）认为幼儿社会行为的习得主要是通过观察、模仿现实生活中重要人物的行为来完成的。观察学习的过程都是在个体、环境和行为三者相互作用下发生的，行为和环境是可以通过特定的组织加以改变的，三者对于儿童行为塑造产生的影响取决于当时的环境和行为的性质。在幼儿园教学中，孩子通过观察成人和同伴，不仅能学到态度、价值观和行为准则，还能习得身体和智力技能。直接教学模式运用社会学习理论，在实践中强调教师演示（示范）学习一种技能时的步骤，或者是对概念的各种例子进行分类的思维过程。从而在这一过程中，使学生能够模仿活动，或者从观察中推断出要学习的行为，使学习者从模仿中受益。

三、维果茨基：最近发展区理论

维果茨基的"最近发展区理论"认为学生的发展有两种水平：一种是学生的现有水平，指独立活动时所能达到的解决问题的水平；另一种是学生可能的发展水平，也就是通过教学所获得的潜力。两者之间的差异就是最近发展区。在维果茨基"最近发展区"理论的基础上，建构主义者提出了"支架式教学"（Scaffolding）的观点，形象地说明一种教学模式：教师提供的"支架"引导着教学的进行，使学生掌握、建构和内化所学的知识技能，同时要实现教学效果的最优，教学内容应当在学生的"最近发展区"内。直接教学模式根据社会建构主义理论，强调教学活动以教师为中心，教师控制教学目标，设计适合幼儿能力的课程内容，并掌握教学的节奏。教师根据幼儿的发展水平为幼儿提供教学支架，如将幼儿需要学习的复杂技能划分成简单的次级子技能，为幼儿提供适量的学习内容和适宜难度的任务等。

第三节　直接教学模式的理念、目标、内容、实施与评价

一、课程理念：为儿童的学业技能做好准备

直接教学模式是为幼儿园到小学三年级的儿童专门设计的课程模式。研究发现，如果儿童能够在上幼儿园的时候就接受这个模式的教育，他们将会获得更高的学业成就。该课程模式的设计者认为，幼儿阶段是一个循序渐进的、系统的转折阶段，从一个儿童中心的、"接纳"的学前学校转变为大多数小学一年级的结构性的环境。

（一）以提高儿童的学业成就为核心

根据所有行为都是可以习得的、所有行为都符合可预测的学习规律的假设，直接教学模式的创始人创造出这样一种教学环境：直接、系统地传授给儿童那些在阅读、计算和语言中必须具备的技能。他们认为这些技能对于保障儿童未来的学业成功是必不可少的。罗森塞恩（Rosenshine）将直接教学模式描述为：使用有序的、结构良好的材料进行的，以学业为核心的教师指导课堂教学。直接教学模式的教学内容集中于读、写、算等学习技能上，着眼于进行高结构化的教学活动，旨在提高儿童在各种学业测试中的分数和表现。

处境不利儿童面临的关键性问题是他们缺乏学习，随着低收入家庭儿童入学和年级越来越高，这种差异就会越来越大。直接教学模式将课程方案视为改变儿童不利社会处境的工具，或者说将提高学业成绩作为改变社会不公平、教育起点不公平的关键，他们认为有效方法就是直接系统地传授给儿童那些必需的技能，注重开发儿童的记忆力、推理能力与间接经验在掌握知识方面的作用，让学生相对快速有效地掌握更多的信息，以便他们能够在学校获得学业成功。

（二）坚持以教师为中心

直接教学模式建立在以下两个假设的基础之上：①儿童在课堂中学习的速度与质量是与环境相互作用的结果；②教育工作者通过精心设计儿童与环境互动的各个环节，可以加速课堂中儿童学习的数量。直接教学模式强调教师的引导作用，认为知识是由教师到学生的一种单方向传递，课程目标是由教师确定的，而且教师开始

就要向学生讲解课程内容并示范技能。教师通过讲授和演示，联系学生的练习和表现来教授概念和技能。尽管教师在直接教学模式中扮演着主要角色，但是，以教师中心并不意味着学生是完全被动的。学生同样需要积极听讲并参与课堂活动，并积极地验证练习，这样才能理解和掌握教师所讲的内容。

直接教学模式所依赖的是精心结构化的学术内容，这和行为主义心理学强调的可以被观察的行为、对于环境输入进行系统的操纵及注意量化的结果相符合。

（三）培养儿童的学习动机和信心

在使用直接教学模式时，如果幼儿有较高的学习动机，他们的学习机会就会得到相应的提高，其学习态度也会更为积极。为此，教师进行精心计划，将较为复杂的任务划分为较为简单、操作性较强的任务，并且注意及时反馈；并有意识地用幼儿已取得的成绩来激发他们的学习动机，如定期的随堂小测验；强调努力对个人成功的重要影响，以增强幼儿的自信心。

二、课程目标：促进学业成就

直接教学模式侧重于使学习者掌握社会生活中所必需的知识和技能，并通过学业的成绩，提升儿童的自尊心和自信心。其短期目标就是帮助学生在小学三年级结束前，在学校主要的学业成就测验中取得符合该年级水平的成绩，在读、写、算等学习技能上，帮助学生比较快速有效地掌握更多的信息量。长期目标是培养低成就学生的学习技能，使他们具备与文化背景较好的学生竞争社会中较高教育的机会和能力。缩小低社会经济地位孩子与中等阶层家庭孩子之间的差距，解决贫穷所带来的低成就学生的问题，促进社会教育的公平。

三、课程内容：阅读、算术和语言

直接教学模式的核心就是关于阅读、算术和语言的教学方案，在决定课程内容时采用了两种不同的策略：首先，考察儿童上小学一年级应该知道什么内容；其次，借助智力测验确定需要儿童掌握的包括颜色、大小、形状、方位、数字、分类、排序、动作、用途等概念，在此基础上确定儿童需要掌握的三大领域的技能，即阅读、算术和语言。① 这三个领域的教学方案各含三种课程水平的教学目标，三种课程水平由浅入深、层层递进，采用三大步的方式使学生掌握三种技能。

（一）阅读

阅读方面，课程要求儿童能认识一定数量的字，能在教师的指导下完成简单的阅读任务。三种课程水平如下。

阅读水平一：关注文本分析的能力；

阅读水平二：理解文本的能力；

阅读水平三：获取和应用新信息的能力。

（二）算术

算术方面，要求儿童学会数数和加、减、乘、除运算。三种课程水平如下。

算术水平一：掌握基本的加、减运算及有关应用性问题；

算术水平二：在进一步学习加、减运算及各种测量概念的基础上，开始学习乘法和分数；

算术水平三：学习代数、因式分解和除法，并进一步练习加、减、乘、除四则运算。

（三）语言

语言方面，要求儿童掌握一定的词汇量、理解反义词、词与词的配搭关系及口语表达、推理等。三种课程水平如下。

语言水平一：掌握物体的名称、类别、性质和相关术语；

语言水平二：儿童学习完整的陈述性句子并学会描述所生活的世界；

语言水平三：儿童掌握使用逻辑语言的能力和基本的语法规则，并进一步提高儿童的写作及拼写能力。②

恩格尔曼认为，处境不利儿童智力落后的原因主要是语言落后。因此，集中的语言训练是课程的中心。直接教学模式强调让儿童学习各种句子结构，句子结构从

---

① Bereiter, C.. *Designing programs for classroom use*. In F. F. Karten, S. W. Cook & J. I. Lacey (Ed.), *Psychology and the problems of society*. Washington, DC: American Psychological Society, 1970, pp. 204～207.

② ［美］斯泰西·戈芬，凯瑟琳·威尔逊著：《课程模式与早期教育》，（第二版），李敏谊译，北京：教育科学出版社，2008，第142页。

最基本的识别物体"这是……"的句式到"如果……那么……"最后到儿童可以从演绎推理的意义上使用语言。

四、课程实施：高结构化的教学过程

直接教学模式的课程实施紧紧围绕儿童获得学业成就为中心展开。课程实施的目标为围绕阅读、算术和语言三项技能开展教学活动，并在短时期内让儿童学习到相关知识和技能，提高他们的学习能力。

直接教学模式的班级设置中，每班有 15~30 名儿童，每 5~10 个水平相近的儿童分成一组，共分三小组，实行小组教学。阅读、算术、语言三门课实行独立授课，各有一位教师负责，每一节课持续 20 分钟。除此以外，唱歌是唯一一项主要的教育活动，教师教授的歌曲也与课堂上传授的知识有关，帮助儿童进一步练习和巩固所学技能的点心时间和游戏等被称作"次要的活动"，由全班儿童集体在短时间内完成。

总体来说，使用直接教学模式来实施课程计划主要包括四个基本步骤：①课程引入，教师简要介绍课程内容并以此激发学生的学习动机；②内容呈现，教师解释并说明课程计划中的概念或技能；③有指点的练习，学生在教师的指点下练习概念或技能；④独自学习，学生自主练习。

（一）课程引入阶段

在直接教学的课堂上，课程引入有几种作用：首先，把幼儿的注意力吸引到课堂实践中；其次，让幼儿了解到自己即将学习的内容大致是什么，明白课程的进度以及学习的内容在幼儿将来成长中产生的影响。课程引入阶段的主要作用有介绍性聚焦、课堂内容概览、激发学习动机等。

（1）介绍性聚焦。介绍性聚焦是指教师在刚上课的时候所采取的，用于将幼儿的注意力吸引到课堂上的行为。课堂上的这一部分时间又叫作预热准备期，预热准备期的主要任务就是让幼儿做好学习的准备。

（2）课程内容概览。就是让幼儿大体了解课堂上要讲的内容。课程概览通常包括课程目标、新学习内容及课堂上要做事情的简单介绍。

（3）激发学习动机。为了能激发起幼儿的学习动机，教师需要说明如何学习新内容及为什么要学习新内容。幼儿的学习动机有利于保持其注意力，同样的，幼儿高度集中的注意力也有利于激发学习动机。

（二）课程呈现阶段

在课程实施阶段，教师需要解释和说明概念或者解释并示范要教授的技能。因为在这一过程中教师会用例子、实例和模型帮助幼儿建构学习内容的意义。这一阶段的示范看似简单明了，但研究结果表明具体操作起来对教师来说并不简单。教师需要对任务进行解析，即将复杂的任务分割成具体的多个小部分。而最有效的内容呈现方式必须清晰明了，与幼儿之间要有充分的互动，还应该包括足够的能够促进幼儿理解的例子和示范。然而，这个环节对大部分教师挑战最大——教师需要站在幼儿的角度思考问题，并用简单的方式构思新内容帮助幼儿提高理解能力。

（三）有指导的练习阶段

幼儿在练习阶段会尝试自己学习新内容，教师更需要注意观察幼儿的点滴进步，并适时提供反馈。在此阶段教师和幼儿都要进行一次角色转变：教师从信息的发布者和示范者转变为教练，而幼儿则不再扮演接收信息的角色，需要利用教师所提供的例子和信息来检验自己的理解程度。值得注意的是，在有指导练习的早期阶段，教师应当为幼儿提供教学支架以便幼儿能够体验到成功。随着学习的深入，教师可以逐步减少提示的次数，并提高幼儿的学习难度。此外，教师的指导语言应当更具试探性和启发性，以提高幼儿思考问题和学以致用的能力。

（四）独立学习阶段

独立学习是直接教学课堂模式的最后阶段，在这一阶段，幼儿需要依靠自己练习新技能或学习新概念。独立练习的理想状态应该包括两个阶段：第一个阶段，幼儿在课堂上借助教师的提示和帮助进行学习；第二个阶段，幼儿需要完全依靠自己来完成学习任务。在独立练习阶段，教师可以监控幼儿的学习进步情况，幼儿答题的成功率和所遇到的问题等，都有助于教师掌握幼儿的学习情况，了解幼儿的学习能力。如果只有极少数的幼儿存在问题，教师可进行个别辅导。但如果是许多幼儿都出现同样的问题，教师就需要回到"课程内容呈现"或"有指导的练习"阶段，再次对学习内容进行巩固和深化学习。

五、课程评价：标准化成就测验

直接教学模式的评价是以标准化的成就测验为评价工具，以学业成就的提升为导向，旨在帮助处境不利儿童做好入学前的准备。在课程评价方面主要采用积极的奖励和强化来激发和保持幼儿的学习动机，即根据标准化考试的分数评价幼儿的学习，并根据幼儿的进步程度进一步激发幼儿的学习动机。

直接课程模式强调"胜任动机"能够促进幼儿在学业上的表现并产生一种成就感。在应用直接教学模式时，要激发幼儿的动机就需要让幼儿取得学业上的进步。教师们需要将较为复杂的任务划分为较为简单、操作性较强的任务，并且注意及时给予积极反馈。此外直接教学模式强调激发幼儿学习动机，需要让幼儿认识到自身的努力对个人成功的影响，而不是其他外界因素的影响。

第四节　直接教学模式的特点

直接教学作为早期教育领域的一种重要课程模式，在课程体系上有着自己鲜明的特色。该课程模式坚持以行为主义理论为自己的课程核心，在刺激—强化模式的指引下，坚持以教师为活动的主导，通过提供程序化的教学过程来培养儿童的读、写、算等能力，以全面提升儿童在学业上的成就。

一、以行为主义为理论基础

直接教学模式与很多早期儿童课程模式的不同点在于它不是建立在儿童发展理论的基础之上，而是建立在行为主义理论基础之上。参与直接教学模式的研究者多为教育学者和行为心理学家，而不是发展心理学家，因此其学习理论强调幼儿行为的改变和个别差异是来自学习，而非来自发展。直接教学模式的理论依据主要是斯金纳的操作性条件反射理论。"操作性条件反射是一种学习形式，在此形式中，被指定的行为得到强化，就会导致它的发生"。① 直接教学模式根据这一理论，在具体的教学过程中，采用"刺激—强化"的模式，给予儿童一定学习内容，并不断地强化，帮助儿童通过这种方式习得知识与技能，在强化过程中，及时反馈给效果较好的儿童，提高其参与的积极性。所以，直接教学模式以行为主义为理论基础，发展儿童的阅读、算术、语言等能力，并取得很大成效。

① 朱家雄：《幼儿园课程的理论与实践》，上海：华东师范大学出版社，2010，第251页。

二、以培养儿童基本学习技能为主要教学内容

直接教学模式的课程目标是帮助学习者掌握社会生活所必需的知识技能，并通过学业上的成绩，树立儿童的自信心。其教学内容集中于读、写、算等学习技能，着眼于提高儿童在各种学业测试中的分数和表现，使幼儿快速有效地掌握更多的信息量。所以，直接教学课程方案的实施体现出几个突出的特征。

（1）高速度。在 20 分钟的时间，教师将会提供 5 种或者更多不同种类的任务，每个儿童都有可能做出几百个不同的反应。

（2）高强度。直接教学模式强调通过重复的、模式化的、体现规则的任务进行学习，并特别重视反复练习的作用。开始的练习应该是频繁、密集且高度结构化的，在幼儿能够正确地完成这种技巧的 80% ~90% 之后，在定期的指导下独自练习，直到他们能够正确且彻底独立地完成任务。

（3）高结构。课程在实施的过程中包括一些精心安排的、小步骤的高结构教学单元，每一组儿童的教学单元教师都会提供 6 ~7 个各 3 分钟的教学小步骤。为了使教师更好地完成教学任务，每一个教学方案中都包括各种教学脚本，教师说的每一句话，对应幼儿的每一个指令，都在教学脚本预先列出。直接教学模式试图将信息分为容易消化和理解的小块，然后教的时候要确保每个小块信息都被幼儿吸收。

（4）低效互动。直接教学模式强调幼儿应给予教师持续的反馈，尤其是言语反应。儿童在课堂活动被要求一起做出一致的反应，通过频繁的游戏和竞赛产生师生的言语互动，使得每个儿童在课堂中都能积极地参与。

（5）小组教学。小组教学被认为是直接教学模式的核心特征。每班儿童通常被分成 3 ~4 组，各组儿童轮流进行各个学科领域的学习并完成课堂作业。

三、教师是学习过程的主导者

直接教学模式非常重视教师的权威性，认为儿童对知识的学习是教师向儿童的一种单向传递，强调教师在课堂中的指导作用。课程目标由教师确定，课程内容是由教师计划好的，教师利用讲解、示范，结合学生的练习和反馈来教授一些知识和技能，学生需要积极听讲并参与课堂活动，积极地验证例子和练习，以便理解和掌

握教师所讲的内容。因此，"在直接教学模式中，教师是儿童行为的训练者和强化者①"。幼儿在学习过程中是接受者而非参与者，儿童学习的方向、学习的内容和学习的过程均在教师的掌管之下完成。教师运用行为主义理论中的强化、塑造、处罚、削弱、消退等方法来加强刺激与反应间的联系，或去除刺激—反应间的联系，使得学习行为产生，完成预期目标，帮助儿童完成学习行为。

四、程序化的分步教学模式

直接教学模式的设计者认为，在幼儿园阶段为儿童建立了一个循序渐进的技能和知识体系，这些技能和知识为儿童后续学业成就奠定了重要基础。无论儿童的年级水平和教学内容的学科领域如何，直接教学模式的教学环节都按照"讲一遍学习内容——幼儿重复——提一些问题——做一次小结"的四个步骤来完成。在完成教学过程时，教师和儿童之间通过游戏和比赛等方式完成活动，幼儿参与活动的频率很高，可达到每分钟儿童可以做 10 个反应。在使用直接教学模式时，教师将信息直接传递给幼儿，尽量高效地分配课堂时间，达成一系列明确界定的目标。对教师而言，以直接的方式来教授信息、技能和概念是最有效的教学形式。所以，直接教学特别适用于教授一些易掌握的、有优秀结构的信息和技能。

第五节　直接教学模式的实践运用

直接教学模式能够促进儿童直接、系统、高效地学习知识和技能，其在帮助处境不利的儿童进行学业准备等方面存在显著优势，但是该课程模式的弊端与局限性不容忽视且值得深思。结合我国幼儿教育现状，我们要有取舍的吸收，在借鉴该课程模式时能够根据幼儿园实际情况及时调整。

一、直接教学模式更适用于处境不利儿童的学业准备

学业准备是指学前儿童为了能够从即将开始的正规学校教育中获取其所需具备

---

① 朱家雄：《幼儿园课程的理论与实践》，上海：华东师范大学出版社，2010，第 255 页。

的各种关键特征或基础条件。① 研究表明，幼儿教育成绩的差距早在儿童入学之前就已经存在，并贯穿于整个学校教育阶段，因此，在幼儿园阶段为小学以及后期学习做好各方面准备尤为重要②。与其他儿童相比，有研究表明，贫困对于儿童的学业影响的相关度达到 0.3 个标准差，也就是说，处于贫困家庭中的儿童更容易产生学业差距③。所以，由于处境不利儿童的社会经济地位较低、心理脆弱，加之家庭对教育的轻视、生活环境的恶劣及教育资源的短缺等原因，儿童在成长过程中身心发展都处在不利地位，这些劣势将明显地体现在儿童入学后的学业成绩上，以及入学后在方法态度与已有经验储备方面都会与其他儿童产生差距，而学业成绩上的差距又会引发儿童的自卑感，进一步导致控制力变弱、学习积极性降低等后果，使儿童在学业成绩方面逐渐陷入恶性循环。

有研究表明，直接教学模式通过向处境不利儿童提供阅读、算术和语言方面的系统且直接的高强度练习，帮助这些儿童具备未来上学所需的能力，缩短了处境不利儿童与其他儿童之间的学业差距。就我国实际教育现状而言，与城市儿童相比，农村儿童在受教育机会和质量方面有很大差距。中国 61% 的 0~6 岁儿童生活在农村，此中获得早期发展与教育机会的比率只有 40%。④ 而且农村学前教育大多以识字、算数作为课堂教学主要内容，上课是幼儿学习的唯一形式，这种片面的教育方式和教育内容必然影响儿童的入学准备质量和未来的学业成就，也严重影响了儿童的全面健康发展。基于直接教学模式对帮助处境不利儿童做好未来学习的准备具有显著作用，将这一模式合理运用在农村学前儿童入学准备教育中，这将对于改善我国当今农村学前教育质量，加强新农村建设及提高农村人口的整体素质方面具有重要意义。

---

① 柳倩：《处境不利儿童学业准备研究述评》，载《全球教育展望》，2007（9）。

② 李蓓蕾，杨雅清，郭瑞华：《提升农村幼儿入学准备素质》，载《北京教育：刊中刊》，2007（9）。

③ Judith Smith, Jeanne Brooks-Gunn, Pamela Klebanov. (1997). The Consequences of Living in Poverty on Young Children's Cognitive Development. Consequences of Growing up Poor, Edited by Greg Duncan and Jeanne Brooks-Gunn. New York: Russell Sage. pp. 132-189.

④ 《中国 0~6 岁儿童早期发展应纳入公共服务框架》，见人民网、《人民日报》，http://ac-wf. people. com. cn/GB/99050/13981399. html，2011-02-23，2011-02-24。

二、直接教学模式的使用应基于教育内容的性质

直接教学模式最初产生的目的在于直接、系统地传授给儿童那些在阅读、计算和语言中必须具备的知识和技能，而在发展儿童的情感情绪、社会性和创造性等方面不存在优势。如前所述，直接教学模式的教学内容集中于读、写、算等学习技能上，着眼于提高儿童在各种学业测试中的分数、表现，适用于进行高结构化的教学活动，其着眼点在于充分开发儿童的记忆力、推理能力与间接经验在掌握知识方面的作用，使儿童可相对迅速、有效地掌握更多的信息。因此，有研究者指出，对于那些结构性较强的知识或事实性、规律性和程序性动作的知识，适宜采用直接教学模式进行教学；而概念、模式和抽象化的理论知识则适宜选择与直接教学模式相对应的间接教学模式[①]。

幼儿园课程具有全面性和综合性的特点。我国《幼儿园教育指导纲要（试行）》（以下简称《纲要》）明确规定：幼儿的学习活动包括健康、社会、科学、语言、艺术五个方面，要求儿童在各个方面获得全面、均衡发展，并培养幼儿相应的情感态度、知识经验和技能技巧等能力。但是我国很多幼儿园"曲解"了《纲要》的含义，将"小学化"教育内容引入幼儿园，即教师过多地注重儿童认知技能的发展，忽视了对儿童情感态度的培养和学习品质的形成，严重扭曲了学前教育的价值，这种"揠苗助长"式的教育使儿童负担沉重，迫使他们早早丧失了对学习的兴趣，对儿童的长远发展十分不利。为此，基于我国学前教育发展的实际情况，对直接教学模式的使用需要更加慎重的考虑。

三、直接教学模式的教学步骤应关注儿童的主动学习

行为主义认为"教育就是塑造行为"，从这一理论出发，直接教学模式体现出的显著特征是遵循比较严密的教学步骤，通过这些步骤，使直接教学模式不断进行"连续接近"的行为塑造，它将一些技能和目标分解为一个个地慢慢趋于目标的小步骤，在儿童每完成一步就进行强化，并逐步提高要求，直到儿童习得一系列复杂

① 郭勇：《直接教学模式和间接教学模式的比较研究》，载《新课程研究（中旬刊）》，2013（6）。

的技能。这种通过小步子反馈来帮助学生形成新行为、获得新知识的方法是以高效地习得技能为根本目标，而不是从儿童发展的需要出发。为此，从某种程度来讲，这种近乎"学科本位"的教学模式一味追求快速与高效获得知识，而忽视了对儿童内在学习动机的激发，以及主动学习品质的培养，这有悖于我国关于培养"全面发展的人"的基本思路。总之，直接教学模式以教师为中心的事先计划好的严密教学程序为教学组织形式，通过目标分解和及时强化，能够直接、系统、高效地传授给儿童必须具备的技能，在这些方面直接教学模式具有显著的优势，但教育的目的不仅仅是传授已有的知识经验和技能技巧，更重要的是帮助儿童形成主动学习、自主学习和终身学习的行为习惯，培养儿童的积极学习品质。所以在使用直接教学模式的过程中，教师应根据课堂真实情境和儿童的反应灵活调整教学步骤，并根据儿童的个性化需要提供相应的教学支持，杜绝"统一化"和"满堂灌"，充分调动起儿童主动学习的积极性。

四、直接教学模式应加强高质量的师生互动

研究表明，积极的师幼互动关系不仅能够增加儿童的积极行为、减少一些问题行为。更重要的是，教师积极的社会情感支持将弥补儿童在校外可能无法获得的技能。然而直接教学模式中的教师通常会用统一的教学要求、统一化的提问来教育不同发展水平的儿童，课堂是高控的、严密的，教师和学生之间的互动是高度目标化、结构化的，缺乏良性的情感互动，这使得儿童在学习过程中存在被动接受、无法满足个性化发展需要等问题。因为教学内容是高度结构化的、教学步骤是有严密程序的，教师通过"精心设计儿童与环境互动的各个环节，加速课堂中儿童学习知识的数量"。因此，不少人认为直接教学模式过于重视认知发展，忽视了儿童的情感发展需要，儿童在课堂中毫无乐趣可言，并没有真正的学习发生。有研究表明在与教师互动的过程中，当儿童在学校里获得了高质量的关爱时，这种关爱将会预测（直接或间接地）他们以后在学校里的学业表现，并影响他们在学校和生活中的长期适应能力。因此，我们在借鉴直接教学模式，关注怎样在教学中建立起良好的师幼互动，良好的互动将对儿童在认知、情绪情感、社会性等方面的积极发展和教育质量的提高产生重大影响。

小 结

　　本章对直接教学模式的形成动因、演变历程、理论基础、课程要素等进行了系统的介绍，可以发现在直接教学模式的影响下，幼儿能在短期内迅速接受大量的信息，培养幼儿的组织性和纪律性。但是也容易出现一些问题，如幼儿对接受的信息很难真正完全的理解，培养单一化、模式化的人格不利于幼儿创新能力、分析能力的发展。在借鉴直接教学模式时应基于教育内容的性质，关注到儿童的主动学习，加强高质量的师幼互动。

关键术语

贝瑞特-恩格尔曼课程模式；行为主义；直接教学模式。

思考题

1. 述评直接教学模式的形成和发展过程。
2. 分析直接教学模式的理论基础。
3. 分析直接教学模式的主要特色和弊端。
4. 直接教学模式可以给我国的幼教改革特别是幼儿园课程改革提供哪些启示？

第四章

华德福教育方案

华德福教育方案（Waldorf Education），又称斯坦纳教育，是由鲁道夫·斯坦纳（Rudolf Steiner）创立的一种教育模式。华德福教育方案旨在认识人的本质、认识人与世界的关系、顺应人的发展规律，并通过教育培养身、心、意协调发展的人，最终建立一个理想的民主社会。华德福教育方案是欧洲大陆改革思潮的五大代表之一（分别是蒙台梭利教育学、耶纳教育法、道尔顿教育学、福莱纳特教育学与华德福教育方案）。近年来华德福学校在中国如雨后春笋般出现，受到很多人的关注和模仿。

第一节　华德福教育方案的形成动因与演变历程

华德福幼儿教育创立于第一次世界大战后，它的产生和发展与 20 世纪欧洲的政治经济变革、新教育运动，德国政治、经济、文化变动所引发的教育体系改革，以及斯坦纳个人的发展历程等有着密切的关系。

一、华德福教育方案形成的动因

（一）社会动因：第一次世界大战后对新社会与新经济的需求

第一次世界大战后，整个德国社会的政治、经济生活都发生了重大变化，社会对新政体、新教育的渴望异常强烈。人们开始思考社会改革与前进的方向，并希望通过改进教育来解决各种社会矛盾，实现社会重建。正是在这种新旧交替、革故鼎新的时期，教育领域出现了民主化改革，自由主义有了更大的发展空间，各种进步教育思想有了发展和实践的土壤。

在经济层面上，新的科学革命对人才的新的需求是新教育产生的伟大动力，20

世纪 20 年代，西方各个发达国家的经济发展对教育都产生了重大影响：一方面，经济的发展为教育的发展提供了物质基础；另一方面经济的发展推动了教育制度的完善。另外，经济的发展要求教育能够培养出独立思考、勇于创新的人才。传统教学中依靠记忆背诵的机械教育方法与偏重知识、忽略技能的教育思路已经不能满足新社会对人才的需求。加之当时逐渐形成的工业社会生活形态下，父母为了生计都要进行劳作而没有空余的时间来抚育子女。工厂开始成立学校来解决工人子女教育的问题。1919 年，华德福-阿斯托瑞尔（Waldolf-Astoria）烟厂经理艾米尔·莫尔特（Emil Molt）以工厂名字命名的第一所华德福学校应运而生，该学校共有 12 名教师，8 个班级和 256 名学生。华德福学校的成功举办为后工业化社会在发展过程中对教育提出的新要求提供了借鉴价值，促使政府与社会思考解决教育与儿童、教育与生活、教育与社会的关系，这种努力促进了新教育改革运动与进步主义教育运动的兴起与发展。

（二）政策动因：魏玛共和国的教育改革

魏玛民主共和政体成立后不久，各级教育机构的改革随之展开。政府持续关注教育的普及化、民主化和多元化的发展，所以，在政府成立之后召开了全国教育会议，来自全国各地约 700 名教育工作者参加了历时 9 天的会议，就学校教育应如何改革的问题展开热烈讨论并达成一些共识。会议建议各邦根据自己的情况有计划地进行实验；强调活动和工作在学校教育中的作用；主张学校与教会分离。在此期间，幼儿园迅速发展，成为德国幼儿教育的主流。1922 年，德国政府颁布的《青少年法》提出除加强幼儿园、托儿所等传统幼教机构外，还要设立"白天的幼儿之家"（Kleinkinder Tagesheime），同时要求加强幼儿教师的培训。

（三）教育动因：欧洲新教育运动的兴盛

19 世纪末 20 世纪前期新教育运动在西欧一些国家相继展开，教育改革运动旨在改造传统学校和建立新型学校。第一次世界大战结束至第二次世界大战前，教育运动发展到兴盛时期，由于经济、政治的变动，教育改革以改革传统学校为诉求，以民主自由教育及个性发展为目标。1922 年颁布的新教育联谊会章程提出了七项原则，即增进儿童的内在精神力量；尊重儿童个性发展；促进儿童天赋自由发展；鼓励儿童自治；培养儿童为社会服务的合作精神；发展男女幼儿教育间的协作；要求幼儿尊重他人与其他民族。在此思想背景下，由于德国独特而深厚的教育改革传统和教育自由思想，为华德福教育的诞生提供了得天独厚的土壤。

（四）理论动因：儿童本位论教育思潮的蓬勃发展

19 世纪，自然科学的发展和实验心理学的产生促进了人们对幼儿新教育的关注。20 世纪后，哲学的发展衍生出现象学、解释学、结构主义、实证主义、存在主义等新的思潮，其中实证主义强调通过观察、实证等方法进行研究才能得出研究结果，才能更好地了解儿童、认识儿童，为儿童提供更多的帮助。另外，美国进步主义教育运动和欧洲大陆的新教育运动蓬勃发展，无论是杜威的进步主义教育运动，或是蒙台梭利的新教育运动，他们的思想和学说的共同特点都是遵循以儿童为中心，强调孩子的本能，尊重儿童的自由、自主的活动。总之，无论是实证主义还是蒙台梭利等人的教育运动，这些儿童教育思想都对幼儿教育产生了深刻的影响，促进了华德福教育理论与实践的发展。

二、华德福教育方案的演变历程

（一）第一所华德福学校与幼儿园的成立

华德福教育方案的创始人鲁道夫·斯坦纳是第一次世界大战后争取社会革新公民运动的领袖人物之一。斯坦纳在社会革新公民运动中提出的"三元社会结构"理论（The Threefold Society Order）将法国大革命自由、平等、博爱的强烈愿望，阐释为引导不同社会职能的行动准则：自由是精神文化的基础，平等是国家机构的思想基石，博爱是经济生活的出发点。斯坦纳还认为，教育属于人类的精神文化领域，不应受国家控制或经济利益所影响。

埃米尔·莫尔特是"三元社会结构"理论的支持者，与斯坦纳志同道合，致力于帮助工人阶级子女摆脱受教育的困境。他积极宣扬三元社会结构理论并提出办学的想法，以支持新教育。① 这项办学运动背后的原始动力是出于人人平等理念的践行，希望让工人的孩子有机会和富裕家庭的孩子接受相同的教育。为此，莫尔特注资并于 1919 年 9 月 7 日成立了第一所华德福学校，并请斯坦纳负责学校的教育事宜，斯坦纳从他的追随者之中选出一些人作为华德福学校的教师，以人智学作为学

---

① Lyime Oldfield：《自由的学习》，李泽武译，北京：人民文学出版社，2006，第 136 页。

校教育的基础，对教师进行了《人的研究》《实用教学方法》和《教学论坛》等课程的培训，并将其学校的教学策略归纳为"尊重孩子，以爱教之，给予自由①"，并宣称华德福学校"是一所结合活的教育，获得宗教、活的艺术和精神生活的新教育学校②"。华德福学校在当时举办的非常成功，然而由于资金和教师的短缺，第一所华德福学校并没有幼儿园或早期儿童教育。1926 年，第一所华德福幼儿园在斯坦纳及幼儿教师伊丽莎白·冯·格鲁勒丽斯的推动下建立。

（二）华德福学校的发展变革

第二次世界大战后，华德福教育进入了发展的第二个时期，华德福学校在世界各国都得到恢复。20 世纪 70 年代，华德福教育参加了联合国举办的"国际教育会议"，正式在国际上亮相。随后华德福教育在联合国教科文组织的支持下迅速发展。截至 2000 年，全球共有 63 个国家成立了 877 所完整的华德福学校、1 706 所幼儿园、549 家治疗教育机构及 60 所教师培训学校。③ 华德福教育不仅在发达地区获得发展，而且在其他发展中国家的发展也较迅速。

近年来，华德福教育遍布世界各地。目前，俄罗斯、日本、朝鲜、印度、尼泊尔、泰国、越南和菲律宾等亚洲国家都已拥有华德福学校；在澳大利亚、新西兰、美国、加拿大、芬兰、瑞典、挪威、荷兰与德国等地华德福教育得到了政府的资助，华德福教育更是被瑞士和丹麦纳入了国家教育系统。

近年来，华德福教育如雨后春笋般在中国各地出现。在中国，中国台湾地区首先开展了对华德福教育理论及实践的探索。1997 年在台湾宜兰县成立了华德福幼儿园，后来在此基础上发展成为华德福学校，台中和高雄也建立了华德福学校。2004年由黄晓星等人在成都锦江区琉璃场皇经楼村成立了大陆地区的第一所华德福学校。随后，北京华德福幼儿园及亲子园在良乡成立；上海华德福工作坊于 2006 年

---

①　Ronald E. Koetzsch 著：《学习自由的国度——另类理念学校在美国的实践》，薛晓华译，上海：华东师范大学出版社，2005，第 267 页。

②　Childs Gilbert. Steiner Education in Theory and Practice，Edinbui；gh：Flores Books，1991，p. 18.

③　德国鲁道夫·斯坦纳教育友好协会编：《Waldorf 教育：联合国教科文组织第 44 届日内瓦国际教育大会巡展资料汇编》，田达生译，成都：四川大学出版社，2006，第 76 页。

成立。①

第二节　华德福教育方案的理论基础

斯坦纳认为"生命不是一条由截断的部分组成的链，而是一个整体，在这个整体中，儿童和成人一样，由连续性的经验将彼此联结"②。因此教育的发展要遵循儿童身心发展的阶段，并将这些阶段联结起来，为儿童身、心、灵的发展提供环境和条件。另外，斯坦纳深入研究歌德、路德维希·维特根斯坦、席勒及狄尔泰等人的相关思想，以及对心理学、社会学进行深入研究，以为华德福的教育观提供理论支撑。

一、哲学基础：人智学理论

工业革命后期，在社会的变革与物质文明发展的同时，政治、经济、文化和社会结构产生了巨大的变化，人们开始对精神生活进行反思。斯坦纳创立了一种探索人类心灵、认识自我本质的"精神科学（Spiritual Science）"，即"人智学（Anthroposophy）"。

人智学理论认为人的存在有三种方式，即身体（body）、心灵（soul）、精神（spirit），并以这三种方式与世界发生联系：首先，我们通过身体与环境的接触，可以观察外部环境和自己的身体；其次，通过心灵把事物的印象保存在心里。印象不同，产生的情感也会不同，所以每个人都会有不同的内心世界。除了"印象"和"情感"之外，心灵还会产生第三种因素——"意志"。因为人类意志的存在才使得人类以区别于自然界中的其他事物，通过意志的力量，我们可以影响外部世界；最后，身体是心灵发挥作用所需要的载体，而心灵又是精神发挥作用所需要的载体，通过精神我们能够认识到事物的本质。斯坦纳认为，独立的意识和自由的精神是精神发展的首要条件，而这些都可以通过适当的教育和自我改造来达成。

---

① http://www. waldorfschule. info/en/waldorfschule-bund/adresses/international-associations-and-waldorf-schools/index. html.

② Nielsen Thomas W.. Old Problem New Encounter：Education for Meaning and Social Justic，Vol. 14 No. 3，p. 13.

另外，斯坦纳认为人的意识发展具有阶段性，针对每个阶段设置符合人意识发展的课程，帮助儿童在身体和精神上都得到迎合与发展。总之，华德福学校教育哲学是以人智学为基石，主张以人为出发的教育，人是身体、心灵和精神三者的统一体，因此，课程与教学应当充分发挥儿童创造的潜能，促进儿童作为"整体的人"和"全面的人"的发展。

二、社会学基础：三元社会结构理论

斯坦纳希望通过教育来推动社会文明的发展，因而用"三元社会结构"理论构建了一个理想社会，顺应了第一次世界大战之后人们对新的社会改革的期待。斯坦纳的三元社会结构包括了政治权利、物质经济和精神文化三个元素。三者作为社会的子领域既相互独立又相互联系。社会经济的发展为社会政治和社会文化的发展提供了经济保障；社会政治为社会文化和社会经济提供公平和正义；社会文化又为社会经济和社会政治提供精神支持。三元社会结构是人们自由自愿地选择合适的社会关系构成的，教育在其中的作用是促进个人的自我改造和自我修养，进而发展人的精神，促进社会文明，实现社会的变革。因此，教育被视为社会改革的根本力量。华德福学校以独特的学校文化和学校管理，借助课程与教学来激发人性本质，培养人类的三元社会生活能力。

三、心理学基础：七年发展周期理论

斯坦纳根据其人智学理论建构了教育阶段论。他提出七年为一个成长周期的概念，他认为：一个人从出生到成年经历三个阶段，每个阶段历时七年，分别是 0~7 岁、7~14 岁、14~21 岁。三个阶段的发展重点分别侧重于身体、心灵和精神。也就是年幼时期肢体的发展，学龄阶段情感的发展及青少年时期思考能力的发展。身、心、灵平衡的人必须经历三个阶段连续的、完整的发展，由于每个阶段的发展任务和发展需求的不同，斯坦纳认为，教育者应当根据儿童阶段性的发展特征给予不同的适宜的教育。

1. 第一个七年周期：物理性自我的诞生阶段

儿童在此阶段的发展重点倾向于物质身体的成长。此阶段儿童的学习主要有三个特点：第一，主要通过身体的感觉器官来学习各种能力，认识周围世界；第二，容易通过"模仿"进行学习，因此为幼儿提供模仿的机会，让儿童模仿是这个时期的教育重点；第三，此阶段的儿童富有想象力、创造力，并且喜爱游戏，所以需要提供足够的时间和空间让幼儿的游戏欲望得以满足，并通过多种途径帮助幼儿充分发展其想象力和创造力。

2. 第二个七年周期：情感性自我的诞生阶段

这一时期是儿童观察能力与感知能力发展的重要阶段，儿童开始用自己的眼睛来观察周围的世界。随着感觉能力的发展，儿童对艺术和想象表现出浓厚兴趣，此时儿童容易受环境的刺激发生情绪上的变化。因此，学校应该设置一些美术和音乐等艺术类课程，激发儿童的兴趣。另外，教学手段应当注重艺术化、多样化，让孩子在生活中进行艺术创造，促进其情绪情感、想象力和创造力等方面的发展。同时，处于该阶段的儿童通过感觉学习，其感觉能力比其他能力发展得更快，理性教育对儿童而言没有任何价值，此时他们更需要权威的人士给予指导与提出建议。

3. 第三个七年周期：自我最终成形的阶段

这个年龄阶段的发展重点在于思考（thinking）的发展，这里的"思考"指的是内心深处对生活的判断和自我意识的形成。这一时期，儿童的心智逐渐走向成熟，并将"世界是真的"这一假设联系在一起的，开始用鉴别的眼光来观察周围的人和世界，愿意追求自然界中的规律和真理。在这一阶段，青少年的"自我意识"开始明显地支配着行为，产生个人价值观，形成其独特的内心世界[1]。学校应针对儿童求真、求实的特点，开设艺术、科学、人文课程，鼓励学生探求事物内在的本质，探索人生的问题，让孩子体验生活，做出理性的分析，形成自己独立的见解。儿童在追求真理以及真实世界的同时，不断地挑战教师和家长的权威，并希望自身世界中的活动显出真实性和合理性。

---

[1] 黄晓星：《迈向个性的教育：一个留英、美学者解读华德福教育》，广州：广东教育出版社，2002，第48页。

第三节　华德福教育方案的理念、目标、内容、实施与评价

一、课程理念：亲近自然的全人教育

华德福教育自诞生至今，经过了百年的发展、变革，在当今层出不穷的课程模式中，华德福教育始终保持着自身旺盛的生命力，其根本原因在于华德福的课程顺应儿童的自然生长与平衡儿童的全面发展。

（一）顺势而教的自然教育

斯坦纳认为儿童是在不断地成长、变化的，教育应该从儿童成长的角度出发。我们可以看见儿童的外部成长，却看不到儿童"精神"上的成长，教育应该帮助儿童"身体"与"精神"和谐成长，而和谐成长的根本不是让儿童适应我们的教育，而是帮助儿童发展"儿童的个性"，并顺应儿童的成长阶段给予儿童其需要的教育。为此，斯坦纳顺应儿童的发展阶段，并深入了解儿童的气质类型及性格特点，以期通过对儿童的深入了解，为其提供适合其发展的环境，帮助儿童顺其自然的发展。另外，华德福教育方案强调人与自然之间存在密切的关系，儿童身、心、灵的和谐发展是建立在感官体验与情感连接的基础之上。亲近自然，不仅可以获得丰富的感官体验，使儿童的灵魂得到滋养，而且能够建立与自然情感的连接，体验人与自然在本质上的相关性，从而使儿童对自然产生强烈的兴趣与由衷的热爱。

（二）身、心、灵平衡发展的全人教育

华德福教育遵循人智学理论，认为一个完整的人的发展，是身（意志力）、心（感受力）、灵（思考能力）三个方面平衡发展的过程。对幼儿来说，意志力属于无意识但具有强大的力量，是基础的理论。感受力是表现情绪、体验美感、领悟道德等过程中重要的能力，亲近自然可以提升幼儿的感受力，让其感受到自我与自然深刻的连接感。思考能力是只有人才具备的能力，通过思考可以扩大对外界的认知、

探求更多的真理。① 教师不仅将儿童视为有形的实体，他们更具有无形的灵魂及永恒的精神特质。华德福的课程内容、教学方法及教学态度，均肯定这种身（意志力）、心（感受力）、灵（思考能力）的"三重性"。教师应该遵循灵性的力量，促使儿童思想的完满呈现，感觉的深刻挖掘，意志最大限度的发展。

二、课程目标：滋养心灵的多层次发展

华德福教育反对传统教育通过各种手段向幼儿传授知识和概念，忽视幼儿内在精神的发展。它强调在滋养儿童心灵的基础上寻求儿童的全面发展，包括身体、心灵和精神各个层面的全面发展。所谓的全面发展，不仅仅是指智力发展，而是指所有能力的平衡发展，比如社交发展、情感发展、精神发展、身体发展、智力发展等。具体来说，幼儿智力的发展需要教师提供丰富、刺激的环境，激励儿童去探究问题，发现知识；身体的发展需要运动的机会，加强锻炼，促进身体各项机能的正常运行；精神的发展需要对儿童在充分理解和尊重的基础上，通过榜样的力量，点滴渗透宝贵的精神品质，如对他人的关爱、对社会的责任等；情感的发展需要幼儿与事物和他人互动等。总之，华德福教育通过培养幼儿健康的身体、敏感的情绪、社会能力、智力发展及丰富的想象，引导幼儿不断追求生活中的真、善、美，帮助幼儿寻找有意义的抱负和理想。

除此之外，华德福教育还重视培养有个性的儿童，因为斯坦纳认为教师需要认识到每个不同的个体，认识到儿童彼此间存在的差异，并根据不同的差异采取不同的教育方式。另外，教师需要关注儿童的个性特点，发挥儿童特长，从而使其个性化的艺术和个人的创造行为得以发挥，才能培养出儿童的创造力。

三、课程内容：创造性游戏与艺术化教育

华德福教育经过了近一百年的发展，其精髓依旧不变，作为早期教育课程模式，华德福教育尊重儿童的身体、灵魂和精神的完整性，并以此为基础构建课程，并成为课程实践的典范。在华德福课程设计中，模仿和游戏被视为培养群体意识的法宝。

---

① ［美］杰克·帕特拉什：《稻草人的头　铁皮人的心　狮子的勇气》，卢泰之译，深圳：深圳报业集团出版社，2011，第4~5页。

基于此，华德福课程内容的设置丰富多彩，比如模仿、游戏、故事、艺术活动、手工活动等。本着在第一个七年周期发展身体的原则，华德福教育中所涉及的这些活动都是非学业的，以促进幼儿的自然发展为主，重视幼儿的游戏活动和自由活动。华德福教育主张儿童在三四年级开始阅读，所以在这之前不会教授书本知识、书写或者数学内容①。

（一）重视游戏活动

斯坦纳十分重视游戏在儿童发展中的作用，他强调"孩子玩耍和成人工作只有一点不同，就是成人的工作是由外界决定，游戏则是由孩子自己决定的，依照孩子的想法展开"。幼儿从游戏中得到的满足感，就像成人通过工作找到自我目标。儿童在创造出的世界里不断加深着对自己及对周围事物的了解，同时肢体协调能力、角色意识、人际交往能力、应变能力等方面均有良好的发展。在游戏中，每个儿童都有机会自我表现及自我引导，提升自信心与自尊心。

在一日生活安排上，华德福幼儿园充足的游戏时间为幼儿自由游戏的质量提供了保证。幼儿上午入园后有一个小时的自由玩耍时间，午餐前有一个小时的户外自由游戏时间。自由游戏几乎占到整个上午时间的 2/3。两个时间段中间的晨圈也以诗歌、手指谣、游戏为内容，类似于在教师的带领下进行集体游戏。整个上午都是在游戏的氛围中度过的。在游戏材料上，华德福幼儿园反对为向幼儿提供现成的、精美的玩具，主张为幼儿提供原始的非结构和低结构为主的游戏材料。

1. 幼儿自主的游戏

华德福教育中幼儿游戏时间较长，因为没有固定的课程要求，教师不会因为教学的原因组织幼儿完成游戏，所以幼儿游戏的时间比较长。在幼儿自由游戏的时间内，幼儿可以选择翻看图书、荡秋千、玩水、玩沙子等活动。华德福教育认为幼儿在玩的过程中，感官受到刺激，通过对周围环境的模仿形成意志。另外，幼儿可以在自由游戏中选择玩具和游戏材料，并按照自己喜欢的方式完成游戏，幼儿在游戏中教师一般不做过多的干预。

---

① ［美］贾珀尔·L. 鲁普纳林（Jaipaul L. Roopnarine），詹姆斯·E. 约翰逊（James E. Johnson）：《学前教育课程》，赵俊婷译，上海：华东师范大学出版社，2014，第382~456页。

2. 游戏材料的准备

在游戏材料的选择上，华德福教育不为幼儿提供艳丽、精美的玩具，他们希望幼儿能够"制造"玩具。华德福教育为幼儿提供低结构的游戏材料，如石头、树根、贝壳等，请幼儿自己制作玩具，幼儿很喜欢自己做的玩具，并将自己做的玩具带入到游戏之中。另外，教师也会根据幼儿游戏的需要帮助幼儿做一些简单的玩具，或者与幼儿一起走进大自然，帮助幼儿寻找他们游戏时所需要的玩具。因此，华德福教育为幼儿提供的低结构的游戏材料有助于幼儿创造力的培养。

（二）艺术化的教育

哈佛大学康德尔教授对华德福的艺术化教育进行了评价："绝非夸张地说，世界上没有任何其他教育体系如斯坦纳教育运动那样，对艺术的中心作用给予了如此多的关注……斯坦纳教育体系是建立在这样的前提上的，即艺术是人类尽力追求的一部分。斯坦纳教育运动使艺术的真实作用得以恢复。"① 从中我们可以看到艺术教育在华德福学校课程中所占的重要地位。

对艺术课程的重视只是华德福艺术化教育的一个方面，其艺术化教育的特色更多体现在艺术的教育方法贯穿于整个教学环境中。墙上的图画，建筑的色彩，教师站立、动作、说话的方式，所有这些因素源自于审美思考，起作用的不仅是学科内容，而且还有体验的总和。② 华德福教育认为，儿童本身就是艺术家，一个拥有自发的"意志"不断完善自己身体和能力的艺术家。

低年龄阶段的儿童在环境中碰到的一切都会转变为内心的图像，都会引发其内心奇妙的建构与想象。因此教师必须用艺术的而不仅是智力的方式做出回应。③ 华德福教育认为想象力是孩子智力发展的关键，艺术活动给了孩子发挥想象力的机会，希望通过艺术化的教育方式发展儿童本性中存在的"真善美"，保持儿童作为"天

---

① ［德］鲁道夫·斯坦纳教育友好协会：《Waldorf 教育——联合国教科文组织第 44 届联合国教育大会巡展资料一览》，成都：四川大学出版社，2005。

② Christopher Clouder：《艺术化的教育不仅是发挥"创造性"》，鲁道夫·斯坦纳教育友好协会：《Waldorf 教育：联合国教科文组织第 44 届日内瓦国际教育大会巡展资料汇编》，田达生译，成都：四川大学出版社，2005，第 35 页。

③ ［美］杰克·帕特拉什：《稻草人的头 铁皮人的心 狮子的勇气》，卢泰之译，深圳：深圳报业集团出版社，2011，第 109 页。

生的艺术家"的灵感与创造性，为儿童意志力、感受力及思考能力的发展提供所需的平衡。

1. 童话故事

讲述童话故事在华德福幼儿园中是一个非常重要的部分，因为童话故事不仅能为幼儿带来智慧的故事，还会帮助幼儿体会到勇敢、善良的品质。幼儿聆听故事或者表达故事会对其注意力、语言表达能力有很大的提升。

2. 水湿画和蜡块画

"颜色表现出自然的灵魂、宇宙的灵魂。通过颜色的体验，我们能共同感受到彼此的灵魂①"因此，华德福幼儿园中经常会有水湿画和蜡块画的活动，在绘画过程中教师帮助幼儿看到画纸与水的重叠和调和，感受到心灵的调和。

3. 音乐教育

华德福教育认为，幼儿的体内蕴含着音乐力量，教师要保护这股力量不被破坏。所以，在华德福幼儿园中，音乐活动随处可见，教师在幼儿的每个生活环节的活动都以音乐活动开始并以音乐活动结束。另外，幼儿需要学习五声音阶，提高自己对音乐的感受力。

4. 韵律游戏

韵律游戏也是华德福幼儿园主要进行的活动之一，教师将幼儿的歌谣转化成有节奏的动作，并配合歌曲或语言，用身体表演出来，表演的主题包括四季的变化及童话等，表演的方式以幼儿手拉手围成圆圈为主。

5. 手工艺术

手工艺术是华德福特设课程之一，在手工活动中，华德福教育认为，幼儿通过自己的手指将自己的感受力和意志力糅合在一起，使幼儿的感受力和意志力在艺术创作中得以发展。

---

① 吴蓓：《请让我慢慢长大：亲历华德福教育》，天津：天津教育出版社，2009，第90页。

四、课程实施：依循榜样与遵守节律

（一）依循榜样

斯坦纳在《人智学启迪下的儿童教育》一书中提到，"有两个神奇的词汇足以说明孩子如何与周围环境建立关系，那就是模仿与示范。"5 岁以下的幼儿对于周围环境的模仿学习并不是教出来的，而是幼儿自然而然的行为。这种学习方式尊重幼儿的本性，鼓励儿童主动学习的愿望，为其今后良好学习品质的形成奠定基础。由于幼儿尚没有分辨是非、对错的能力，环境中任何人都可能成为其模仿的"榜样"，他们所看到的一切都会成为他们的一部分，这就意味着教师和父母承担着巨大的责任。华德福的师资培训课程不断强调，教师必须自我教育、自我发展，扮演好榜样，赢得孩子的信任与尊重。

（二）遵循节律

华德福教育尊重万物皆有时的原则，如尊重童年、节律、重复、连续性等。因而，任何教育活动都应该适时、适度、适宜，通过为幼儿提供规律性、重复性的活动，为幼儿提供安全的心理环境。规律活动本身就具有权威性。儿童在一个有秩序的环境中容易获得安全感，儿童的情绪可以在这种氛围中受到潜移默化的影响，逐渐变得有序。

华德福幼儿园依据日、周、月、年做出短、中、长期规划，并有规律地重复这些活动，让幼儿能够很快对环境产生安全感。斯坦纳在第一所华德福学校与教师的谈话中多次提到，"教导孩子正确呼吸"，指的就是让儿童的生活具有自然"呼吸"的特质。"规律"的定义之一，是指内化阶段（尽情学习/吸气）与外放阶段（尽情发挥/吐气）的交替。在内化阶段，不论是休息、冥想或阅读，都是在回归本我，蓄积力量，重新找到自我意识及自我"中心点"。而在外放阶段，则是与世界接触，展现社交技巧、团体生活。这种内化与外放的规律保证了幼儿"内向"自我发展与"外向"社会交往的平衡，避免了幼儿过分沉溺于自我的世界或过分关注外部世界的倾向。外放的时间以儿童自主的活动为主，内化时间则是由教师主导。在儿童目前的发展阶段，外放时间所占的比重较高。虽然每个教师都会视情况决定自己的规律模式，但内化与外放的原则维持不变，华德福幼儿园上午的活动模式如下。

9:00—10:00 创意游戏：外放—孩子尽情发挥

10:00—11:00 团体活动：内化—孩子尽情学习

11:00—12:00 户外游戏：外放—孩子尽情发挥

12:00—12:30 说故事：内化—孩子尽情学习

除了日常有规律的活动，教师会从日常活动中挑选特定项目作为每周规律活动，并在创意游戏时进行。教师每日、每周的课程安排都会考虑到季节的特征，教师选择的儿歌、诗词、故事、活动主题及环境布置等，都蕴含着当时的季节特征。户外空间的设计也尽可能让儿童体验到季节性变换，季节性活动如用薰衣草做熏衣袋、野玫瑰果做糖浆等都具有明确而规律的重复性特点，年复一年在相同的季节里开展。幼儿园活动的季节性特点基于华德福教育"亲近自然"的教育理念，儿童在深刻感受自然的过程中，获得对外部世界真实的情感体验，容易产生自我与大自然的连接感与一致感。

除了幼儿园的活动安排具有规律性特点，幼儿园生活中的很多细节都有规律可循，如提醒儿童进行团体活动的方式、说故事时间的开始与结束方式、幼儿的操作材料摆放的位置、教师针对常见的情况对幼儿做出回应的方式等。这种有序的环境使幼儿逐步建立起信任感，使他们更有效地进行学习与生活。

五、课程评价：遵循个别化、发展性和多面性

华德福教育尊重每个儿童的个体差异，确保儿童的健康、自然成长，绝不会以考试分数和过度竞争压抑儿童的自然成长。华德福教育对幼儿的评价遵循个别化、发展性和多面性原则，其最终目的是更好地促进幼儿发展。华德福幼儿园多数是混龄班，幼儿年纪从 3～6 岁不等，每个幼儿都有各自的年龄特点，因而，华德福幼儿园的期末，教师要和家长一起对幼儿进行评价，并鼓励家长评价方式的多元化。教师对幼儿的评价亦是根据幼儿的不同情况采取不同的方式，或文字描述、或图画呈现、或语言表达，最重要的是在每月一次的家长会上，教师和家长经常进行沟通和对话，全方面地了解幼儿。

华德福教育的评价着眼于幼儿一生的发展，每次评价都能促进幼儿能力的发展，其中对幼儿的评价依据主要来自教师每日的观察，涉及儿童每日在园生活的各个方面，在每月一次的家长会中，教师与家长根据各自对儿童的观察进行交流，幼儿在

活动中的成果、作品等也会与家长进行分享，与家长共同关注幼儿的成长。

第四节　华德福教育方案的特点

华德福幼儿教育是基于斯坦纳的儿童心理发展理论所建立起来的。由于斯坦纳非常重视儿童的全面发展，提倡儿童在自然和生活中进行学习，推崇艺术对儿童身心发展的熏陶，因此，华德福幼儿教育方案涵盖了这些教育理念，在课程体系上创造了鲜明的特色。

一、整体性的课程观

华德福教育关注儿童发展的整体性，源于斯坦纳对七年发展周期理论的研究。华德福教育强调教育应该根据不同发展阶段儿童的身心特点，发展他们的整体领域，以适应儿童个性化发展的需要。华德福幼儿课程的整体观体现在两个层面：首先，华德福教育通过启动手、心、脑，发展人的意志力、感受力及思考能力，达到身、心、灵的平衡发展，从而获得精神上的自由；其次，把儿童期作为人生的一个阶段来看，注重从长远的角度思考教育内容对儿童终身发展的意义和价值。

二、保护儿童的自然天性

华德福课程以儿童为中心，尊重儿童的内在天性和个性差异，"让孩子成为孩子"使得华德福的教育内容强调儿童在大自然中活动，在自然与古朴中让精神得到自由而充分的发展。让儿童接触自然中的万事万物，不仅能培养他们对大自然的情感、激发其善良的本性，还能锻炼他们的思考能力、洞察能力。斯坦纳认为人的发展不应该受太多事物的干预，应该走进大自然，激发幼儿与大自然互动，并在互动中进行想象和思考。另外，斯坦纳认为不应该问一个人应该具备什么，而是应该问这个人有哪些内在的潜能，这些潜能的发展能否促进幼儿个性的发展。因此，在教育方法上，华德福教育体现了顺应儿童的发展需求，顺势而教的"自然主义"的特点，让儿童的成长顺应自然的节奏，才能逐渐体现儿童成长的"本质"，才能帮助儿童展现他们"真我"的个性。

三、课程与生活相互渗透

华德福教育者认为，通过语言的方式，向 7 岁之前的幼儿灌输道德理念和知识并不能被幼儿真正的理解，真正的教育应体现在幼儿的每日生活中。幼儿园的日常生活包括：①日常活动，如入园、收拾、饮水、进餐、如厕、离园等；②游戏活动，主要是自由游戏；③教师组织的教学活动，此类活动内容都依据儿童的生活经验而定，如蜡块画、湿水彩、塑形等。可见，华德福幼儿园课程与儿童的一日生活联系十分紧密，不仅课程内容取源于儿童的生活实际，在儿童平时的生活中也渗透着课程的理念。

四、艺术化的教育过程

斯坦纳认为："只有通过艺术性的方法来领悟和从精神科学中去探索，有心灵精神的科学应该是寻求知识、艺术创造、信仰奉献与内心的和谐。"因此，华德福教育主张教育为艺术、教育通过艺术，因为艺术能够丰富幼儿的内心世界，能够帮助幼儿认识、洞察、判断他们所生活的世界，能够帮助儿童进行自我实现。因此，华德福教育的艺术化不仅在于其大量艺术课程的设置，更重要的在于整个教育过程渗透着艺术化的表达，如进行语言、外语、故事、绘画、手工、舞蹈、园艺等活动。并布置美丽安静的室内环境，在此环境中教师在教学过程能通过艺术化的方式使课程在充满韵律和美感的氛围中展开。

第五节　华德福教育方案的实践运用

华德福教育的理念是尊重人的自由天性，注重人的本性发展。华德福教育适应了世界各地不同的经济发展水平，满足多元文化发展的需要，为世界学前教育做出了积极的贡献。正如华德福教育的资深教师伊丽莎白·冯·格鲁勒丽斯所说，"华德福教育奠基于对人类共通且基本特质的理解，因此不论在何处都能扎根。"因此，我们借鉴华德福教育时应保持在其人文教育精神的基础上注重实现教育的本土化。

一、强化亲近自然的意识

华德福的教育理念是让儿童亲近自然，在大自然中接触周围世界的万事万物，因此华德福幼儿园里的玩具都是来自自然，或者用天然材料制成的，比如树枝、卵石、松果、葫芦等，这些材料的目的是培养儿童与自然相联系及"与世界合一"的概念。① 这些设置都给予华德福教育的理念：认为人与自然是相连通的，人通过感官感知外部世界，获取刺激与信息。因此，人的生活节奏应当与自然相一致，让儿童融入自然，不仅能培养其观察力、思考力，还能在观察与思考的基础上感受生命力、体会生命发展的历程，培养儿童对生命的想象和思考。华德福教育与世界合一、亲近自然的思想给我们的幼儿教育重要的启示：在教育目标上，我们应该增加幼儿亲近自然、热爱自然的意识，让儿童在"自然中学，在做中学"；在教育内容上，我们可以增加认识大自然的题材，引导幼儿学会保护周围环境、节约资源等，为幼儿设计适宜的课程；在教学方式上，可以多安排儿童与自然亲近的机会，比如郊游、踏青、赏雪等。还可以更多地使用自然素材装饰教室，让幼儿在放松的环境中自由活动，顺其自然的发展，逐渐展现其真实的个性。

二、注重课程目标的整体性

目前，我国幼儿园"小学化"的倾向仍然显著，幼儿园过多关注儿童读写、计算等能力的发展，而忽视了幼儿的整体发展。华德福教育方案强调儿童在生命的前七年教育中，应该摒弃读、写、算这样的学术内容，因为在儿童的大脑没有成熟时，过度使用会打乱身体、情感和精神的整体发展，造成失衡。这种整体发展的儿童观是对我国目前急功近利的儿童教育的挑战，很多教师和家长只看到幼儿升入小学所需要储备的知识、技能，却忽视了幼儿的意志力、感知力的培养对其今后长久发展的重大意义，这种"只见树木不见森林"的教育思维方式阻碍了对幼儿整体性发展的关注。我们应该汲取华德福教育注重整体发展的儿童观，认识到儿童不是一个要完成认知与学业任务的客观存在，而是一个有意愿、有情感、有灵性的个体，儿童

---

① ［美］贾珀尔·L. 鲁普纳林（Jaipaul L. Roopnarine），詹姆斯·E. 约翰逊（James E. Johnson）：《学前教育课程》，赵俊婷译，上海：华东师范大学出版社，2014，第382页。

有发展自我的需求，教师的责任便是了解这种需求并满足儿童，促进其理性、情感、精神以及社会性的整体发展。另外，华德福课程关注幼儿的全面发展，"全面"是指人的各种身心发展素质、潜能、个性、社会关系等获得全面发展。我国幼儿园在学习华德福课程的整体性时，应关注其身心健康促进其和谐全面的发展。

三、重视课程实施的艺术性和节奏性

我国幼儿园的艺术教育大多仅把"艺术"理解为狭义的艺术创作，并没有把"艺术"放在一个更广阔的视野中。华德福幼儿园把艺术理解为一种审美思维，可以提升人的感受力、涵养人的"灵性"，甚至影响人的道德认知。华德福幼儿园中设置了艺术课程，主要通过艺术课程保护儿童的意志力和想象力，并通过绘画等课程持续关注幼儿心理的变化。这不同于我国幼儿园传统的音乐、舞蹈能力等，传统的艺术能力主要帮助幼儿发现美、表现美，并发展幼儿的动作发展能力。华德福幼儿园中的艺术课程为我们关注幼儿身体和心理持续、隐性、内在的发展。这样的理解不仅看到艺术课程在幼儿一日生活中的重要性，更加关注整个教育过程艺术化的进行，在潜移默化中滋养幼儿的心灵，影响幼儿的感受力与审美情趣。同时节奏性地把握是华德福幼儿课程的另一特色，以"内化""外放"的规律安排幼儿生活，儿童不仅获得熟悉空间中的安全感，而且在内向、外向的不同活动中促进对自我及周围环境的认知。

总之，虽然华德福幼儿教育的艺术课程能够促进幼儿的发展，但是华德福教育对教师的要求很高，因为一个好的华德福教师需要漫长的学习和等待，所以华德福课程在推广时有一定的局限性，难以大规模地开设。

小　结

　　华德福教育方案是一种以人为本，注重身体和心灵整体健康和谐发展的全人教育，它没有统一的教育纲要，只给出大概的教学目标，主张针对意识的成长阶段来设置教学内容和实施方法，并使用形成性评价（定性）而不是总结性评价（定量）的方式来评估幼儿的学业成就。这样的课程有利于儿童形成善良、感恩等美好品质，并能结合儿童与生俱来的智慧和独特的个性本质，进行深层意识教育，协助儿童的智慧生成。华德福教育方案强调的亲近自然、注重课程内容的整体性、重视课程实施的艺术性等课程理念与实践对当前我国学前教育改革和发展具有重要的启示。

关键术语

　　人智学理论；三元社会秩序理论；全人教育；艺术化教育。

思考题

　　1. 分析华德福教育教学中的师生关系。

　　2. 述评在华德福教育教学中，课程是如何遵循儿童发展阶段的特定需求实施的。

　　3. 根据华德福教育的幼教经验，思考在我国幼儿园开展艺术课程的基本思路。

　　4. 华德福教育教学可以给我国的幼教改革特别是幼儿园课程改革提供哪些启示？

高宽课程模式

高宽课程模式（The High/Scope Curriculum）在我国曾被译为"高瞻课程""海伊斯科普课程"等。20 世纪 60 年代，美国展开了著名的"向贫困宣战"（The War on Poor）运动，高宽课程模式作为其中学前教育项目中的组成部分，经过半个多世纪的建构、解构与重构，已经成为当今世界学前教育领域举足轻重的优秀幼儿园课程模式，它的长效教育结果推进了我们对学前教育高效、长期和综合价值的认识，对于我国幼儿园课程的改革具有积极的作用。[1]

第一节　高宽课程模式的形成动因与演变历程

一、高宽课程模式的形成动因

（一）社会动因：第二次世界大战后美国兴起的"教育机会均等"运动

第二次世界大战后，美国的工业飞速发展，贫富差距也越来越大，种族歧视也在继续恶化，这种状况使得黑人和少数族裔的儿童往往被排斥在学前教育之外，以至于他们在进入义务教育年龄段时，处于明显的弱势地位。20 世纪 50 年代后期，为了解决这一问题，美国掀起了一场"教育机会均等"运动。心理学家布鲁姆（B. S. Bloom）的著作《人性的稳定与变化》是这场运动的理论依据。他认为"环境的变化对儿童的智力会产生重要影响，必须在儿童早期为其提供良好的文化环境"。[2]"20 世纪 60 年代初，迈克尔·哈林顿（Michael Harrington）的一本名为《另

---

① ［美］爱泼斯坦：《高宽课程的理论与实践：学前教育中的主动学习精要》，见霍力岩编：《认识高宽课程模式》，霍力岩等，译，北京：教育科学出版社，2012，第 1 页。

② 周采：《比较学前教育》，北京：人民教育出版社，2010，第 30 页。

一个美国：美国的贫穷》（*The Other Amercia：Poverty in the United States*，1962）的书，让贫困儿童成为社会关注的焦点。"① 随后，美国政府于 1964 年提出"向贫困宣战"的口号，实施多种策略来改善处境不利儿童的生存状况，维护社会公平。在这样的社会背景下，高宽课程模式开始逐步酝酿和形成。

（二）政策动因：美国政府政策和资金的支持

20 世纪 60 年代初期，美国政府逐渐意识到，至少有 1/4 的人口没有享受到"战后"的繁华，生活依然贫困。许多政治家认为，"教育是消除贫困的关键，教育可以改变穷人'文化的贫困'，如果政府可以向穷人提供就业技能和教育机会，就可以减少贫困，使穷人获得中产阶级的经济和社会地位，打破'贫困循环'。"因此，美国政府提出了一系列福利措施来消灭贫困，如为贫困儿童提供与富裕儿童同等的教育机会和教育环境，以及 1965 年开始实施的"开端计划"。在此期间，联邦政府投入大量资金资助那些为处境不利儿童设计的早期教育方案的研究。高宽课程模式作为首批获得资助的项目之一，获得了政府的资金投入与名义赋予，赢得了发展与推广的契机。

（三）教育动因：学前教育领域的幼儿智力开发运动

20 世纪 50 年代末，美国与苏联两个大国之间的对抗日益激烈，苏联成功发射了人造卫星对美国造成了不小的冲击，于是在美国一场以促进教育质量提升为目的的教育改革运动迅速展开。在教育界，大规模的智力开发运动迅速展开，其中以美国心理学家布鲁姆的结构理论影响最大。在布鲁姆结构主义教育理论的影响下，学前教育界日益重视幼儿智力开发，强调对幼儿进行科学教育。"20 世纪 60 年代，课程剧变极大地冲击了整个早期教育领域对课程的看法，也就是说，再也不存在一种权威声音，宣称何谓真正适宜幼儿的课程实践"②，众多学前教育研究和课程项目都偏重以智力开发为目的，促使了大量的教育实验和对教育效果的探索。③ 佩里学前学校方案的研究就对早期干预项目的教育效果进行了长期的追踪，以期证明其对幼

---

① ［美］蒙·科克伦：《儿童早期教育体系的政策研究》，王海英等，译，南京：江苏教育出版社，2011，第 56～57 页。

② Stacie Goffin，Catherine Wilson. *Curriculu，Models and Early Childhood Education*（2*nd Edition*），Pearson Education Inc.，2001，p. 18.

③ 周采：《比较学前教育》，北京：人民教育出版社，2010，第 29 页。

儿终身发展的有益影响。该研究结果显示："使用高宽课程的实验组儿童在成年后（40 岁以后）的综合性评估中，其学前教育的长期效应最为显著，他们有更高的高中毕业率、更低的犯罪率，且拥有更高的受雇率。"① 在这样的背景下，高宽课程伴随着"佩里学前学校方案"的发展逐渐展开并完善起来。

（四）理论动因：皮亚杰认知发展理论被"重新发现"

20 世纪 50 年代，皮亚杰的认知发展理论已经形成了体系，但是当时美国心理学界占主导地位的是精神分析学派、行为主义学派以及格塞尔（A. Gesell）等人重视实验的理念，因此皮亚杰的认知发展理论并未受到推崇。20 世纪 60 年代，"遗传决定论"和"环境决定论"受到一些幼儿专家和学者的批判。亨特（Hunt）在《智力与经验》一书中指出，婴儿期是决定人的心理活动差异的重要时期。如果儿童到了 4 岁才给予教育，就为时已晚。

随着幼儿智力开发运动的开展，美国政府及家长开始对早期教育投入极大的热情、财力和精力。教育工作者也受到这一运动的影响，重新开始对早期智力发展和幼儿早期教育方面的理论进行梳理和研究，为课程方案寻找理论依据和证据。皮亚杰强调的认知发展理论迎合了这种需求，被美国学术界"重新发现"。这不仅是因为当全国上下都关注智力发展的时候，皮亚杰理论关注到了认知发展，或者说皮亚杰把认知发展视为儿童与周围具有刺激性环境互动的结果，更是因为皮亚杰理论尤其对逻辑推理发展进行了详细的阐述，这确保了公众对皮亚杰理论的持续兴趣。② 随着皮亚杰认知发展理论影响力的日益扩大，有不少该理论的研究者和信奉者将其应用于早期教育课程的开发，设计出应用于实践的幼儿教育方案。③ 高宽课程便是以皮亚杰认知发展理论为基础发展起来的一种早期教育模式。

二、高宽课程模式的演变历程

高宽课程在其发展的过程中，总是根据最新的理论和理念对其课程进行修订，每一次的修订都会以著作的形式呈现，一系列标志性著作的出版直观地展示了高宽

---

① High/Scope 官网：http://www. highscope. org/Content. asp？ ContentId = 219 2015-05-19.

② Stacie Goffin, Catherine Wilson. *Curriculum Models and Early Childhood Education*（2nd Edition），Pearson Education Inc. ，2001，p. 132.

③ 周玉衡，范喜庆：《学前教育史》，上海：复旦大学出版社，2009，第 173 页。

课程模式快速发展的历程。依据高宽课程模式对其课程进行修订时出版的著作为依据，将其发展演变划分为四个阶段。

（一）起步阶段：以认知发展为倾向的课程起步

高宽课程模式起步于 1962 年的"佩里学前计划"（Perry Preschool Project），它是美国 20 世纪 60 年代旨在帮助贫困儿童顺利就学并完成学业的计划之一，其课程开发经历了十多年的演变。第一个具有重大意义的修正发生在 1964 年的春天，当时"佩里学前计划"的教师拒绝接受那些强调视觉——运动技能、数概念和语言能力的教学，而是把他们的注意力集中在皮亚杰的发展理论上，[1] 并把自己的课程命名为"认知取向课程"（The Cognitively Oriented Curriculum）。[2] 在这个阶段，高宽课程强调教师以一种轻松而又有组织的方式进行教学，课程内容应选择对幼儿在入学准备方面颇为重要的知识和技能。1971 年由高宽教育研究基金会出版的第一本介绍高宽课程的著作——《认知倾向课程：学前教师的工作框架》标志着高宽课程的初步形成，这时期的高宽课程是以皮亚杰的认知理论为基石，把重点放在发展儿童的认知与智力上[3]，教学中重视运用皮亚杰的实验案例并据此拓展。

（二）探索阶段：关注关键经验的课程探索

20 世纪 60 年代后期，美国联邦政府开始了对学前课程模式的大力支持，这在一定意义上是寻求最优化的投资的尝试。为了寻求更好的教育方案，不同的课程模式之间展开了竞争。20 世纪 70 年代后期，美国政府允许高宽课程基金会发展它的课程以适应西班牙裔家庭的儿童，高宽课程趁势在其他国家申请课程教授权，并将美术、音乐、运动、计算机等也纳入了课程，迅速地发展着自身。[4] 这一时期的高宽课程开始把儿童视为主动的学习者以及知识的建构者，课程围绕一系列的"关键经验"进行组织，在皮亚杰认知发展理论的基础上，确定了 49 条关键经验，作为

---

① Stacie Goffin, Catherine Wilson. *Curriculum Models and Early Childhood Education* (2nd Edition), Pearson Education Inc. , 2001, p. 130.

② Stacie Goffin, Catherine Wilson. *Curriculum Models and Early Childhood Education* (2nd Edition), Pearson Education Inc. , 2001, pp. 150 ~ 151.

③ Weikart, D. P. , Hohmann, C. & Rhine, R. . *High/Scope Cognitively Oriented Curriculum Model. In Ray Rhine*, R. （Ed. ）. *Making Schools More Effective*, New York：Academic Press, 1971.

④ 朱家雄：《建构主义视野下的学前教育》，上海：华东师范大学出版社，2009，第 270 页。

确定课程和进行评价的基本指标。这一套关键经验使认知发展课程在组织学校课程方面取得了重要的突破，这也是课程开发者在此 10 年期间获得的真正收获。这种围绕"关键经验"组织的课程把教师从教学中解放了出来，允许教师和儿童一起分享发展学习的经验。

然而，在与环境相互作用中，教师还是没有为幼儿提供时间和自由，让幼儿获得真正意义上的主动，教师的提问被视为拓展儿童逻辑思维的主要手段。[1] 这促进了高宽课程对主动学习的关注。

（三）发展阶段：关注主动学习的课程发展

"20 世纪 70 年代末期到 80 年代早期，教育工作者及政策制定者获得了大量有关学前干预方案长期效果的研究数据，人们对于早期教育以及课程模式的兴趣倍增。"[2] 儿童作为知识建构者的思想充分体现在了高宽课程之中，主动学习已经从原来的"关键经验"变成了高宽课程的核心。

1995 年高宽课程模式对其课程再一次进行修订，并出版了由霍曼（Mary Hohmann）和韦卡特（David Weikart）合作的《教育儿童：为学前学校和儿童看护中心教育方案所提供的主动学习的实践》（*Educating Young Children：Active Learning Practices for Preschool and Child Care Programs*）一书，进一步调整和丰富关键经验，而且更加注重儿童发展的整体性。至此，高宽课程已经形成了其完整的课程框架。同时，高宽课程模式的开发者们阐述了主动学习的四个基本要素，即直接操作物体；在活动中反思；内在需要与动机；问题解决。简而言之，高宽课程提出的主动学习是在幼儿内在需要和兴趣的基础上，对物体进行直接操作，并在活动中不断发现和解决问题，通过对活动的反思促进认知的发展。

（四）完善阶段：对关键发展性指标的完善

20 世纪 90 年代中期以后，美国政府加强了对学前教育的关注，出台了更多的法案并提供资金来支持高质量的学前教育项目。高宽课程模式结合最新的研究成果，不断完善自身的课程体系、评价体系、教学策略等。2009 年，在最新版本的《学前

① Stacie Goffin, Catherine Wilson. *Curriculum Models and Early Childhood Education* （2*nd Edition*），Pearson Education Inc.，2001，p. 162.

② Stacie Goffin, Catherine Wilson. *Curriculum Models and Early Childhood Education* （2*nd Edition*），Pearson Education Inc.，2001，p. 27.

教育中的主动学习精要》（*Educating Young Children：Active Learning Practices for Pre-school and Child Care Programs-3rd Ed.* ）一书中，关键经验被正式更名为"关键发展性指标"（Key Developmental Indicators，KDIs）。作为高宽课程的主要内容领域，关键发展性指标包括八大类，即学习方式（Approaches to Learning），语言、读写能力和交流（Language，Literacy and Communication），社会性和情感发展（Social andEmotional Development），身体发展和身心健康（Physical Development，Health and Well-being），数学（Mathematics）、科学和技术（Science and Technology），社会性研究（Social Studies）和艺术（the Arts）。① 高宽课程模式也随时将最新有关儿童发展研究的成果引入到课程模式的完善和进一步的建构中。随着儿童研究的进展（如揭示出新的关于幼儿学习的方式与路径，及成人支持幼儿学习与发展的策略和规律），高宽课程模式中关键发展性指标也会随之定期更新，比如最近的统计结果表明儿童的肥胖越来越严重，高宽课程模式就会重新评估如何去促进儿童的身体健康，也会在未来的版本中更新相关关键发展性指标。② 这都反映了高宽课程不断地在进行完善自身的实践。

高宽课程模式的产生与发展是美国大的社会政治背景和教育领域的不断实践及理论研究相互作用的产物。半个多世纪以来，高宽课程模式不断改革与发展，已经成为有世界影响力的优秀学前课程模式，并在全球范围内得以广泛传播。

第二节　高宽课程模式的理论基础

高宽课程模式有着广泛的理论基础，多种理论的冲击也形成了其不断更新发展的重要动力。除了广为人知的皮亚杰认知发展理论对高宽课程的建构形成关键影响以外，斯密兰斯的三部曲——"儿童的计划、工作和回顾"被高宽课程认定为安排

---

① High/Scope 官网：http://www. highscope. org/Content. asp？ ContentId ＝ 291，登陆日期：2015-05-19.

② Ann，S. Epstein. *Essentials of Active Learning in Preschool*. Ypsilanti，Mich：High/Scope Press，2007，pp. 12 ~ 13.

幼儿一日生活的组织原则。① 此外，高宽课程模式中的关键经验，起初主要源自于皮亚杰对儿童认知发展的阶段理论，而后加入的心理学、社会性发展和道德发展领域的关键经验，主要受到了科尔伯格、埃里克森、加德纳、斯密兰斯及格林斯潘等发展心理学家的影响。在教学实践方面，高宽课程模式还吸收了维果茨基的"幼儿发展源于成人鹰架学习"的社会文化理念，教育实践不断完善。

一、主动学习的理论基础

"高宽课程建立在儿童发展理论和研究基础之上。"② 它将皮亚杰理论视为一个总体性的理论框架，但并不是一种纯粹的"皮亚杰课程"。"我们强烈希望我们的课程不会被大家认为是一种狭隘的皮亚杰课程，相反我们更愿意把皮亚杰理论看作是我们的一个理论框架，这种框架说明我们的教育应该强调儿童和成人的问题解决能力与决策能力。"③ 此外，高宽课程模式吸收了约翰·杜威的进步主义教育哲学，并根据不断出现的认知发展研究结果进行了理论更新，如在教学实践中，受到维果茨基的"幼儿发展源于成人鹰架学习的社会文化"观念的影响，及时更新自己的研究与实践。

（一）儿童思维发展阶段理论

皮亚杰根据个体思考问题的方式与能力的不同，将幼儿思维水平的发展分为四个阶段：感知运动阶段（Sensorimotor Stage）、前运算阶段（Preoperational Stage）、具体运算阶段（Concrete Operational Stage）和形式运算阶段（Formal Operational Stage）。

1. 感知运动阶段（0~2 岁）

在感知运动阶段，婴幼儿通过他们的眼睛、耳朵、手和其他的感官进行"思

---

① Stacie Goffin, Catherine Wilson. *Curriculum Models and Early Childhood Education* (2nd Edition), Pearson Education Inc. , 2001, p. 162.

② ［美］爱泼斯坦：《高宽课程的理论与实践：学前教育中的主动学习精要》，见霍力岩编：《认识高宽课程模式》，霍力岩等，译，北京：教育科学出版社，2012，第 25 页。

③ Hohmann, M. , Banet, B. & Weikart, D. P. . *Young children in action*: *A manual for preschool educators*, Ypsilanti, MI：The High/Scope Press, 1979, p. Ⅵ.

考"。皮亚杰认为，婴儿在出生时只有先天的遗传性条件反射，但是这些条件反射是形成复杂动作的基础，随着动作的不断泛化与分化，逐渐发展出应付外部环境刺激的能力。

2. 前运算阶段（2~7 岁）

在前运算阶段，儿童出现了表象思维，获得了表达的技能，尤其是语言技能。此时，儿童通常会出现自我中心的行为，这就是说，前运算阶段的儿童通常从自己的立场和观点去认识事物，而不能从客观的、他人的观点去认识事物。

3. 具体运算阶段（7~12 岁）

相对于前运算阶段的孩子，具体运算阶段的孩子能够考虑他人的意见和观点，他们的思维方式具有组织性、逻辑性和灵活性的特点。儿童的思维在这一阶段开始具有可逆性，获得了各种守恒概念、数字概念、分类概念、序列概念、空间概念和关系概念等。

4. 形式运算阶段（12 岁以上）

处于形式运算阶段的孩子抽象逻辑思维趋向完善，他们开始进行理论推理，并在成人阶段达到完整抽象逻辑思维的能力。皮亚杰认为这一阶段是发展的高级阶段，虽然孩子还需对他们的知识进行修正，但他们已经获得了高水平的思维能力。

另外，按照皮亚杰的理论，儿童认知的发展具有一定的阶段性，由某一阶段向另一阶段发展的顺序固定不变；在发展的每个阶段，儿童的认知结构都有其独特的特点。高宽课程根据皮亚杰的理论，高宽课程在实施时为幼儿提供直观经验，如材料、观点和事件等，帮助幼儿在直观的认知过程中，发生"同化"和"顺应"，多次的"同化"与"顺应"后，幼儿的思维能力便会改变，并始终如一地运用到行为之中。

（二）当代认知发展理论

当今的认知发展研究已经不再局限于皮亚杰所描述的与年龄相关的泛泛的认知方式，他们研究幼儿完成特定学习内容（如词汇）和任务（如数数）的学习路径或发展轨迹，这些研究也引导着高宽课程模式开发各领域的课程，幼儿的认知发展依赖于他们对物质世界或社会中事物发生原因的理解、有意义的社会活动，最初都是具象的，受语言影响的。因为幼儿是世界中的新手，成人是"专家"，幼儿是成人的学徒，他们不断向成人学习，以掌握所在文化中物质的、象征的以及认知的工具。① 高宽课程模式接受当代认知理论的观点，在实践中修正和更新着自身的观念。

（三）维果茨基最近发展区理论

维果茨基提出的最近发展区的理论，最近发展区是指幼儿通过自己的努力能够达到的水平与他们在成人的帮助下，比他们现在发展水平更高的水平之间的区域。高宽教师在对幼儿进行观察的基础上，根据幼儿已有的关键经验，分析幼儿的最近发展区，并及时地判断何时以及如何进一步支持幼儿的学习。"高宽课程所讲的成人支持、延伸幼儿的学习，既是指成人首先确认或者支持幼儿已经知道的，然后再挑战他们，使儿童的思维延伸到下一水平。"②

二、"计划—工作—回顾"的理论基础

除了主动学习以外，高宽课程模式的另一理论基础是"计划—工作—回顾"（plan-do-review）的活动过程。"高宽课程中的幼儿通过表达他们的意愿（选择材料、行动和合作伙伴，做出计划）、实施他们的想法（通过活动实现自己的目标）、反思经验（回顾他们刚才做了什么以及学到了什么）③"来获得关键经验的提升。

（一）计划

在高宽课程模式的"计划"环节包括认知和社会/情感部分。"在认知上，为了做出决定，幼儿在头脑中必须对他/她想要做的事形成一个图像。幼儿想象或形成心理图像的能力并不与运用语言的能力同时发展。发展心理学家将幼儿用于计划的心理工具称为'执行控制结构'或'执行功能'。通过'执行控制结构'，幼儿能够形成心理图像或者使用已有的知识和技能去计划、试验和评价解决方法。"④

"从社会/情感的发展来看，幼儿的计划能力与被精神分析学家埃里克森（Erik

① Goswami U.. *Blackwall bandbook of child cognitive development*, Malden MA：Blackwell Publishers，2002.

② ［美］爱泼斯坦：《高宽课程的理论与实践：学前教育中的主动学习精要》，见霍力岩编：《认识高宽课程模式》，霍力岩等，译，北京：教育科学出版社，2012，第28页。

③ 同上书，第29页。

④ 同上书，第30页。

Erikson）称作'主动性对内疚感'的阶段同时出现，即学前幼儿对于他们想要做的事情有很多想法。当他们能够成功实施这些想法时，他们就发展了主动意识。如果他们不断地失败，或者对于他们的尝试感觉很不好，他们可能就会对自己的主动性产生内疚感。为了鼓励幼儿的主动性、探索精神及独立解决问题的能力，高宽教师给予幼儿所需的社会/情感支持，以帮助他们成为有能力且自信的计划者。"①

（二）工作

高宽课程模式的工作时间与其他学前课程模式普遍存在的自由选择时间不同之处在于，高宽项目中幼儿的游戏是有目的的。高宽课程模式中的学前幼儿实施的是自己制订的计划，他们需要完成自己制订的任务，而有目的的游戏是完成任务的一种途径。许多教育者和心理学家认为有目的的游戏对幼儿的学习具有价值。约翰·杜威认为理想的学习是游戏性和严肃性的结合。迈克尔·埃利斯也认为游戏对人类来说是一种很好的问题解决策略。此外，由于成人会根据幼儿的兴趣与他们共同游戏或交流，幼儿的语言学习可以逐渐提升。

（三）回顾

史密兰斯基曾用大量时间观察幼儿的游戏。在20世纪60年代早期，她敦促课程开发者们增添回顾时间，并与计划和工作时间放在一起，这样幼儿就能够反思他们的计划和行动，并能对在这一过程中所学到的内容有更多的理解。② 回顾时间是幼儿反思他们有目的地游戏的专门时间。在回顾时间里，幼儿不仅谈论他们之前的计划，还要谈论他们实施计划的过程（即他们是如何工作的）。通过回顾，幼儿自然地建设或者建构、记忆，对他们的经验形成，以及心理表征且依据他们目前的思考方式进行解释。这个过程类似于成人讲述关于他们自身的某件事情，叙述者选择事件的某些部分来组织这个故事，选择词语来表达他或她对当时发生事件的反应，并且巧妙地运用语言表示他或她从中获得的经验。因此，回顾时间为幼儿反思自己在行动与材料中和他人互动的经验教训提供了机会。

---

① ［美］爱泼斯坦：《高宽课程的理论与实践：学前教育中的主动学习精要》，见霍力岩编：《认识高宽课程模式》，霍力岩等，译，北京：教育科学出版社，2012，第30页。

② 同上书，第32页。

第三节　高宽课程模式的理念、目标、内容、实施与评价

一、课程理念：由教师主动参与和幼儿主动学习构成的学习轮

在高宽课程模式中，幼儿和教师共同承担学习的责任。因此，教师参与模式、幼儿学习模式和学习内容三者有机地结合，其关系在图5-1中的高宽课程模式学习轮中展现出来。

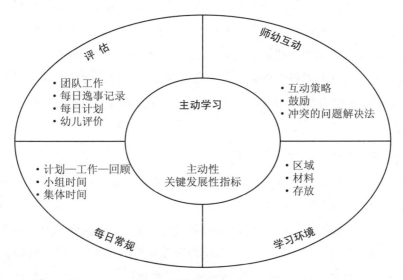

图5-1　高宽课程模式学习轮①

在这种课程模式中，幼儿建构自己的知识世界。这意味着学习不仅仅是成人向幼儿传授知识的过程，还是幼儿主动参与学习的过程。幼儿通过与人、材料、事件、思想的直接互动习得知识。

以幼儿的主动学习为核心，教师的工作必须围绕幼儿的学习提供支持。在高宽课程模式中，幼儿和教师共同承担学习责任。在教室中，教师像幼儿一样主动、投

---

① ［美］爱泼斯坦：《高宽课程的理论与实践：学前教育中的主动学习精要》，见霍力岩编：《认识高宽课程模式》，霍力岩等，译，北京：教育科学出版社，2012，第12页。

第五章　高宽课程模式

入。他们精心提供适宜的材料，设计活动，并以支持乃至挑战幼儿的方式与幼儿交谈。活动既是幼儿发起的——建立在幼儿自发的好奇心之上——又是发展适宜性的，与幼儿当前的、即将出现的能力相适应。具体而言，围绕着幼儿的主动学习，教师需要与幼儿互动时完成自己的四大职责：①参与支持性的成人—幼儿互动；②创设有挑战性的学习环境；③建立稳定的一日常规；④开展持续性评价以制订教学计划。高宽把这一模式称为主动参与式学习，这是教师和幼儿共同形成学习经验的过程。

二、课程目标：促进幼儿的主动学习

主动学习是高宽课程的核心理念，促进幼儿主动学习是高宽课程的核心目标。在高宽课程模式中，主动学习被定义为"幼儿通过直接操作物体，在与成人、同伴、观点及事件的互动中，建构新的理解的学习过程"。也就是说，在高宽课程模式开发者眼中，没有人能够代替幼儿获得经验或建构知识，幼儿必须通过自己的主动学习自己获取经验并建构知识。其中，主动学习包括四个方面的特征和五个组成要素。

（一）幼儿主动学习的四个特征

霍曼和韦卡特把主动学习所包含的四个特征要素总结为：直接操作物体、对行动的反思、内在动机与问题解决。

第一，幼儿直接操作物体。处于学龄前阶段的幼儿"有强烈的对物体感兴趣的内在动机"并"创造和协调了那些后来成为运算系统的基本关系"。直接操作物体能引发幼儿的兴趣并为幼儿进行思维活动提供了直接的经验，在主动操作物体的过程中产生的问题，教师也会鼓励幼儿和他人进行交流。幼儿通过与材料和他人互动得来的"具体"经验，可以逐渐地形成抽象概念。

第二，幼儿对自己的行动结果进行反思。行动本身不足以引发学习。"主动学习必须要让幼儿进行以下心智活动：解释结果，同时把这些解释整合到一个相对于幼儿直接经验世界来说更加复杂的理解之中。"只有幼儿行动，并对行动结果进行反思，幼儿的思维和理解才能发生并发展。

第三，将学习兴趣作为幼儿的学习资源。"幼儿个人的兴趣、问题和意图都可以成为探究、发明和建构新知识的催化剂。"尽管幼儿基于自己的动机和原动力的创造对于成人来说可能是杂乱的、不稳定的，甚至是不被认可的，但是幼儿基于自己动机和原动力的思考、创造过程是幼儿逐步理解世界的一种方式。

第四，幼儿对难题的发现和解决。"幼儿在直接操作物体及他人互动中会遇到真实生活中的问题，幼儿需要在他已经建立的理解和新的经验之间取得调和，这就刺激了学习和发展的进行。从本质上说，这就是幼儿解决问题的能力。"这一过程刺激了幼儿的真正学习和有效发展。

（二）促进幼儿主动学习的五要素

相应地，为促进幼儿的主动学习，教师应提供包括五个方面的要素，帮助幼儿进行主动参与式的学习。①

（1）材料。根据幼儿不同发展水平为其提供丰富且适合其年龄特征并可以使用各种操作方式的活动材料，这样才能保证幼儿对即将操作的材料产生兴趣，激发幼儿主动学习的内在动机。

（2）操作。使幼儿有机会进行自由的操作、转换、组合他们所选择的材料，通过主客体的相互作用，形成逻辑—数理经验与语言交流经验，进而进行自身知识体系的建构。

（3）选择。使所有幼儿拥有选择自己操作何种材料与操作活动持续多长时间的自由，可以发展幼儿的主动性和自主性，从而促进其主动学习的发生。

（4）语言。让所有幼儿享有描述物体、表达自己想法及与同伴相互交流的充足机会，幼儿的发展是全面的，社会性和情感发展同样十分重要。

（5）成人的支持。教师对幼儿的选择和活动应采取鼓励、支持的态度，尊重幼儿的活动意愿。主动参与式学习源于支持性的环境，在这种环境中，幼儿感到舒适自在，才会自由地研究材料并与来自安全区域的人进行交流。

三、课程内容：五大领域的 58 条关键经验

作为一种系统性的课程模式，高宽课程阐释了幼儿各方面的发展。高宽课程围绕着教师和幼儿发起的学习活动构建了五个课程内容领域：学习方式；语言、读写能力和交流；社会性和情感发展；身体发展和身心健康；艺术与科学。高宽课程在

---

① ［美］爱泼斯坦：《高宽课程的理论与实践：学前教育中的主动学习精要》，见霍力岩编：《认识高宽课程模式》，霍力岩等，译，北京：教育科学出版社，2012，第 13 页。

这五个领域中包含了 58 条发展关键性指标，旨在帮助成人了解幼儿发展，进而围绕关键发展性指标，为幼儿创设主动学习环境、提供发展适宜性的学习活动，通过积极的师幼互动和评价，促进幼儿的主动学习和发展。五个领域及 58 条关键经验的具体内容如下（顺序等参照 2010 年版的关键发展性指标体系）①。

（一）学习方式领域

（1）主动性：探索世界时展示出主动性；

（2）计划：制订计划并按照计划行事；

（3）参与：集中于引起他们兴趣的活动；

（4）问题解决：解决游戏中遇到的问题；

（5）资源利用：收集信息并对他们所处的世界形成一定的认识；

（6）反思：对自我经验进行反思。

（二）社会性和情感发展领域

（1）自我认同：有积极的自我认同；

（2）胜任感：感到自我是有能力的；

（3）情结：认识、归类和管理自己的情绪；

（4）同理心：展示对他人的同理心；

（5）共同体：参与到课堂的共同体中；

（6）建立人际关系：与其他成人和幼儿建立人际关系；

（7）合作游戏：参与合作游戏；

（8）道德发展：形成内在的是非观；

（9）冲突解决：解决社会冲突。

（三）身体发展、身心健康领域

（1）大动作技能：展示使用大肌肉的力量、柔韧性、平衡性和时速；

（2）精细动作技能：展示使用他们小肌肉的灵活性和手眼协调能力；

（3）身体平衡：了解自己的身体并知道如何操纵；

（4）个人护理：开展对自己的个人护理程序；

---

① Ann, S. Epstein. *Essentials of Active Learning in Preschool*. Ypsilanti, Mich：High/Scope Press，2007，p. 197.

（5）健康行为：参与健康的实践。

（四）语言、读写能力和交流领域

（1）理解：理解语言；

（2）说：用语言表达白己；

（3）词汇：理解并使用一系列词汇和短语；

（4）语言意识：识别口语中的不同发音；

（5）字母知识：认识字母的名字及它们的发音；

（6）读：愉快并有感情的阅读；

（7）印刷体概念：展示对环保印刷物的知识；

（8）书的知识：展示出对书本的知识；

（9）写：基于各种目的进行书写；

（10）英语学习者、双语习得：（如适用）使用英语和他们的家园语言（包括手语）。

（五）艺术和科学领域

1. 数学领域

（1）数字和符号：识别和使用数字和符号；

（2）计数：数数；

（3）部分—整体关系：结合和分开物体和数量；

（4）形状：认出、列举和描述形状；

（5）空间意识：在人群和物体间识别空间关系；

（6）测量：通过测量对物体进行描述、比较和排序；

（7）单位：理解和使用单位的概念；

（8）模式：识别、描述、复制、完成并创建模式；

（9）得出结论：利用数量的信息得出结论、做出决定并解决问题。

2. 创造性艺术领域

（1）艺术：通过二维、三维的艺术表达并展示所观察到的、想到的、想象的和所感受的；

（2）音乐：通过音乐表达并展示所观察到的、想到的、想象到的和所感受到的；

（3）动作：通过动作表达并展示所观察到的、想到的、想象到的和所感受到的；

（4）假装游戏：通过假装游戏表达并展示所观察到的、想到的、想象到的和所感受到的；

（5）欣赏艺术：欣赏创造性艺术。

3. 科学和技术领域

（1）观察：观察锁定的材料和程序；

（2）分类：对材料、行为、人和事件分类；

（3）实验：通过实验去验证想法；

（4）预测：预测他们所希望发生的事；

（5）得出结论：基于经验和观察得出结论；

（6）交流想法：交流他们对事物的特征及其如何工作的想法；

（7）自然和物理世界：收集有关自然和物理世界的知识；

（8）工具和技术：探索和使用工具与技术。

4. 社会性学习领域

（1）多样性：理解人们有不同的性格、兴趣和能力；

（2）社区角色：认识到人在社区中有不同的角色和功能；

（3）决策：参与制定课堂决策；

（4）地理：认识并理解他们所处的环境；

（5）历史：理解过去、现在和未来；

（6）生态：懂得爱护他们所处的环境的重要性。

四、课程实施：支持性学习环境与"高宽三部曲"

（一）为主动学习提供支持性环境

高宽课程特别强调为幼儿提供能够引发他们主动学习的环境，同时，他们还认为主动学习是幼儿建构知识的基本方式。高宽课程的教室是根据幼儿的兴趣和材料的特点，分成若干个活动区，每个区都有一套独特的材料和活动的机会，能帮助幼儿自己进行选择。此外，教室里一般还设有供集体活动使用的区域，这种集体活动区或在教室中央，或在空间较大的室内活动区。在刺激丰富、秩序井然、能够激发幼儿兴趣又符合他们发展需要的环境下，幼儿能独立自主的活动，他们乐于探索、操作，从而使他们决策、合作及解决问题的能力得以提高。教师也能最大限度地控制整个教室的活动，对幼儿进行全面细致的观察。所以，高宽课程不是以预先准备的结构性活动作为幼儿的学习内容，而是为幼儿创设发展适宜的、具有挑战性而又井然有序的主动学习环境，促进幼儿的全面发展。而高宽课程的教师作为幼儿学习的支持者、协助者以及引导者，其作用的发挥需要经历一定的过程。这个过程是课程的开发过程，即"制订计划—观察幼儿的活动—对幼儿的评价—制订新的计划"。这个过程还是不断循环反复又螺旋上升的过程。

（二）"计划—工作—回顾"三部曲

高宽课程的一日生活安排主要包括 10 个环节：问候时间、计划时间、工作时间、清扫时间、回顾时间、点心和休息时间、集体活动时间、小组活动时间、户外活动时间和过渡环节时间。每个环节通常一天只进行一次，而在全日制的高宽项目中会重复一个或者多个环节。① 在这 10 个环节中，持续时间最长的是幼儿的大块活动时间，一般总计 1 小时以上，这个环节按照计划、工作与回顾的顺序来进行。

斯密兰斯提供给高宽课程研究人员的幼儿计划、工作和自我评价三个环节，是高宽课程安排一日生活流程的组织原则。② 一般来讲，"计划—工作—回顾"被认为是高宽课程的发动机和高宽课程一日生活流程的"三部曲"。"三部曲"的基本意蕴如下。

（1）"计划"时间（10～15 分钟）：旨在给幼儿一个机会表达他们的想法和意图，培养幼儿的主动性和进取心。当幼儿进行计划时，他们有一个目的或意图，基于他们的年龄和交流能力，使用行动（拿起画笔）、手势（指向某个区域）或是语

① ［美］爱泼斯坦：《高宽课程的理论与实践：学前教育中的主动学习精要》，见霍力岩编：《认识高宽课程模式》，霍力岩等，译，北京：教育科学出版社，2012，第 95 页。

② Stacie Goffin, Catherine Wilson. *Curriculum Models and Early Childhood Education* (*2nd Edition*), Upper Saddle River, New Jersey：Pearson Education Inc.，2001，pp. 154～155.

言（"我准备画一栋房子"）来表达他们的计划。对于年龄较小的幼儿，教师可以为他们提供一些选择，而稍大的幼儿则可以进行"要做什么"和"怎么做"的具体思考。在幼儿做计划时，教师可以和他们一起讨论，帮助和鼓励幼儿完善自己的计划。

（2）"工作"时间（45~60分钟）：旨在给幼儿提供一个将自己的计划付诸实施的机会，在和活动材料、工作伙伴等互动的大块时间内，教师为幼儿提供机会参与到社会性的情境中，实施自己的计划，并尝试解决实际问题，且在解决问题中建构自己的知识，学习新的技能。

（3）"回顾"时间（10~15分钟）：旨在让幼儿对已经经历或者已经发生的事情进行回顾，重现活动过程、活动经验及其与活动计划的链接，并借此培养幼儿概括能力、表达能力、分享能力、合作能力和进一步的计划能力。

五、课程评价：幼儿评价工具 COR 与项目评价工具 PQA

持续评估是教育过程中不可分割的一部分，为此，高宽课程提供了有效的评估工具和材料以便开展对幼儿和项目的评估。

（一）对幼儿发展的评估——COR

高宽的儿童观察记录系统（Child Observation Record，简称 COR）包括两个工具：一个是学前儿童观察记录；另一个是婴幼儿观察记录。[①] 这两个工具提供了对 0~6 岁儿童的综合、持续的发展性评价。COR 是基于对儿童进行有效、有意义的观察和评估的评价工具，它提供了有关儿童发展所具有领域的知识和能力的系统评价。它是一个观察性的评价工具，主要用逸事记录和儿童作品分析的方法，搜集和记录幼儿成长的证据。

1. COR 的评估内容

COR 的观察内容包括六大类，儿童发展的指标每一类都有相关条目的列表。这些条目基于各领域的关键性发展指标（KDIs，之前称为关键经验），按照幼儿的年

---

① Child Observation Record（COR）——Information for Decision Makers. High/Scope Educational Research Foundation, 2008.

龄发展特征，在每一个条目下，描述行为从简单（1）到复杂（5）的五个发展水平。① 表5-1 展示了COR中六个领域的32个条目。在日常的评价中，教师通过观察将儿童的行为归类到不同的发展水平。此外，教师还用记录的逸事来支持评价的结果。

表5-1　COR 的 32 条评估内容

学前儿童观察记录（COR）中的类别和观察项目	
Ⅰ．主动性	Ⅱ．社会关系
（1）作出选择和计划	（5）与成人交往
（2）用材料解决问题	（6）与其他儿童交往
（3）主动游戏	（7）解决人际冲突
（4）关注个人需要	（8）理解和表达感受
Ⅲ．创造性表征	Ⅳ．运动和音乐
（9）制作和找寻模型	（12）不同方式的运动
（10）绘画或涂色	（13）携带物品的运动
（11）扮演	（14）感受和表达出稳定的节拍
Ⅴ．语言和阅读	（15）随着音乐运动
（17）聆听和理解别人的讲话	（16）唱歌
（18）运用词汇	Ⅵ．数学和科学
（19）运用复杂的句型和词语	（25）对物体分类
（20）表现出对拟声词的理解	（26）识别模式
（21）讲述书中的知识	（27）比较属性
（22）运用字母的名称和发音	（28）计数
（23）阅读	（29）识别位置和方向
（24）书写	（30）识别序列、变化和因果关系
	（31）识别材料和属性
	（32）识别自然和生物

2. COR 的评估实施

为了更加真实客观地评价儿童的发展，COR 提倡真实情境中的观察记录。具体来说，"学前儿童观察记录系统"的实施方法分为以下四个步骤。

（1）观察。COR 关注儿童当下正在做什么，而不是寻找或是评论他或她还不能够做的事，这种评估要求评估者形成一种"积极观察"的习惯。积极观察是教师通

---

① High/Scope 官网：http://www.highscope.org/Content.asp？ContentId＝113，2012-03-11.

过亲眼所见的一个个真实的观察实例，是教师开始关注并研究儿童的学习与发展，并在理解儿童学习的过程上，进一步反思与调整课程设计的。与"积极观察"相对立的是"消极旁观"，前者是在与儿童的日常互动中，观察儿童的每日活动和具体行为，而后者只扮演了一种监视性的角色。COR借助六大领域、32个可观察和评测的具体项目，将这一观察过程系统化、目标化。但这并不意味着对每一次观察活动进行严格的规定或固化，对于观察时间、观察对象与观察指标的选择，取决于观察者的具体评估需求和对该系统运用的熟练能力。教师可以选择一次仅关注一个特定项目，如在区域活动时间内，选择"主动性"类别中"做出选择和计划"这一项目，观察儿童对活动区和操作材料的选择行为。

为了保证所有儿童均被关注与支持，教师可提前进行观察计划，每天或每两天关注一些不同的儿童。与此同时，教师需要保证在一段工作时间内着重观察教室里的某一特定区域，以获取更为细致和准确的观察实录。

（2）记录。在观察的基础上做客观而真实的观察记录，就是利用文字和其他显性形式将这一时刻固化并保留下来。COR评估的主体部分即通过记录简短的笔记，高宽课程称之为逸事（anecdotes），并辅以相关档案项目（portfolio items）的收集，对儿童的重要行为和活动进行信息采集。

逸事记录是突出儿童重要日常行为的简短片段描述。最开始记录逸事笔记时，需遵循以下原则。其一，记录何时、何地、和谁。因为该系统关注儿童随时间的变化，所以给任何记录标上日期很重要。除了日期，还要记下活动是在日常流程中的什么时段发生的、在什么地方发生、和谁一起进行的。其二，简短简明，但要保证包括特定的细节。要想为每名儿童对应每个观察项目写下详细的内容是不现实的，所以尽可能简短的记录，只需要包括能帮助评估者在之后重构所发生的事情所需的足够细节，即从行为发生的背景开始记，然后描述行为，并以行为结果及儿童对行为的解释做总结。

除了逸事记录，儿童档案同样是"学前儿童观察记录系统"的重要数据来源。一个档案袋能容纳包括儿童涂鸦、作画、书写等所有作品，以及儿童活动时的相片、录音带、摄像带等，为儿童成长提供了系统的、全面的、有组织的具体证据。需要强调的是，儿童档案材料的收集与逸事笔记的记录同步进行，教师常常会在记录逸事时援引档案袋中的作品作为支持性的证据。

在评价者对儿童行为中的重大事件（逸事）进行收集和记录之后，接下来需要按照学前儿童观察记录的类别、观察项目和等级水平对其进行分类和评价，以此反映每个儿童当前的发展水平。具体来说，为提高项目判断的有效性，每个观察项目下均包含 5 个不同的发展水平，即从简单（水平 1）到复杂（水平 5）的 5 个等级，其中每个等级下又包含了至少两个典型行为的实例，具体解释描述了儿童在该观察项目中的发展性等级。例如，"语言和阅读"类别中"倾听和理解语言"这一观察项目共有 5 个发展水平。

水平 1：儿童用行动或词汇对建议、请求、提问做出反应。

水平 2：儿童在听故事、童谣或是听他人讲述时，他们期望预测出并补充上词或短语。

水平 3：当听故事、童谣或听他人的讲述时，儿童会对此进行评论或问与之有关的问题。

水平 4：儿童促进正在进行的对话。

水平 5：儿童维持对话，会出现 3 次以上的谈话内容的转变。

项目的发展水平和年龄之间没有必然的相关性，5 个水平遵循每个项目的发展阶段。基于对某一儿童的观察，评估者先进行逸事记录或收集其他资料，之后在与之对应的观察项目下选择最能代表该儿童行为特点最高水平的陈述，进行相应的等级划分。当然，在观察项目中为逸事记录或其他资料选择最匹配的项目，开始时是要做大量的练习并使自己熟悉"学前儿童观察记录系统"中的观察项目和行为等级。一旦对所有的项目和等级都熟悉之后，就只需偶尔参阅观察项目指南，评价的重点则被更多放在细致观察和准确记录上。

（3）形成报告。从横向来说，运用 COR 是教师每日工作计划中的一部分。教师全天看护儿童的同时，观察他们所做的事情，并在观察的基础上记录逸事性档案资料，分配一个观察项目（字母），并确定相应的发展等级（数字），以此反映每个儿童当前的发展水平。从纵向来看，"学前儿童观察记录系统"的运用更是一个连续性的过程。根据不同的评估需要和特定的项目要求，周期性地汇集回顾逸事笔记，寻找丢失的材料，并在任何需要的时候对以上信息进行总结，为特定儿童或所有儿童填写《儿童信息和发展总结》（Child Informationand Developmental Summary）表格，遵循说明计算平均数并合成分数。

与父母分享信息的时候，汇集某一名儿童全部的逸事笔记，以此为基础，为家长准备《家庭报告》（Family Report）。若要对班级所有儿童进行评估，即汇总所有儿童的《儿童信息和发展总结》，需要遵循小组表格中的说明计算出平均数和小组增长分数，从而获得《小组总结》（Group Summary）。以上用于阶段性总结儿童信息的各类表格样式及计分说明，均在"学前儿童观察记录系统"的使用指南中有详尽说明。综上所述，区别于过于专业、抽象、理想化的操作指南，"学前儿童观察记录系统"聚焦于儿童生活的各个环节，重视真实性观察和逸事记录，将儿童观察、记录、评价变为可操作、有实效的一项常规工作。通过客观、全面、连续地记录儿童的日常生活，可真实且清晰地呈现出儿童发展的趋势脉络，同时完整保留儿童发展变化的所有过程性特点。

（二）对项目质量的评估——PQA

近20年来，教育的质量与教育评价成为世界各国普遍关注的热点问题。关注托幼机构的教育质量，也已经成为当代幼儿教育发展的一种新趋势。但是，正如评估幼儿发展一样，评估教育项目质量是一项复杂且有许多维度的事情。[①] 从横向内容上来看，托幼机构教育质量评价包括评价幼儿发展的水平、托幼机构的管理和组织运转、教育过程等；从纵向过程上来看，托幼机构教育质量评估包括评价师幼互动、课程、环境创设以及家园合作等[②]。在高宽课程模式中，用于评价项目质量的评估工具为 PQA（Program Quality Assessment）。

1. PQA 的评估内容

《项目质量评估量表》（PQA）包括两个表格和一个《使用手册》：表格 A 为教室观察，用于教室里的观察和教师访谈；表格 B 为机构观察，用于对行政管理人员进行访谈；《使用手册》对评估工具进行了介绍，说明使用方法并对能证明其信度和效度的研究进行了综述。

PQA 评估内容涵盖项目质量的所有方面，共63项，分为7个维度。每一项的评分范围从最低到最高共分五个质量水平。表格 A "教室观察"包括4个部分：学习

---

① ［美］爱泼斯坦：《高宽课程的理论与实践：学前教育中的主动学习精要》，见霍力岩编：《认识高宽课程模式》，霍力岩等，译，北京：教育科学出版社，2012，第335页。

② 郭良菁等：《幼儿园教育评价》，上海：华东师范大学出版社，2009，第208~214页。

环境（9 项）、一日流程（12 项）、师幼互动（13 项）、课程设计和评价（5 项）。表格 B"机构观察"包括 3 个部分：家长参与和家庭服务（10 项）、员工资质与培训（7 项）、项目管理（7 项）。①

2. PQA 的评估实施

（1）评估者

利用 PQA 对早期教育项目进行评估的人是多元的，这些评分者包括研究人员、项目评审人员、外部咨询人员或是机构管理人员。此外，教师或是家长也可以将其作为自评的一部分来使用它。PQA 对使用手册中每一个表格的使用和计分都进行了说明，并且在实际评估前，高宽项目都要求评估者接受 2 天的培训，使评分者信度达到可接受的程度。其中，第一天的培训致力于通过使用逸事及原始的数据视频来评审和练习使用 PQA。第二天则进行实际观测并判定评分者信度。

（2）评估频率

评估的频率和内容可以根据不同的评估目的来进行调整。如果评估的目的是为了自我评估或促进教师工作，则可以在某一个时间段完成《项目质量评估量表》的一个或多个部分的观察。如果是进行综合性的自我评估，则需要完成整个《项目质量评估量表》，每个部分可以在不同时间段完成。评估，最好是在一天或一周内完成，至少要分别用半天时间收集教室（表 A）和机构（表 B）的信息。如果一个幼儿园有几个班，评估时对每个班至少要花半天时间。但是，有关机构的数据只需收集一次。

（3）评估方法

PQA 包括项目质量的 7 个维度，每个维度有 5 ~ 13 个条目，每个条目都有若干个指标。根据高、中、低不同的等级，PQA 将每个指标都划分成 5 个等级的评分标准。评价者首先利用观察和访谈的方法（具体来说，前面三个部分主要是通过观察完成，后面四个部分主要是通过访谈来完成），记录支持性证据，并根据这些证据，仔细阅读《项目质量评价量表》中的每一个等级指标，在 5 个等级中选择匹配的项目打钩并计分，最终确定项目的质量。当表格 A 和表格 B 中的各项都完成计分后，评估者要计算出总分和平均分，也可以算出七个部分各自的总分和平均分。为了确

① Child Trends 官网：http://www.childtrends.org/，登陆日期：2015-05-19.

保评估的可信性和有效性，PQA 的每个量表都运用行为指标和具体范例进行界定，并配有严格的操作使用说明和计分说明：一方面允许评价者在旁边的空格里记录逸事，保证评估的全面性和人文性；另一方面又有严格的计分量化程序保证评估的一致性和标准化。

此外，《项目质量评估量表》可以用于培训、监督、管理、研究和评估。评估结果可以与教师、行政管理者、家长和出资方分享，也可以供整个领域的实践者、研究者和政策制定者使用。① 从《项目质量评估量表》中发现能够被用来界定和描述什么是"最好的实践"，同时也能够让培训聚焦于项目需要加强的地方。此外，PQA 的评估结果还可以用于对员工的支持和监督、对比不同项目的质量、检验项目质量与幼儿发展之间的关系及解释有科学依据的学前教育实践。

第四节　高宽课程模式的特点

"高宽"一词体现了高宽教育基金会对高宽课程所寄予的高远的目标和远大的使命。高宽课程在其发展的过程中也形成了与其他学前教育项目不同的特点与经验。

一、促进幼儿的主动学习

主动学习作为学会学习和终身学习的核心要义，也是高宽课程的核心发展目标。早在 1972 年，联合国教科文组织发表研究报告《学会生存：教育世界的今天和明天》（*Learning to Be：The World of Education Today and Tomorrow*）提出"迈向学习型社会"，并指出教育"必须是从学习者本人出发的，而非从外部强加"②。可见，促进学习者学会主动学习，是当今教育的重要目标。幼儿时期是学习品质与学习能力形成的关键时期。因此，高宽将主动学习的核心目标体现在课程中的各个方面。高宽课程不仅以促进幼儿主动学习为课程的目标，而且还要创设支持性的环境、开展师生共同参与式的学习、在一日常规中为幼儿提供大块的"计划—工作—回顾"时

---

① ［美］爱泼斯坦：《高宽课程的理论与实践：学前教育中的主动学习精要》，见霍力岩编：《认识高宽课程模式》，霍力岩等，译，北京：教育科学出版社，2012，第 346 页。

② 联合国教科文组织国际教育发展委员会：《学会生存——教育世界的今天和明天》，华东师范大学比较教育研究所译，北京：教育科学出版社，1996，第 201 页。

间等，支持和保证幼儿的主动学习。

二、以 58 条关键经验为"圆心"

高宽课程的建立是围绕着五个课程内容领域的 58 条关键发展性指标而展开的，在这五个课程内容领域内可以被称之为"早期教育里程碑"的 58 条关键发展性指标，为高宽课程教师创设学习经验以及与幼儿互动提供指导。[①] 同时，确立幼儿观察记录系统的内容体系：幼儿主动性（Initiative）、社会关系（Social Relations）、创造性表征（Creative Representation）、音乐和运动（Music and Movement）、语言与读写（Language and Literacy）、数学和科学（Mathematics and Science）6 个类别内容，共 32 个关键发展指标简称 KDIs，各指标均包含 5 个不同的发展水平。[②] 高宽课程对学前幼儿教育内容的研究深入而细致，在帮助幼儿发展其全部潜能方面取得了巨大的成功。

三、"计划—工作—回顾"的一日流程

高宽课程模式以主动学习为核心，其一日流程是由"计划—工作—回顾"、小组活动、大组活动、户外活动等环节组成，其中计划是"有意识的选择，回顾是"有分析的记忆"。"计划—工作—回顾"是主动学习的保证机制，是美国学前高宽课程模式的核心环节，它包括主动参与学习的所有要素，即允许孩子表达自己的意愿，同时使成人密切地参与到整个过程中，但是其顺序不能颠倒。

高宽课程的独特之处在于不仅能为幼儿提供独立工作和游戏的时间，而且还能确保幼儿在一天的时间里有机会参与、计划他们自己的活动，并能反馈他们所学到的东西。当"计划—工作—回顾"（plan-do-review）以固定的顺序在一日活动中开展时，教师需要围绕幼儿关键发展经验组织课程。这是教师支持、鼓励、理解并扩展幼儿自我设计活动的一个很好的方式，它帮助幼儿获得成功的体验，建立自信，

[①] High/Scope 官网：http://www.highscope.org/Content.asp? ContentId = 63，登陆日期：2015-05-19.

[②] Ann S. Epstein. *Essentials of Active Learning in Preschool*, Ypsilanti, Mich.：High/Scope Press，2007，p.197.

提升自我效能感。同时，这些幼儿关键发展经验也指导教师规划小组和大组活动。

四、成人与幼儿的积极互动

《渴望学习》中指出："虽然幼儿能够快速地学习大量知识，而且学习的热情很高，但是他们最终学了什么，学到了多少，主要依赖于与他们互动的成人。"因此，师幼互动的质量直接影响幼儿的学习与发展，而教师的专业素质是保障课程效果和评价作用的关键。教师接受正规教育和专门培训的级别越高，教师在课堂上使用合理的教学策略的可能性便越大。另外，在高宽课程中，共享控制是成人—幼儿交互的中心。因为高宽课程秉持"主动参与学习源于支持性的环境"这一理念，即通过成人与幼儿的交互和共享控制来促进幼儿的主动学习。因此，高宽课程通过"共享控制"提供一个支持性的环境，在这个环境中成人和幼儿一起共享并控制学习的环境。

五、有效的儿童和项目评估工具

COR工具基于对儿童的真实性观察，提供儿童发展趋势和能力的图谱，促进高宽课程中的儿童、教师及课程本身不断地发展。随着高宽课程的广泛传播，高宽项目的评估工具也被翻译成多种文字，影响着世界各地对幼儿和早期教育项目的评价。

（一）评价主体多元

儿童观察记录系统中实施评价的主体是多样的，评价主体不仅包括教师和保育人员，高宽课程也鼓励家长使用学前儿童观察记录系统对儿童进行观察和记录。另外，课程志愿者和专业辅导人员，课程监督者及其他直接与儿童相关的课程或行政人员都能完成儿童观察记录。

教师是儿童看护和发展方面的理论专家，而父母是自己孩子的专家。当父母逐渐熟悉学前儿童观察记录后，他们便能够更好地理解教师为他们孩子完成的发展档案，也更能用自己对儿童的观察对教师的观察进行补充。所以，当教师想要运用学前儿童观察记录评估儿童发展时，他们父母就能够给予恰当的支持。

在运用COR对幼儿进行评价的过程中，不仅有班级的记录，也有配套的《家长使用手册》《家庭报告》及在线记录系统。这些内容指导家长观察、了解儿童发展的全过程、注意记录相关的逸事与教师的记录结合、共同评价幼儿的发展状况。

（二）真实性评价

高宽课程模式提倡真实性的评价，他们反对用传统的测验方式、考试方式考察儿童的发展或教师的教学。他们认为传统的测验只能提供有限的信息，特别是在只有一个正确答案的情况下观察学习情况。这种方式不能显示儿童是怎样解决问题和与其他人合作的。而且，它只能反映儿童在测验情境中的情况，不能反映儿童在真实教育环境和日常生活中的行为。因此学前儿童观察记录系统强调客观观察，通过逸事记录和分析儿童的作品，在真实世界和环境中，通过前后评价的差异反映出幼儿发展变化的阶段性和连续性，以及幼儿发展的真实能力。

（三）简便有效的评估过程

高宽将"用户友好"的理念渗透在了评价的过程中。例如，高宽项目中加入了活动/逸事案例和实用的检查清单，帮助教师形成对高宽的基本理解。教师或者保育人员每天花上几分钟的时间进行简短的描述（教师根据指标有目的的记录，大大节省了盲目记录的时间）儿童行为的重大事件的逸事。他们用手写的形式或是电脑输入的形式记录笔记，并且之后按照 COR 的分类、条目和水平对其进行分类和评价。另外，对应学前儿童观察记录系统，教学人员可以考虑每天关注一个特定的 COR 类别或设定的一个领域，记录儿童日常生活中的逸事，作为支持性证据，促进幼儿的发展。

第五节　高宽课程模式的实践运用

20 世纪 80 年代以后，高宽课程模式在整个美国及其他国家的早期儿童教育方案中得到了有效运用。如今，已经有 20 个分布于北美洲、中南美洲、欧洲、非洲以及亚洲的国家和地区用这套课程为婴儿及青少年提供服务。当前我国学前教育迅速发展，我们应吸纳高宽课程模式这一优秀课程的精髓，为我国的幼儿园课程改革提供借鉴。

一、转变教育观念，以"幼儿为中心"

课程理念是引导课程开展的重要脉络。"主动学习"是贯穿于高宽课程中的核心理念。实现幼儿的"主动学习",需要教师转变教育观念。教师需要关注幼儿在操作和学习中的内在动机,强调幼儿的兴趣和"关键经验"的发展,并善于发展幼儿的兴趣爱好,在对幼儿的观察和对话中捕捉教育的灵感。

教师要尊重幼儿的个体差异性,满足不同类型幼儿的发展需要,采取灵活、多元的教育策略,真正让孩子成为活动的主体。因此,教师要在适当范围内给予幼儿最大的自主,并根据幼儿已有的经验和兴趣设计课程内容,以幼儿亲历的方式开展课程。这就需要教师具备较好的专业素质,善于发现幼儿的需求和兴趣,和幼儿一起探索和协商"学什么""怎么学",以幼儿自主建构经验的方式开展课程,充分体现教师作为引导者、支持者和合作者的角色。

我国新一轮基础教育课程改革突出了"以学生发展为本"的理念,重视学生主动参与和探究,强调"改变课程过多注重知识传授的倾向,强调形成积极主动的学习态度,使获得基础知识与基础技能的过程同时成为学会学习和形成正确价值观的过程"。① 在建构中国特色的幼儿综合发展评价系统时,也应当遵循幼儿身心发展规律和发展需要,关注主动学习的精神,并在实施评价的过程中予以践行。

二、让有准备的环境"说话"

丰富、开放的园所环境是幼儿园的隐形教育者,幼儿在与环境的相互作用中建构知识。我国大部分幼儿园的外部环境都很优美,室内外形成了许多的活动区,然而有些幼儿园将其作为摆设之物,没有理解其教育意义并充分利用。我国《幼儿园教育指导纲要(试行)》(以下简称《纲要》)总则中明确提出:幼儿园应为幼儿提供健康、丰富的生活和活动环境,满足他们多方面发展的需要,使他们在快乐的童年生活中获得有益于身心发展的经验。但《纲要》并未给实际的幼儿园教育提供创设环境的具体做法,尚需各幼儿园自行研究。高宽课程模式对材料的要求给予我们很大的启示,我们在活动区设置和材料的选择上应当在内容选择、数量和空间设置上均满足幼儿身心发展需要,符合幼儿的年龄特点与兴趣。另外,本班与各班活动之间不是独立存在或相互隔绝的,而是可以实现轮转和流动的,可以实现资源的优化配置和效用的最大发挥。同时,不同班级的幼儿有一定的交叉合作机会,这样能

---

① 教育部:《基础教育课程改革纲要(试行)》,(教基〔2001〕17 号)。

进一步激发幼儿的积极性，并能提高幼儿的社会交往能力。

三、"计划—实施—回顾"三环节促进课程有效实施

当前，我国幼儿园大多根据国家制定的教育教学目标设计课程并实施。而高宽课程模式中，一日活动的大块时间是幼儿自主地进行"计划—实施—回顾"。在"计划"环节，让孩子参与课程计划，自己成为学习的主人。教师的任务不是达成某种教学目标，而是帮助幼儿在自己感兴趣的课程中建构和发展自身的经验。在"实施"环节，幼儿主动发起的学习，并建构关于现实的知识，所以向幼儿提供丰富的材料，鼓励幼儿对材料进行操作和探索，幼儿的认知便可以得到发展。"回顾"阶段，基于前两个环节的共同经验，幼儿与教师一起回顾整个学习过程并做好记录。教师可以借助媒体设备，如相机、摄像机等，可以让孩子用自己的方式，巩固经验，同时形成对教师教育工作的有效反馈，作为进一步提升教育教学质量的重要依据。我国《幼儿园教育指导纲要（试行）》在"组织与实施"中要求：幼儿园的教育活动，是教师以多种形式有目的、有计划地引导幼儿生动、活泼和主动活动的教育过程。而高宽创造的"计划—工作—回顾"三部曲的活动形式，正是我们为幼儿提供"生动、活泼和主动活动"的有效借鉴，值得幼儿教师深入理解其中内涵，在教育实践中吸取和借鉴。

四、发展真实有效的评价工具①

作为高宽课程儿童发展的重要评价工具之一，COR 已经成为促进儿童发展、提高课程质量和提升教师专业水平的重要途径，这也是高宽课程几十年来得以不断发展、完善、推广和应用的重要原因。当前，随着党的十八大提出"办好学前教育"的新要求，我国学前教育事业已进入提升质量的关键时期，借鉴高宽课程"学前儿童观察记录系统"的有益经验，开发符合我国国情的儿童发展评价工具，必将有力提升我国学前教育的整体质量，从而更好地促进我国学前儿童的全面发展。

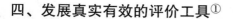

---

① 霍力岩，陈雅川，周彬：《美国学前儿童观察记录系统的评价内容、实施方法与借鉴意义》，载《中国特殊教育》，2015，第 63～67 页。

（一）坚持儿童发展与教育评价一体化

传统儿童评价工具通过简单地比较展现出儿童能够达到和需要达到的目标，如此有限的评价信息则忽视了更广义的儿童发展，诸如主动性、社会关系、协调能力和一般逻辑推理能力等，这使得早期教育出现诸多不适宜的现象。COR 基于儿童发展的全面性和整体性特点，强调对儿童发展所进行的评估应是综合性、过程性的观察记录。这样一种真实性评价，其评价过程是开放的，允许有多种答案，这样有助于评价者了解儿童得出答案的思维过程，从而树立广义的儿童学习观，反映出儿童发展的方方面面，实现儿童发展与教育评价的一体化目标。当前，对于儿童发展与教育评价的问题，我国《纲要》《指南》都给予了特别关注。其中，《纲要》中指出"全面了解幼儿的发展状况，防止片面性，尤其要避免只重知识和技能，忽略情感、社会性和实际能力的倾向"。《指南》也指出"以为幼儿后继学习和终身发展奠定良好素质基础为目标，以促进幼儿体、智、德、美各方面的协调发展为核心"。但是，在我国学前教育实践中，目前的评价多是达标测试性的，缺乏对儿童发展整体的全面评价，更难实现儿童发展和教育评价一体化。

（二）倡导课程改进与教育评价一体化

课程评价作为课程改进的重要依据，对于提高课程质量至关重要。COR 从设计之初就强调如何基于儿童的身心发展特点进行具体的课程生成和改进。评价内容指标本身就是其课程框架中关于儿童发展内容的集中体现：一方面，课程内容成为制定评价指标的重要依据；另一方面，通过持续收集儿童真实的发展信息，对评价结果进行分析转而反馈到课程，不断改进教育方案。可见，COR 不仅仅是评价儿童发展本身，还通过评价儿童发展来进行课程的改进，即通过整合课程内容、框架和评价指标体系，在评估儿童发展水平的同时，验证课程本身的内容质量，实现课程改进与教育评价的一体化。近年来，我国学前教育评价工作得到了普遍重视，很多幼儿园花费大量人力、物力和财力为每位幼儿制作资料完备的成长档案，用来对儿童发展进行评价。但是，幼儿园在评价信息和结果的分析使用上却显得轻描淡写，使得收集到的评价信息没有真正发挥促进幼儿发展的作用，更没有关注到评价工作与课程之间的紧密联系。因此，我们可以尝试借鉴儿童观察记录的实施过程，在注重对儿童逸事记录的同时，加大日常记录信息的使用效率，提高利用价值，依据日常的记录信息，科学、合理地归纳总结教学经验，为课程改进提供支撑性证据，努力实现课程改进与教育评价一体化的目标。

（三）推动教师成长与教育评价一体化

任何一种观察、记录、评价的工具，我们除了关注其投入与产出的比率、后续行动的有效性之外，也需要关注参与其中的教师成长及所投入的时间和精力等。教师在实施 COR 的过程中，每天都要将他们看到的儿童所做的事情用非常简短的语句记录下来，这只需要几分钟的时间。之后还需要将粗略的笔记转换成正式的记录，加入儿童逸事录，录入电脑或项目设立的文件系统中，这可能又会花费 20～45 分钟的时间。教师进行观察和记录的过程，正是教师认识和理解儿童学习的过程。这种研究境界直接推动着教师的专业能力提升，并以此实现教师成长与教育评价的一体化。在国内实践中，对于较为重视观察儿童行为的幼儿园来说，"观察"已逐渐成为教师一日工作的重要组成部分，与教师的工作量和绩效密切相关。但是，很多时候教师的记录仅仅停留在对流程的描述上，行为描述缺乏系统性和规范性，所做的评价仅停留在经验层面，既缺乏对现象的抽象总结，也较少提出有效指导的策略。甚至有些教师为了应付工作，使原本要进行的情境性评价变成了简短的概括性点评，使评价趋于教条化和模式化。可见，实践中的观察记录并没有真正起到评价儿童发展的作用，更没有起到促进教师成长的作用。因此，目前有必要大力推动教师成长与教育评价的一体化进程。

小结

高宽课程模式是以帮助幼儿学会主动学习为基本价值取向，以系列关键经验为主要学习内容，以计划、行动和反思的活动教学为基本组织形式，以 COR 和 PQA 为基本的评量工具，旨在让孩子们对周围的自然与社会具有高度热情和广泛兴趣的一种幼儿园课程模式。其教育哲学核心在于主动参与式学习。高宽课程对当前我国学前教育改革和发展具有重要的启示和借鉴。

关键术语

主动学习；五大领域；关键经验；计划—工作—回顾；COR；PQA。

思考题 ●●●●●●●●●

1. 简述高宽课程模式的产生背景。

2. 简述皮亚杰及其认知发展理论的儿童观及幼儿教育的新原则。

3. 高宽课程的课程内容包括哪些方面？

4. 分析"计划—实施—回顾"环节的实施过程与对幼儿发展的意义。

5. 如何运用儿童观察记录系统？

第六章

光谱方案

"光谱方案"是 20 世纪 80 年代美国公立学校改进运动中的一支重要力量，是以哈佛大学加德纳教授（Howard Gardner）的多元智力理论（The Theory of Multiple Intelligences）及塔夫茨大学（Tufts University）费尔德曼教授（David Henry Feldman）的非普遍性理论（The Theory of Nonuniversal Development）为主要理论基础的课程和评估方案。它随着多元智力理论的发展而发展，是在实践中落实多元智力理论价值的结果。在批判传统的只有一个正确答案的评估方式的同时，"光谱方案"旨在了解儿童的多种智力表现和多种学习方式，从多方面进行评估，并提倡在了解并评估每一个儿童的智力、风格和倾向性的基础上，有针对性地提供活动材料，支持儿童的个性化学习与发展。

第一节　光谱方案的形成动因与演变历程

"光谱方案"产生于 20 世纪 80 年代美国对于提升教育质量的关注，这一时期，课程观及评价观的转变在一定程度上是其产生和发展的催化剂。其在以多元智力理论和非普遍性理论为基础，在经历了探索、创立和发展三个时期后逐渐走向成熟化。

一、光谱方案的形成动因

（一）政策动因：美国提升对教育质量的关注

1983 年，美国在经济、技术、创新等方面受到欧洲各国及日本的挑战，在新的国际局势下，美国产生了危机意识。而当时美国社会也面临着学生学业成绩大幅下降的状况，为了提高教育质量并解决这一现状，美国政府公布了教育改革的纲领性文件《国家处在危险之中：教育改革势在必行》。1994 年，出台《2000 年目标》。

因此，美国对教育质量的关注及对教育质量的评估已经成为一股席卷全国的运动。在此背景下，光谱方案作为对公立学校改进运动中的一支重要力量应运而生。光谱方案认为儿童潜在或者外显的能力远远超出了传统智商测试或其他的标准化测试所能够反映的范围，主张发展更人道、更宽泛的评价方案，发现并发展儿童的强项、力争所有儿童都能够以最佳的方式取得进步。[①] 另外，光谱方案认为优秀的课程模式应该能够为儿童提供多种活动材料，支持儿童以各种方式进行主动学习，教师应该发现并发展儿童的优势领域，使所有儿童都能够以最适宜的方式实现发展。正是因为光谱方案的理论蕴含着提升教育质量的潜在可能性，才使得光谱方案在实践中获得成功，受到美国政府的认可和推行。

（二）教育动因：课程标准化和评价现代化的趋势

1. 课程标准化的教育倾向

在政策文件的影响下，公共教育的质量已引起了人们广泛的关注。其中有一个特别强烈的呼吁——要求课程标准化，即要求课程集中于当今社会所需要的基本技能。课程标准化要求重新认识基本技能的重要性，强调基础技能和和基本课程一样是学校教育的基本目标。但光谱方案认为人们可以通过多种途径参与社会生产或做有价值的事情，虽然学校有必要保证每个儿童都能掌握社会需要的基本技能，但发现每个儿童能为社会发挥什么样的独特作用具有同等的重要性。[②] 因此，提高教育质量在关注儿童基本技能，强调基本目标的同时，也应该认识到儿童特殊领域的智能同样是发展中不可忽视的重要内容。

2. 评价观的转变

另外，长期以来，智力测验因其存在的文化偏见受到很多人的批评，被测者必须掌握一定的词汇、组词，并熟悉主流文化习俗。另外，智力测验脱离儿童生活的真实情境后，无法测试出个体解决问题的诸多特征——如决断、想象、领导、社会

---

① 霍力岩，赵清梅著：《多元智能评价的理论和实践》，北京：教育科学出版社，2010，第159页。

② 陈杰琦，玛拉·克瑞克维斯基，朱莉·维恩斯编：《多元智能的理论与实践：让每个儿童在自己强项的基础上发展》，方均君译，北京：北京师范大学出版社，2004，第2页。

理解等能力。与标准化测验的评价观不同，光谱方案的目的是开发出一套与幼儿学习观相适应的评估工具，它承认幼儿在这段智力迅速发展的时期表现出来的特殊能力。而这些往往为传统的评估工具所忽略，特别是那些成长在贫困家庭或非主流环境中的儿童，他们往往会受到标准化测试的负面影响，因此这种新的评估方法对于他们来说极为重要①。

总之，不论是课程的标准化还是评价的现代化，都体现了光谱课程对儿童发展的适宜性。通过光谱课程的推动，美国的教育质量有了很大的提升和发展，越来越多的人信任并推广光谱课程。

（三）理论动因：多元智力理论和非普遍性理论的出现

光谱方案被耶鲁大学著名的心理学家斯腾伯格（Sternberg，R. J.）誉为"全世界教育中等待已久的杰出研究"。一方面它揭示了儿童不同于他人的能力和个性化的学习方式；另一方面为教师在更广阔的领域中发现儿童多样化的智能结构，发展潜能和兴趣奠定了全新的智能观。它源于哈佛大学心理学家加德纳的多元智力理论和塔夫茨大学心理学家费尔德曼（Feldman，D.）的认知发展的非普遍性理论。② 多元智力理论对光谱方案的理论支持集中体现在其对智力的新理解与新阐释方面。在多元智力的框架内，智力并不简单地意味着 IQ 分数，而是展示一个人"在哪些方面如何聪明"。多元智力理论也以其富有创新意义的智力结构直接构成了光谱方案的重要理论支持。③ 而非普遍性理论主要强调智力发展的动态过程，把儿童放在更广泛的理论框架中探讨，形成对个体认知新的理解。通过确认儿童在并不是人人都能掌握的领域上有不同寻常的兴趣和能力，提供多种机会让儿童实现发展的潜能，个体是具有独特倾向性（在非普遍性领域）的个体。多元智力理论和非普遍性理论提出的全新的智力观、评价观为光谱方案提供了一个观察儿童、评价儿童、促进儿童发展的全新视角。

① 陈杰琦，玛拉·克瑞克维斯基，朱莉·维恩斯编：《多元智能的理论与实践：让每个儿童在自己强项的基础上发展》，方均君译，北京：北京师范大学出版社，2004，第 6 页。

② 朱家雄：《超越儿童认知发展的普遍性——从"光谱方案"看当今学前教育发展的新动向》，载《学前教育研究》，2002（5）。

③ 霍力岩，莎莉等：《重新审视多元智力——理论与实践的再思考》，北京：北京师范大学出版社，2007，第 258 页。

另外，美国多元文化的教育运动也为多元智力理论的产生起了推波助澜的作用，美国 20 世纪 60 年代的种族复兴运动通过主流运动提倡主流文化形成共享文化的同时，要实施多元文化。基于此背景，光谱方案逐渐发展、壮大。

二、光谱方案的演变历程

光谱方案作为多元智力理论在实践中的一种课程方案，共经历了以下三个阶段。[①]

（一）探索阶段：设计光谱评估框架

1984—1988 年，光谱课程开始实施，其目标在于发展一种新的、能在更广范围内真实反映学前儿童认知能力的评估方法的框架。光谱小组在斯宾塞基金会的支持下，设计了一系列用于评价儿童的活动，主要在儿童使用适合某领域的工具和材料进行游戏和完成任务的时候进行评价。这些活动并不要求儿童使用书面语言，而是让孩子们使用"本行业"（该领域）的工具，因此与传统的以单一工具——纸笔测验来评价儿童相比，这种在活动中进行评价的方式显得更为人道和公平[②]。探索阶段的光谱方案不仅是一种课程模式，更是与理论密切结合的、促进幼儿多种多样认知能力发展的方法探索。

（二）创立阶段：完善光谱评估方案

1989 年是光谱方案的第二个发展阶段。这一年，光谱方案的研究人员在格兰特基金会的资助下开始着手改进光谱方案。主要检验这些评价技巧是否同样适用于那些因为学校学习失败而成为边缘人群的年龄较大一些的孩子们[③]（幼儿园和小学一年级），这些儿童通常就读于公立学校，英语为非母语，通过教师对这些幼儿的观察，以及标准化的读、写、算测验来发现幼儿是否处于边缘，并基于研究来找到幼儿认知发展的相对优势。这一时期的工作主要包括对最初的评价活动进行修订，构建新的领域活动内容；设计区域活动，帮助幼儿发展八大领域的关键能力。

————————————

① Krechevsky, M. . *Project Spectrum*：*Preschool Assesment Handbook*，New York：Teachers College Press，1998，p. 1.

② 霍力岩，莎莉等：《重新审视多元智力——理论与实践的再思考》，北京：北京师范大学出版社，2007，第 256 页。

③ 同上书，第 257 页。

（三）发展阶段：验证光谱方案的有效性

1990—1993 年是光谱方案的第三个发展阶段。1990 年，该方案再次接受格兰特基金会的支持，将研究焦点汇聚在波士顿地区的工人社区，在那里选取了不同学校的四个班级开展"学习中心方案"研究。该方案的目标是揭示光谱方案中的方法是否适用于学前教育的情境并有助于提高儿童的学业成就和改善学校教育的质量。同时，为了让儿童有机会和成人一起工作以便分享成人的兴趣与强项，研究人员还建构了导师制课程[①]。

在近十年的时间里，光谱方案显示出它广泛且有影响力的应用价值。因此，我们相信对光谱方案最好的理解是："它不是一个刻板的课程，更不仅仅是代表一系列的活动。它是一种根植于理论的方法，这种方法强调的是发现和培养儿童多种多样认知能力的重要性。"[②] 这种方法的应用为教师的教和儿童的学带来了重要的变化。

第二节 光谱方案的理论基础

"光谱方案"的理论基础有两个：一是加德纳（H. Gardner）的多元智力理论；二是费尔德曼（D. Feldman）的非普遍性理论。多元智力理论对光谱方案的理论支持集中体现在其对智力的新理解与新阐释方面。非普遍性理论主要强调智力发展的动态过程，把儿童放在更广泛的理论框架中探讨，形成对个体认知新的理解。

一、多元智力理论

美国哈佛大学教授、发展心理学家加德纳（Howard Gardner）的多元智力理论是光谱方案的理论基础之一，该理论为我们如何看待智力提供了一个全新的视角。

---

① 霍力岩，莎莉等：《重新审视多元智力——理论与实践的再思考》，北京：北京师范大学出版社，2007，第 257 页。

② 同上书，第 160 页。

（一）多元智力理论的产生背景与主要依据

1. 多元智力理论产生背景

第二次世界大战之后的美国教育，一直处于不断的变革之中。因为从颁布《国防教育法》起，美国的教育改革一直以提高教育质量为中心，美国社会形成追求优质教育的改革氛围，同时美国多元文化教育运动的发展也为美国教育改革提供了新的思路。在这样的社会背景下，传统智力测验的局限性日益凸显，单一的智力观已经无法满足教育质量提升的需求，加德纳由此在对正常和天才儿童以及那些大脑受损成人进行多年研究的基础上，重点研究了人的潜能及其发展，在此基础上提出了多元智力理论。

2. 多元智力理论的主要依据

在确定某一种能力是否可以成为多元智力框架中的一种相对独立的智力时，加德纳确立了一个"智力选择依据系统"，他考察了大量的资料，即关于神童、天才个体、脑损伤病人、有特殊技能而心智不健全者、正常儿童、正常成人、不同领域的专家及各种不同文化下的个体的研究，利用了来自生物进化论、人类学、发展和认知心理学、神经心理学、心理测量学等多领域的知识，来确定某种能力可否成为加德纳多元智力中的一种。

（1）对大脑损伤病人的研究

加德纳曾经指出："从大脑损伤会使特定能力被单独地摧毁这个意义上来说，某种特定能力相对于其他能力的相对独立性便可以清楚地表现出来了。""事实确如加德纳所说，大脑生理学的研究表明，大脑皮层中有与多种不同智力相对应的专门的生理区域来负责不同的智力"[1]，"如果大脑皮层的某一特定区域受到伤害的话，某种特定的智力就会消失，但这种特定能力的消失对其他的各种智力没有影响，也就是说，某种智力消失了，其他智力还能够继续正常发挥其各种功能[2]"，加德纳根据智力理论及神经生理学和神经心理学对大脑损伤病人的研究确定每位幼儿都具有多元的、独立的多种智力。

---

[1] 霍力岩：《加德纳的多元智能理论及其主要依据探析》，《比较教育研究》，2000（3）。
[2] 同上。

（2）对特殊儿童的研究

古今中外"神童"和"白痴奇才"的存在为加德纳的多元智力理论提供了另一个重要依据，它从现实的角度证明了个体身上确实存在着相对独立的多种不同智力。这些"神童"或"白痴奇才"在某一方面存在着"早慧"或"超出常人"的智能，可见每一个个体都存在着多种智力，而每一种智力都有发展的不平衡现象。

（3）对智力类型和符号系统关系的研究

对智力类型和符号系统关系的研究可以使我们清楚地看到，每一个个体都存在着多种智力，而每一种智力都与一种特定的符号类型相对应。在加德纳看来，许多人类知识的体现与交流都是通过符号来进行的，而符号就是在文化方面设计出来的含义系统。"智力并不是抽象之物，而是实在之物，是一个靠符号系统支持和反映出来的实在之物，而多元智力中的每一种智力都是通过一种或几种特定符号系统的支持反映出来的。"① 因此，每种智力都有解决问题的特点，不同智力领域的符号具有相对独立性。

（4）对某种能力迁移性的研究

"根据加德纳的研究，7 种智力之间的相关性是很低的，不仅在一般情境下某种智力的优势和特点难以有效地迁移到另一种智力之中，而且即便是在不断的教育训练之后，某种智力的优势和特点仍然难以有效地迁移到另一种智力之中"。② 研究表明，不同智力之间的优势无法迁移到其他领域中，就如我们经常希望自己的语文成绩迁移到数学成绩上一样，但是事实上不同领域的特点决定了多元智力中的每一种智力都是独立的。

（5）对某种能力独特演变历程的研究

对各种能力发生、发展规律的研究可以使我们清楚地看到，多元智力中每一种智力的发展曲线和发展规律都是不一样的。每一种智力的"高原期"和"发展期"也不同，比如说音乐—节奏智力，在幼儿出生一年后，幼儿对节奏感强的音乐就可以表现出自己的理解（用自己的动作诠释音乐节奏），而言语—语言能力的发展却在幼儿出生 2 年后才有快速的发展。加德纳提出的 8 种智力发展的时间和速度不同，每种智力的发展都存在不平衡性。

---

① 霍力岩：《加德纳的多元智能理论及其主要依据探析》，《比较教育研究》，2000（3）。
② 同上。

（6）对多种智力学说的研究

在关于智力性质和结构的研究中，心理学家形成了"单因素理论"和"多因素理论"两种学说，随着研究的深入，越来越多的心理学家逐渐认识到单因素理论的局限性，并提出了"多因素理论"，认为智力是多元的，如美国心理学家斯腾伯格（R. J. Sternberg）提出了智力的三元理论；瑟斯顿（L. L. Turstone）提出了群因素理论，认为智力可分为计算、语词理解、记忆、推理、空间知觉和知觉速度。吉尔福特（J. P. Guilford）提出了智力三维结构模型说，分别从操作、产物、内容三个维度来说，智力有 150 个智力因素。此外，美国心理学家塞西（S. J. Ceei）提出了智力的领域具有独特性的理论，认为每个领域、不同职业的人在智力方面存在差异。尽管这些智力理论与多元智力理论存在差异。但是加德纳在对多种智力的研究中找到了对自己多元智力理论的支持，即智力不是一种能力，而是多元的能力。

（7）对不同智力领域需要不同神经机制或操作系统的研究

通过对不同智力领域与某种神经机制或操作系统关系的研究可以使我们清楚地看到，每一个个体的多种智力都有着与其相对应的神经机制或操作系统。这种机制或系统由遗传所编定，而由某种内在或外在的信息激发或"引发"出来。而不同的智力领域需要不同的神经机制或操作系统。在加德纳看来，尽管上述研究成果对各种智力中"最核心部分"的确定目前还只是"猜测"，但是基于研究和经验的"猜测"是十分重要的[①]。

（8）对环境和教育影响的研究

对环境和教育影响的研究发现，智力的文化性和多元性是不同社会文化背景下智力表现的重要特征。"尽管各种社会文化环境和教育条件下的人们身上都存在着多种智力，但不同社会文化环境和教育条件下人们智力发展的方向和程度有着鲜明的区别，智力的发展方向和程度受到了环境和教育的极大影响。"[②] 总而言之，智力发展在很大程度上受到环境和教育的影响，同时环境和教育还影响人自身的思维方式和特点。目前我们对幼儿书面语言和逻辑运算能力发展的培养，就是通过外在环境因素的影响和学校的教育施行的。

---

① 霍力岩：《加德纳的多元智能理论及其主要依据探析》，《比较教育研究》，2000（3）。
② 同上。

（二）多元智力理论的基本结构与主要含义

1. 基本结构

多元智力理论认为，智力即指"个体用以解决问题和生产及创造有效产品的能力"。因此多元智力强调的一组能力，其结构是多元的，主要由 7 种智力因素构成，加德纳认为这 7 种智力因素分别为[①]：

（1）言语—语言智力（Verbal-linguistic Intelligence）

"言语—语言智力主要是指听、说、读、写的能力，表现为个人能够顺利而高效地利用语言描述事件、表达思想并与人交流的能力，这种智力的核心要素有 4 个，即音韵（phonology）、句法（syntax）、语义（semantics）、语言的实际运用（pragmatics）。"其中音韵是强调字词的发音；句法指的是句子结构，而语义指的是对字、词含义的理解；实际运用是在实际中运用语言的能力。多元智力理论认为，幼儿言语—语言能力的获取是以听觉系统为媒介，所以教师与家长需要帮助幼儿学会倾听与表达。

（2）音乐—节奏智力（Musical-rhythmic Intelligence）

"音乐—节奏智力主要是指感受、辨别、记忆、改变和表达音乐的能力，表现为个人对音乐包括节奏、音调、音色和旋律的敏感以及通过作曲、演奏和歌唱等表达音乐的能力。"另外，多元智力理论还认为该种智力的核心要素有两个：一是对基本音素的敏感；二是对环境中的音乐刺激反应灵敏。多元智力理论认为，音乐—节奏可以促进幼儿对学习的内容产生热情与兴趣，教师应该用音乐—节奏活跃气氛，吸引幼儿的注意。

（3）逻辑—数理智力（Logical-mathematical Intelligence）

"这种智力主要是指运算和推理的能力，表现为对事物间各种关系如类比、对比、因果和逻辑等关系的敏感以及通过数理运算和逻辑推理等进行思维，这种智力的核心要素有五个：分别是分门别类、感知并理解图形、进行系统推理、进行抽象推理和进行深入连续推理"，逻辑—数理智力需要个体能够进行归纳推理和演绎推理。

（4）视觉—空间智力（Visual-spatial Intelligence）

"这种智力主要是指感受、辨别、记忆、改变物体的空间关系并借此表达思想

① 霍力岩：《多元智能课程述评》，《比较教育研究》，2001（4）。

和情感的能力，表现为对线条、形状、结构、色彩和空间关系的敏感，以及通过平面图形和立体造型将它们表现出来，这种智力要素的核心有三个：其一，准确感知物体的能力；其二，通过想象物体的旋转在空间操作物体或从另外的角度描述物体的能力；其三，个体的感知通过平面或呈立体的形式表现出来的能力。"多元智力理论认为，每个人都具备这种能力，教师需要创设环境培养幼儿的观察力、注意力等能力。

（5）身体—动觉智力（Bodily-kinesthetic Intelligence）

这种智力主要是指运用四肢和躯干的能力，表现为能够较好地控制自己的身体、对事件能够做出恰当的身体反应及善于利用身体语言来表达自己的思想和情感的能力。

（6）自知—自省智力（Intrapersonal Intelligence）

"这种智力主要是指认识、洞察和反省自身的能力，表现为能够正确地意识和评价自身的情绪、动机、欲望、个性、意志，并在正确的自我意识和自我评价的基础上形成自尊、自律和自制等品质。这种智力的核心要素有三个：其一，意识到自己的心理活动及其原因；其二，理解他人的思想、情绪和情感；其三，依据对自己的认识和对他人的理解指导自己的行为"，多元智力认为，这种智力能够促进幼儿对学习活动产生兴趣、自信、能够为幼儿带来愉快的体验，从而有效地促进幼儿学习活动的开展。

（7）交往—交流智力（Interpersonal Intelligence）

"这种智力主要是指与人相处和交往的能力，表现为觉察、体验他人情绪、情感和意图并据此做出适宜反应的能力。这种智力的核心要素有三个：一是辨别他人的情绪、情感和意图的能力；二是以恰当的方式对他人的语言或行为做出反应的能力；三是说服他人、影响他人或推动他人做事的能力"。多元智力理论认为只有在共同的学习中才能具备倾听、协商、合作等能力，所以幼儿教师需要为幼儿创设可以沟通的环境，促进幼儿交往—交流智力的发展。

在这 7 种智力因素的基础上，加德纳在 1995 年又提出了自然智力（Naturalist Intelligence），即个体辨别环境（包括自然环境和人际环境）的特征并加以分类和利用的能力。例如，能敏锐察觉相似物体之间细微差异的人就具备充分的自然智力。1999 年，加德纳在《智力的重建：21 世纪的多元智力》（*Intelligence Reframed*）一书中提出可能还存在新的智力因素（如存在智力、精神智力等），同时扩大了智力的范围和概念，但这并不是说智力的概念应该包括个体的每一种能力，而可能是一种具有典型意义的智力因素。

2. 主要含义

通过对加德纳多元智力理论的分析研究，我们认为该理论的主要含义有以下几个方面。

（1）每一个个体的智力都具有自己的特点和独特的表现形式

在加德纳的多元智力理论看来，个体同时拥有相对独立的 8 种智力，而这 8 种智力在每个人身上以不同方式、不同程度的组合呈现，使得每个人的智力结构各具特点；另外，同一种智力也有着不同的表现形式。就个体自身而言，或许在该领域表现突出，而在其他领域表现不尽如人意；就不同个体比较而言，可能在其他人表现不尽如人意的领域表现突出，反之亦然。因此，加德纳的多元智力理论为我们提供了看待"聪明"问题和"成功"问题的全新视角，我们不能说谁更聪明、谁最成功，我们只能说他们各自在哪个方面聪明、在哪个方面成功，以及他们各自怎样聪明、怎样成功。

（2）智力是个体解决实际问题的能力和生产及创造出社会需要的有效产品的能力

加德纳指出，传统的智力测验也许对儿童的在校学习成绩能够进行较好的评估和预测，但很难全面评估和预测儿童在学校以外的表现和其他领域的发展。加德纳解释说：不少在校学习成绩"优秀"的儿童进入社会后一无所成，而不少在校学习成绩一般的儿童甚至是调皮捣蛋的"差生"却能于离校后在某一领域或行业创出佳绩就是很好的证明。以加德纳的多元智力理论为代表的现代智力理论的提出不仅使解决实际问题所必需的言语—语言智力和逻辑—数理智力之外，其他 6 种智力被"名正言顺"地摆进了智力的神圣殿堂，而且作为人类进步最重要推动力量的创造能力被提到了一个应有的高度。

（3）个体智力的发展方向和发展程度受环境和教育的影响及制约

在加德纳的多元智力理论看来，个体智力的发展方向和程度受到社会文化环境和教育条件的极大影响甚至制约。尽管各种社会文化环境和教育条件下个体具备 8 种智力，但不同社会文化环境和教育条件下人们智力发展的方向和程度有着鲜明的区别。

（4）智力是多维的能力

加德纳认为，承认智力是由同样重要的多种能力而不是由一两种核心能力构成，承认各种智力是多维度地、相对独立地表现出来而不是以整合的方式表现出来，应该是多元智力理论的本质之所在。他指出个体到底具有多少种智力是可以商榷和改变的，随着支持或不支持某一智力的科学研究成果的出现，我们掌握的证据可能会使现有的 8 种智力增加或减少。

二、非普遍性理论

非普遍性理论是光谱方案形成和发展的另一重要理论基础。如果说多元智力理论强调的是个体智力的多样性，那么非普遍性理论注重的则是个体智力发展的独特性，两者在横向和纵向上动态地展现了个体智力网络的基本框架。

（一）产生背景

非普遍性理论是费尔德曼在 1980 年《超越普遍性的认知发展》（*Beyond Universals in Cognitive Development*）一书中提出的新的关于人的发展的理论。传统的发展心理学是以皮亚杰为代表的日内瓦学派为核心的，认知发展阶段理论强调：所有个体——无论是什么样的背景，只要在正常的环境下生长，就必然会经过几个相同的发展阶段。[1] 这样的发展理论只关注个体发展的普遍性问题，在全面提升教育质量的时代要求下逐渐表现出内在局限性。费尔德曼由此认为"人在很多领域的发展过程既不会是每个人都必须经历的，也不会脱离激发这些活动的具体情境而产生"。[2]因此，非普遍性理论认为个体的发展不仅仅包括普遍性的发展，同时还包括并非每个人都能经历的，由环境和教育导致的发展，即个体自身的努力、外在的支持——通过教育才得以发生的变化也包括在内。

---

[1] Jie-Qi Chen, et al. . *Building on Children's Strengths：The Experience of Project Spectrum*, New York：Teacher College Press, 1998, p. 10.

[2] Feldman, D. H. . *Beyond Universals in Cognitive Development. Norwood*, New Jersey：Ablex Publishing College Press, 1980, p. 10.

（二）基本内容

1. 从普遍性领域向非普遍性领域的能力发展序列

非普遍性是相对于普遍性而言的，儿童的发展也是从普遍性向非普遍性过渡的过程，其顺序如下：普遍性的（Universal）——泛文化的（Pancultural）——文化的（Cultural）——学科性的（Discipline-based）——个人的（Idiosyncratic）——唯一的（Unique）。个体从普遍性能力发展到唯一性能力即是个体发展的序列和过程。个体发展过程中的各种能力存在差异，具体如下。

（1）普遍性能力：每个人都具备的能力，即个体内在的、不需要外在支持的发展能力。是人类自身内在的发展潜力，体现了人类与生俱来的发展的可能性和发展顺序。

（2）泛文化的能力：在一定的社会文化中所有个体都能够自然得到发展的能力，人类的语言能力就是最典型的泛文化能力。任何一种文化环境下都会形成不同形式的语言、艺术等，只要生活在这样的文化环境下，个体必然能形成泛文化的能力。

（3）文化的能力：在一定的社会文化中，通过系统、正规的教育训练和个体自身的努力，所有个体都能达到一定水平的能力。个体通过系统的学校教育学得的基本知识体系和基本技能体系（如基本的读、写、算）。同时，不同社会文化背景下对不同领域的能力的要求也存在差异。

（4）学科性的能力：在一定的社会文化中，通过系统、正规的教育训练和个体自身的努力，部分个体可以达到一定水平的能力。个体在接受教育后获得的各个学科领域（如物理、生物、地理等）的能力就属于学科性的能力。

（5）个人专长：在一定的社会文化中，通过系统、正规的教育训练和个体自身的努力，少数个体可以达到一定水平的能力，如在化学领域中，个体在无机化学、有机化学等专门领域中的能力。

（6）唯一性能力：在一定的社会文化中，极少数个体对某一学科当前界限的突破即对该学科最前沿的突破。个体在该领域取得了开创性的成果，将该领域推向了新的高度，取得重大成就的能力。

2. 认知发展的转换机制

费尔德曼认为个体发展是上述六个阶段能力发展的过程，从这个发展序列中我

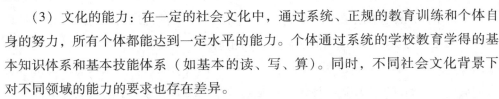

们可以看到个体的发展是在一定的社会文化背景中、是个体与社会文化及教育共同建构的过程。那么，在这六个阶段中，是什么力量在推动个体从普遍性的能力向非普遍性的能力转变？每个阶段之间是如何转换的？因此，六个阶段之间的转换机制成为费尔德曼非普遍性理论研究的又一重要内容。费尔德曼认为，从一个阶段向下一个阶段发展的过程不仅仅是简单的平衡与不平衡相互交错实现的过程，同时还是扩展和巩固的过程。扩展（elaboration）的过程是新技能运用到其他场合的过程。当幼儿学习一项新技能之后，扩展就开始了，当新技能成为儿童解决某类问题常用的方法时，个体就达到了一个新的发展水平。巩固（consolidation）是指强化原有的技能，使其成为个体通常采用的活动方式。当个体在新场合、新情境中出现新问题，新问题则需要更高级的技能来解决，这时巩固过程结束而扩展过程顺序展开。

个体在扩展和巩固的过程中实现了智力发展，而这样的过程需要持续和系统的教育给予最大的支持。

光谱方案以加德纳教授的多元智力理论和费尔德曼的非普遍性理论为其理论基础并非偶然。① 二者有很多共通之处：其一，二者都认识到了个体认知发展的差异性，承认个体认知发展存在独特的倾向性；其二，二者都认识到了生理基础上的倾向性与文化中的学习机会之间的互动性，都相信人类文化不仅影响，同时还积极地建构着个体发展的方向和程度；其三，二者都主张认知能力是分领域的，文化和教育创造了个体的发展，因此个体的认知能力只有在接触了来自不同领域的材料和信息之后才能得到充分的发展和评价；其四，二者都坚持认为认知发展的最高层次是实践能力和创造能力，是创造性解决问题和生产有效产品的能力。

另外，两个理论之间也存在相当的互补性。多元智力理论擅长于静态和宏观地描述智力，而非普遍性理论则通过对认知发展转换机制的研究，动态地展示了从普遍性领域到个人独特性的演变历程，从而使教育应用既有一个概念的框架，又有具体的指导。正是有了这样的理论基础，光谱方案向我们诠释了一个全新的设计思路：尊重差异—追求平等—倡导合作—重视实践与创造。

---

① 霍力岩，莎莉等：《重新审视多元智力——理论与实践的再思考》，北京：北京师范大学出版社，2007，第259~260页。

第三节　光谱方案的理念、目标、内容、实施与评价

一、课程理念：每一个儿童的能力如同智慧的光谱

幼儿的智力和倾向性有很多种，幼儿独特的智力结构和学习方式就像多彩光谱一样。光谱方案传递的理念是："每一位儿童所展现的能力剖面各具特色，如同智慧的光谱。智慧的力量并不是固定的，通过教育的机会和一个引人入胜的材料和活动的环境，可以激发并增加它的力量。一旦儿童的强项被发现，教师就可以利用这些信息设计一个更有针对性、更个性化的教育方案。"①

基于这样一种基本理念，光谱方案主张发展一种更为人道、宽泛的评价方案和课程——尊重差异，给儿童提供满足各种领域发展的活动环境，支持儿童以各种方式开展学习；追求平等，多角度发现儿童的强项；倡导合作，有针对性地发展儿童的强项；重视实践和创造，通过各领域内容的迁移、学习方式的迁移及关键要素的迁移力争使所有儿童都能够以最佳的方式取得进步。② 光谱方案帮助幼儿认识自己的兴趣与强项，为幼儿提供展现自身强项的机会，帮助幼儿在实践中认真对自己成长承担责任。

二、课程目标：发展儿童强项，以最佳的方式促进幼儿取得全面进步

光谱方案力图让学业成绩一般的学生和课业表现优异的孩子一样，有被肯定的机会③。本着尊重差异的原则，光谱方案的研究人员普遍承认儿童具有独特的智力结构和特殊领域的发展倾向，而教育的实质目的就是提供不同的机会以实现个人潜能的发现和发展。

---

① 霍力岩等：《多元智力理论与多元智力课程研究》，北京：教育科学出版社，2003，第45页。
② 霍力岩，莎莉等：《重新审视多元智力——理论与实践的再思考》，北京：北京师范大学出版社，2007，第256页。
③ Jie-Qi Chen，Emily Isberg，Mara Krechevsky 合编：《光谱计划——幼小阶段学习活动》，朱瑛译，台湾：心理出版社，2002，第8页。

（一）多角度地挖掘儿童的强项

光谱方案坚信每个孩子都是有价值的、平等的，无论从整个班级的角度，还是从儿童自身的智力组合或非普遍性领域的发展来看，每一个儿童都有其相对的强项。因此，在追求平等的原则下，多角度地发展、挖掘儿童的强项是光谱方案设计思路中的又一重要目标。如何多角度地挖掘儿童的优势智力？首先，研究人员在实验的基础上提出对应于每个活动领域的 8 种关键能力，即儿童在每个知识领域成功地完成任务所需要的基本能力和认知技能。光谱方案对关键能力的界定，一方面为教师和儿童提供了能够激发各种关键能力的活动材料；另一方面，教师可以以活动中的关键能力为指南，观察儿童在不同领域的强项或弱项，这样对儿童优势的评价就不再停留在泛泛而谈的层次上，而更容易做到言之有物。① 另外，光谱方案还注重各领域之间的"搭桥"，希望幼儿的优势领域能够弥补弱势领域，最终以优势智力带动儿童全方位的发展。

（二）有针对性地发展儿童强项

多元智力理论和非普遍性发展理论最核心的是：教师可以设计出与学生认知特点相适应的教育活动，教育应当努力为所有学生提供让个人的潜能得到最大限度发挥的学习机会。另外，为了让儿童在合作中承认他人的价值，同时也形成自我认同感和成就感，光谱方案的一个策略就是让儿童担任其强项领域活动的领导，同时，让儿童轮流扮演领导角色，扩大了儿童之间的交流合作。②

1. 培养儿童的专长

光谱方案首先是发现并培养儿童的专长及优势潜能，使儿童体验到成功与自信，并持续形成这样的自我体验。一旦发现了孩子的专长和优势领域，教师便可提供支持，促进并发展该项潜能。另外，教师和家长可以从两个方面对儿童的优势领域和潜能进行发掘培养，对儿童的专长培养形成有力的环境保障。

---

① 霍力岩，莎莉等：《重新审视多元智力——理论与实践的再思考》，北京：北京师范大学出版社，2007，第 263 页。
② 同上书，第 264 页。

2. 拓展儿童的专长

光谱方案强调应将孩子的成功经验扩展到更广阔的学习范畴中。在幼小阶段扩展孩子的专长有许多方法，包括：①引导孩子发现能够吸引他的世界，从中享受学习的乐趣，得到自我肯定；②孩子对于喜爱的学习活动所表现出的态度能帮助他投入较有挑战性的学习项目；③将孩子所擅长的活动内容延伸到其他领域，特别是学习课程所要求的技能；④在某方面的基本能力可以应用在其他领域①。光谱方案帮助幼儿在喜欢的领域做内容延伸，扩大幼儿的学习范畴，帮助幼儿在各个领域的全面发展。

（三）多维度地构建"搭桥"方案

光谱方案通过把解决问题的实践技能和创造有效产品的能力嵌入到儿童认为有意义和感兴趣的情境之中，力求多维度地为每一个儿童构建"搭桥方案"，从而使儿童得到全面发展。具体来讲，这种搭桥可以通过多种方式展开，包括迁移学习内容实现搭桥，包括迁移工作风格实现搭桥，也包括迁移关键能力实现搭桥等。② 教师必须在搭桥的过程中扮演积极的角色，光谱方案的经验显示：仅仅提供吸引儿童参加活动的材料和问题并不会自动地发展儿童的技能，儿童的强项也不会自动地迁移到其他领域。因而教师就必须向儿童充分展示工具和其他材料的使用方法，并通过提问的方式来帮助儿童对他们的工作进行反思。③ 因此教师一方面要帮助幼儿实现每个领域内的认知结构的根本性转变、某领域内不同阶段的过渡，从而为实现这样的转变"搭桥"；另一方面要为帮助儿童从某一领域向其他领域的迁移提供基础，将熟练掌握的学习内容和技能迁移到其他领域中，模糊领域间的差异性，实现跨领域"搭桥"。

光谱方案正是在以上的目的下形成的一个独树一帜的早期学习活动方案，它并非要提供一个一年的课程计划或一个深入复杂的关于多个领域的知识系统，而是要

①　Jie-Qi Chen，Emily Isberg，Mara Krechevsky 合编：《光谱计划——幼小阶段学习活动》，朱瑛译，台湾：心理出版社，2002，第 13 页。

②　霍力岩等：《多元智力理论与多元智力课程研究》，北京：教育科学出版社，2003，第 51～53 页。

③　霍力岩，莎莉等：《重新审视多元智力——理论与实践的再思考》，北京：北京师范大学出版社，2007，第 265 页。

为教师提供一些开展各类活动的范例，正是通过这些活动，教师得以重新认识儿童，而孩子们的强项也由此得以更好地挖掘与发展。

三、课程内容：光谱活动与关键能力

（一）光谱活动

在真实的活动情境中评估是光谱方案区别于标准化测验的重要特征。事实上，各种光谱活动是为光谱评估而设计的，其目的在于提供一种真实的评估情境，全面而切实地了解儿童。光谱评估包括 8 种智力领域共 16 个评估活动，另外还包括儿童在解决具体问题时反映出的工作风格。具体如下。

表 6-1　光谱活动的 8 个智力领域

领域	内容	活动
运动	创造性：主要是舞蹈和创造性运动方面的能力，如节奏感、表现力、身体控制能力、提出自己的想法、对音乐的反应性	两周一次的运动课
	体能发展：力量、速度、灵敏性、平衡	障碍跑
语言	创造性叙述：叙述结构的性质、主题的凝聚性、描述语气的使用、对话的使用、临时性标记的使用、表现能力、词汇水平、句子结构	故事板活动
	描述性叙述：内容的准确性、结构/主题意识、词汇的复杂性/细节水平、句子结构	报告者活动
数学	数数/策略：对数字概念的理解、数数的能力、坚持原则的能力、策略的运用乃至对符号意义的理解以及把符号转换成行动的能力	恐龙游戏
	计算/数字系统：儿童心算的能力以及进行相关记录的能力	公共汽车游戏
科学	博物学家：密切观察、发现相同和相异之处、形成假设、试验、对自然世界有兴趣、有认识。	发现区
	逻辑推理：逻辑推理能力	寻宝藏游戏
	假设—验证游戏：仔细观察能力、发现各个变量之间的关系（如重量与沉浮的关系）的能力以及通过简单实验形成和验证假设的能力	沉浮活动
	机械：部分/整体、问题解决、关注细节、精细动作	组装活动

领域	内容	活动
社会理解力	社会分析：观察、反省、分析社会现实和自己在班上的经历的能力	班级模型
	社会角色：给儿童一展示机会来反思和表达自己的情感，建议可能的解决方法	同伴互动列表
视觉艺术	正确观察外部世界；对组成部分、平衡及其他与空间表现有关的方面敏感；以图形来表现某种空间关系 具体考察象征能力（基本形状）、探索程度（颜色的运用）、艺术性水平	艺术文件夹：包括自由探索的成果以及教师布置的作业
音乐	音乐创作：引发儿童创作的能力	唱歌活动
	音乐感知：音乐辨别能力	辨音游戏、找错、敲一敲和配对、听一听和配对
工作风格	反映儿童在活动过程中对不同领域的任务和材料的不同解决和处理方式	工作风格列表

（二）关键能力

根据 16 个评估标准，光谱方案延伸出 8 套关键能力，教师根据这些关键技能来建构各种活动材料。这些关键能力具体如下（应特别注意的是，自然科学领域与机械和建构领域同属于科学领域）。

表 6-2　光谱方案的 8 套关键能力

领域	关键能力
运动	身体控制；对节奏的敏感；表现力；产生运动的想法；对音乐的反应
语言	自己创编叙述故事；描写性的语言/报道；诗意的运用语言和双关语
数学	数字推理；空间推理；解决逻辑问题能力
机械和建构	理解因果和功能联系；视觉空间能力；利用机械物体来解决问题；精细动作能力
自然科学	观察技能；对相似点和不同点的辨别能力；根据信息做出假设和进行实验；对自然科学知识和科学现象的兴趣
视觉艺术	视觉知觉；视觉艺术创造
音乐	音乐感悟力；音乐制造力；音乐创造力
社会理解	理解自己；理解他人；担任不同的社会角色

147

四、课程实施：提供具体可操作的领域活动

光谱方案在 8 个领域内为教师提供了不同类型活动的样板，使教师能够看到儿童的长处，并能够在儿童长处的基础上有所作为。每个知识领域由 15~20 组活动组成。每一组活动由自由游戏和结构化活动组成（结构化的活动将儿童的各种学习经验与课程目标整合为一体）。这些活动具有以下特点：能反映各种类型的智能；在各个学习领域内，能强调和练习关键能力；在有意义的背景中能与问题解决的技能有关；能为教师提供为每个儿童准备适合的课程的信息。

每个知识领域的一组活动。首先，简单介绍该知识领域。其次，提出与此领域学习相关的成功关键能力，有些组的活动还说明了活动所需的材料。

在每一个具体的活动中，都列出了目标、核心成分、材料及具体步骤。活动结束部分，包括教师的注意事项、对教师的建议、活动的改进和拓展等内容。这些活动对教师的教学和评价提供参考（教师可以运用核心成分表作为观察和记录的重要依据，主要考察儿童在知识领域中的学习兴趣和能力）。

在每一组活动的最后，都有一些"回家作业"，这些活动目的在于使家长能够参与儿童的活动过程，培养儿童的长处。在许多情况下，这些活动与教室中的活动是相衔接的，使这些技能和概念在学校和家庭中都能得到强化，而活动所需的材料大部分都能在家庭中找到。[1][2] 综上所述，我们可以看出光谱课程强调家庭与家长的参与，以及教师与家长的合作共育，对幼儿的语言、数学等方面的能力达成共识。

五、课程评价：使用"智慧公平"的评量方式

光谱方案尝试使用"智慧公平"（Intelligence-Fair）的评量方式，孩子们直接操作不同领域的活动材料，而非简单地回答一些知识的问题。光谱方案的评量方式，不仅包含语言和数学，也包含肢体动作、视觉艺术、音乐、科学和社会理解等方面的能力。在评量时每个领域至少检验了两种关键能力（这些能力被认为是要完成某

① 陈文华主编：《中外学前教育史（第二版）》，北京：科学教育出版社，2011，第 294~295 页。

② 周玉衡，范喜庆主编：《学前教育史》，上海：复旦大学出版社，2009，第 224~225 页。

领域的工作时所必须具备的要素）。

另外，教师需要进一步检测幼儿在不同领域中投入活动任务的情形，以便确定这些工作风格在不同领域中是否有所改变，或者在不同的领域也维持不变。基于多元智能理论，如果没有观察孩子在不同经验下的表现，就不能论断有关孩子的注意力、持续力或是深思的能力。①

在光谱研究者看来，智力发展呈现出动态变化的特点，因此不能过早地定论幼儿的智力发展。进行评估主要是为了确定并在此基础上发展个体在智力上的强项。具体如下。

1. 以发现儿童的强项为其评估的目标和重点

光谱方案的目的是发现并培养幼儿在认知上的强项和兴趣点。首先，教师通过发现并赞扬孩子的强项，相应地给儿童提供适宜的学习机会和学习经验，为促成儿童积极的变化提供基础。由此在儿童的强项和弱项之间建立联系，在各领域间实现"搭桥"，最终促成儿童方方面面的发展。其次，多元智力理论认为所有儿童相对于自己或同伴而言至少在一个领域有优势。在这样的目的引导和认识基础上，光谱评估注重孩子所表现出来的强项。

2. 在真实情境下进行评估

所谓真实情境下的评估有两方面含义：一是指评估是在有意义的活动情境中进行的；二是指它以具体生活中的社会角色为参照标准进行评估。所以，评估对儿童来说不仅具有个体意义，而且有一定社会价值。

首先，光谱评估是在具体的情境下，在儿童的具体活动中对儿童进行的评估，强调教师的观察和环境的准备。在儿童的活动中，根据评估方案提供的某一具体领域进行观察的详细框架对儿童进行观察，从而对儿童在某一领域的发展作出深入评估。

其次，光谱评估扎根于有意义的、真实世界的活动以社会所实际需要的成人角色作为终极状态来指导评估活动，保证了评估的社会意义。如报告者、数学家、博

---

① Jie-Qi Chen，Mara Krechevsky，Julie Viens & Emily Isberg 编著：《因材施教——多元智慧之光谱计划的经验》，叶嘉青译，台湾：心理出版社，2003，第34～35页。

物学家、机械师、歌唱家、舞蹈家和政治家这些特定领域的社会角色来引导对儿童的评估。又如在语言领域，考察的是儿童讲故事、描述一次经历的能力，而不只是考察他们记住几段话的能力。另外，不管是哪个领域，总是先给儿童一些材料操作，如在进行唱歌活动的时候，可以提供玩具的生日蛋糕，在数学活动中放上一些小的恐龙玩具，在班级模型中，放上一些微型的玩具小孩和教师，以支持幼儿进行社会性活动。

3. 范围和程度广泛而深入

光谱方案使用智力—公平评估手段——它以各个领域为媒介来直接了解幼儿的各种能力，而不以语言和逻辑为评估的工具。而且光谱方案中还有一个重要的维度，即幼儿在不同领域的工作风格，如幼儿的自信心水平、坚持性水平以及对细节的关注程度——同样也是评估中不可忽视的内容。另外光谱方案也有助于深入了解孩子在各个领域的表现。比如，在运动领域，除了要考虑幼儿的一般体能发展以外（比如他们是否能跳、能单脚站立），还要看他们是否有创造性想法、是否能在活动中激发自己的情绪，或敏捷而快速地完成障碍跑。从光谱评估范围来看，所涉及的领域与8大智力并不是一一对应的，因为各智力不是孤立起作用的，个体要完成一项任务所需要的智力是几种智力的有机组合，所以，评价能够反映出这些智力在幼儿身上的表现。如社会理解力领域就不止需要一种智力（内省和交往智力），而空间智力可以在几个不同的领域发挥作用（如视觉艺术、机械和建构）。

4. 评估手段多样化

光谱评估运用了各种正式和非正式的评估手段，是一种结构化的评估。首先它以8大智力领域为立足点，设计了15个评估活动，在此基础上延伸出8套关键技能。然后以这些关键技能作为评估的参照体系，从而形成了一个领域——活动——关键能力的评估框架。同时，光谱评估还为每一个孩子建立光谱档案（Spectrum Profiles），搜集每一个孩子所有领域中正式的和非正式的资料，其中包括观察记录表、逸事观察记录、工作风格信息观察表、儿童的书面和艺术创作成果、手工制品，以及相应的照片、录像或磁带，甚至是家长问卷或访谈的结果。可见，光谱评估既有结构化的成分，使评估具有一定的指向性和完整性，同时又包含各种非结构化的非正式的评估。这种正式和非正式手段相结合的形成性评估方法保证了它在教育实践中不断地发现并促进儿童的成长。

5. 评估的动态性

光谱评估方案是建立在全新智力观基础上的评估方法，它以一种比传统的评估方法更广、更深的视角看待儿童的认知发展。评估所用材料既是学习的材料，又是评估的工具，在儿童活动的过程中进行评价。一方面儿童投入到活动中可表现出自己的优势，同时也使得教师有了深入细致观察儿童学习的机会。通过提供各种活动材料发现幼儿在学习中存在的问题并改进自己的教学方法和教学内容，最终促成儿童以各种方式尤其是自己所擅长的方式来学习，促进儿童的发展。

另外，由于教师的期望以及儿童自我意识的发展，儿童认识到每个个体在学习和问题解决中各有各的强项。因此，无论是对被评估儿童个体而言还是对班级整体而言，这种不是旨在给儿童贴标签的评估活动对儿童产生的积极意义更为明显。

第四节　光谱方案的特点

从光谱方案的内容来看，光谱方案的特点主要有四：其一，模糊课程与评价界限，课程与评估相结合；其二，在课程结构上，体现了教与学的结合，是对学术型课程和建构型课程的过渡与综合；其三，将主题课程与活动区课程相结合；其四，提供以强项带动弱项的教育新视角。

一、课程和评估相结合

课程与评估相结合是光谱方案最主要的特征。"光谱评价是在光谱活动中自然进行的，是光谱活动的一部分。光谱方案模糊了课程和评价之间的界限，儿童用以活动的所有材料即是他们赖以学习的媒介，又是评价工具。"[①] 在光谱学习中心，一般会开设 8 个学习中心，包括语言、数学、自然科学、机械和建构、艺术、社会理解力、音乐和运动、视觉和空间，这些学习中心是从 7 个评估领域中衍生出来的，

---

① 霍力岩，赵清梅：《多元智能评价的理论与实践》，北京：教育科学出版社，2010，第162～163 页。

即语言、数学、科学、视觉艺术、社会性、音乐和运动,工作风格除外。在这7个评估领域中,又细分为15个评估方面,包含8套关键能力,教师通过8套关键能力组织活动。因此可以看出,光谱方案的课程来源于评估,同时评估是在儿童的活动课程中进行的,这既有利于教师设计相应的活动,又有利于教师根据这些关键技能来对儿童进行评估。

二、课程结构的过渡与综合

"每一个人生来都拥有各种智力"是光谱方案的理论出发点,同时,每一个人都有智力上的优势领域和弱势领域,因此光谱课程不仅强调为儿童准备各个领域的材料、强调材料的丰富性和启发性,还强调儿童以自己独特的方式探索材料和展示才能,强调课程的个性化,以及儿童的积极参与。光谱活动是游戏,但它绝不仅仅是游戏,如果没有教师的有效指导和支持,儿童则不太容易掌握这类活动的基本技能。可以说,光谱课程是学术型(instructivist)课程和建构型(constructivist)课程之间的过渡,它综合了学术型课程强调基本技能的直接教学和建构型课程对儿童自发游戏和自主探究的重视,这是早期教育课程发展中的重要转变。因为研究和经验已经告诉我们,这两种课程对于儿童的发展各有所长,各有所短。

三、主题课程和活动区课程相结合

在光谱方案的活动设计中,其设计思路是开放灵活的,多采用主题课程和活动区相结合的组织形式。某一个科学领域的问题可以是主题活动的起点,儿童可以通过阅读区搜集关于这个问题的资料,这个过程可以提高儿童的阅读能力,也可以通过在科学区的实验设计,验证主题活动的问题,和其他儿童合作进行实验,这过程拓展了儿童的社会交往能力。总而言之,在光谱方案中,一个问题可以成为一系列活动的主题,也可以成为各个区域活动开展的起点,真正实现主题和活动区的结合。科学领域中的"是什么使面包膨胀"的问题就是最好的例证:"是什么使面包膨胀"既可以成为主题活动的问题起点,也可以通过语言区阅读面包的资料、科学区的实验验证、表演区的面包制作等活动来开展,因此在这样的活动设计中,主题活动和活动区活动是一个相互衔接、有机结合的过程。

另外,光谱方案的活动设计并不要求每个活动都能实现主题课程与活动区课程的结合，每一个领域的活动组织形式都可以是多种多样的，但是当某一领域的问题无法在一种表现形式中变得有意义，教师也可以完全把这样的问题放在更适合的情境中开展。

四、提供了以儿童的强项带动弱项的教育视角

由多元智力理论可知，每一种智力都是有价值的，因此光谱方案强调给儿童提供一个多领域的活动空间，使每一种智力都得到发展，也使儿童能以自己的方式和速度探索材料。如果儿童的强项在非传统领域，如视觉艺术、机械或建构领域，怎样利用孩子在这方面的强项从而达到学业上及其他方面的目标，促进儿童的全面发展，是光谱方案持续研究的重点问题。

首先，光谱课程主张让儿童见识广泛的学习领域，以系统地发现并支持儿童在各个领域所表现出来的能力和兴趣，如光谱教室的学习中心不仅提供了丰富的材料和具体领域的活动，同时它还是一个指导教师在幼儿操作材料时或参与到活动中时进行实时观察的工具。其次，确认并支持儿童的强项。根据某一领域的关键能力对儿童在该领域表现出来的能力进行评估（比如数学中的数字推理和逻辑问题，或者运动中对身体的控制和对节奏的敏感），也可以根据儿童对某一特殊领域的兴趣来发现孩子的强项所在，或者观察幼儿在学习中心的时间、进入该中心的频率以及时间长短等来确定儿童的兴趣和优势所在。当然具体如何在发现儿童的强项之后支持孩子强项的发展有很多技巧，如可以请幼儿担任某个活动区的管理者等。最后，利用儿童在优势领域中的经验来进行其他领域的学习并达到学业上的成就。其一，培养儿童的自信心；其二，利用儿童在优势领域的学习风格；其三，利用儿童在优势领域中的内容来使儿童融入到其他领域。正是通过这三个步骤，光谱课程实现了"扬长补短"，最终实现儿童的全面发展。

第五节　光谱方案的实践运用

光谱方案尝试在幼儿的兴趣和幼儿园课程要求的知识之间、在强项和弱项之间、在课堂环境和真实世界之间搭建起桥梁，因此它关注幼儿的强项和促进幼儿的全面发展，关注幼儿学习和发展的氛围及对幼儿的多元评价。光谱方案对我国当前关注

学前教育内涵发展、提升学前教育质量具有重要启示意义。

一、关注幼儿全面发展，培养幼儿的创造能力

光谱方案强调每个幼儿都有自己的智力强项和智力弱项，各种智力发展机会都是平等的。因此，幼儿园应该注重多元智力领域的综合发展，促进幼儿实现真正意义上的全面发展。另外，幼儿园应从培养幼儿的实践能力着手，帮助幼儿培养解决现实生活中实际问题的能力，培养其创造力。光谱方案认为培养幼儿的创造力应遵循以下原则：第一，充分认识创造和培养创造能力的重要性；第二，挖掘教育教学内容中的创造因素；第三，组织课内外、校内外的实践活动特别是小发明、小创造活动。在光谱方案中，多元智力理论和非普遍性理论向我们呈现出了个体智力发展完整的框架，强调智力发展的多个维度和独特发展路径，各领域、各阶段相互独立又密切衔接，是相互影响的整体。

《3～6岁儿童学习与发展指南》中明确指出要"关注幼儿学习与发展的整体性"，"注重领域之间、目标之间的相互渗透和整合"，注重全面协调发展，而不只是某一方面的发展，这和光谱方案"追求儿童全面发展"在本质上是一致的，要求教师要站在整体的视角看待儿童的发展，只有关注幼儿阶段的全面发展，才能为非普遍性领域的发展提供坚实的基础。

二、将幼儿优势智力领域的特点迁移到弱势领域

光谱方案认为：优势智力领域和弱势智力领域是相对而言的，每一个幼儿都有自己的优势智力领域和弱势智力领域。在具体的教育活动组织过程中，教师应充分认识、肯定和欣赏幼儿的优势智力领域并引导和帮助幼儿将自己优势智力领域的特点迁移到弱势智力领域中去，具体做法如下。首先，帮助幼儿发现自己的优势智力领域和弱势智力领域之间的某些联系，并以此为切入点帮助幼儿在需要克服的困难与需要完成的任务（弱势智力领域）和他最感兴趣的活动之间建立（优势智力领域）关联，并鼓励、支持幼儿运用自己感兴趣的方式在新情境下开展活动。如鼓励喜欢讲故事的幼儿在科学活动中通过讲故事的方式表达，喜欢绘画的幼儿在语言活动中进行艺术表征等；其次，引导幼儿将自己在优势领域活动时所表现出来的智力特点和意志品质迁移到弱势智力领域。教师可以通过肯定幼儿在优势领域中取得的

成绩帮助幼儿树立起自信心和自尊心，培养幼儿坚持、专注、不怕苦难、敢于探究和尝试等学习品质，持久的注意力、积极主动的思维和克服困难的勇气等，有意识地引导幼儿将自己从事优势智力领域活动时所表现出来的智力特点和意志品质迁移到弱势智力领域中。

另外，光谱方案主张人们在解决实际问题时展开多种智力合作，所以，我们为幼儿所提供的课程也应该是多方面的。譬如，我们可以设计并组织按照不同智力领域划分的活动区教育活动，每一活动区根据幼儿的发展水平又分为几个层次，并帮助幼儿选择自己感兴趣的活动区域以及适合于自己发展水平的具体活动。除了活动区教育活动以外，我们在幼儿园里还可以组织主题教育活动，促进幼儿各项智力领域的综合发展。

三、在真实情境中全面且多元地对幼儿进行评价

评价具有导向作用。在传统幼儿园教育中，评价的方式主要为智力测验，分数是评价幼儿发展的主要指标。但是智力测验的题目过分强调幼儿的语言表达能力和逻辑推理能力，脱离真实情境，难以反映幼儿的多方面智力，难以对幼儿的应用能力和创造能力做出客观评价，更难以对儿童的进一步发展产生积极的影响。因此我们应该摒弃以标准的智力测验为重点的评价观，树立灵活多样的评价观。光谱评价采用"智力公平"的评价方法，尊重儿童智力多样性的发展，通过多种渠道、采取多种形式、在多种不同的实际生活和游戏活动中为幼儿提供发展的机会、展现的机会和成功的机会，促进了教育公平的发展，同时也更具社会价值。因此我们需要做到以下几点，才能以"评价促进幼儿的发展"。首先，在评价环境上，幼儿教师应该创设真实的情境。在真实具体和创造性的问题解决过程中从多方面观察、评价和分析幼儿的优点和弱点，并以此促进幼儿强项的充分展示。其次，在评价的重点上，教师应将评价的重点落在儿童的优势领域，鼓励儿童的强项，并以此为切入点，促进幼儿的发展。最后，在评价的内容上，教师要深入了解儿童在各个领域的表现，并以此作为动态评价，促进进一步发展的有力支撑。总之，我们借鉴光谱方案的评价模式一定要根据我国实际情况，结合幼儿的实际情况进行评价，以此促进幼儿多方面的解决初步的实际问题的能力和创造出初步的精神产品和物质产品的能力。另外，评价还需与课程开发相结合，实现课程与评价的相互促进、相互发展。

小结

　　光谱方案是以加德纳的多元智力理论和费尔德曼的非普遍性理论为主要理论基础的一种学前教育课程模式。"光谱"的原意是"系列、范围"，反映了本方案的目标——拓宽"认知"所包含的各种技能和活动的范围，满足儿童个体在兴趣和能力上的多样性。光谱方案强调通过儿童强项带动弱项，为幼儿提供具体可操作的领域活动，使用"智慧公平"的评量方式，以最佳的方式促进幼儿取得全面进步。光谱方案的儿童观、教育观和评价观对当前我国学前教育课程模式的改革与发展具有较强的启示意义。

关键术语

　　光谱方案；霍华德·加德纳；多元智力理论；费尔德曼；非普遍性发展理论；优势智力领域。

思考题

　　1. 简述光谱方案与加德纳多元智力理论的关系。

　　2. 分析光谱方案中关于课程开发和课程评估的基本观点。

　　3. 分析光谱方案的主要特点。

　　4. 试运用光谱方案中关于课程评估的关键能力评估你所在地区一所幼儿园的课程，并在分析研究的基础上提出几点改进本地区幼儿教育的建议。

　　5. 借鉴与利用国外幼儿教育思潮或幼儿教育模式的基本思路和应该注意的问题是什么？为什么？

　　6. 多元智力理论对我国当前的幼儿教育改革和发展有什么启示？

第七章

卡米-德弗里斯课程模式

卡米-德弗里斯课程模式（Kamii-Devries Approach）是以两位课程奠基人的名字命名的早期教育课程模式。1987 年，卡米和德弗里斯共同出版了《早期教育法案：建构主义的视角》（*Programs of Early Education：The Constructivist View*）一书，两人正式公开确认合作研究根据皮亚杰建构主义理论制订的早期教育方案。卡米和德弗里斯的早期教育方案被认为是将皮亚杰建构主义理论转化为学前教育实践的典范，是最为纯粹地坚持皮亚杰建构主义理论的课程方案。

第一节　卡米-德弗里斯课程模式的形成动因与演变历程

在苏联发射了第一颗人造卫星之后，美国开始反思自己的教育，并颁布了一系列法律和规定，关注儿童智力发展，力求增强本国的国际竞争力。皮亚杰的认知发展理论的有效传播正是对此需求的有效回应。卡米和德弗里斯通过对皮亚杰及其他理论的综合理解和运用，结合当时的美国国情，创建了卡米-德弗里斯课程模式。

一、卡米-德弗里斯课程模式的形成动因

（一）社会动因："战后"对培养科技人才的诉求

第二次世界大战后，国际之间形成了激烈的竞争局面，各国急需人才，改革教育，提高质量。培养科技人才成为 20 世纪 60—80 年代中期世界各国政府的基本国策。世界各国纷纷加强了对幼儿教育的重视，社会对幼儿教育的关注也自然侧重于智力资源的早期开发。美国自第二次世界大战后便成为了世界的霸主，为了捍卫资本主义制度，与苏联等社会主义国家展开了长期的争斗。1957 年，苏联发射了第一颗人造卫星，这给美国带来了极大震撼，促使美国开始反思自己的教育。社会各界

对学校中反智主义课程进行了深刻批判，认为这是导致美国在国际竞争中落于下风的主要原因。在社会各界的强大压力下，美国政府开始积极关注儿童的智力发展，力图通过提高儿童的智力发展水平来提高本国的国际竞争力。随后，美国政府于1958年颁布了《国防教育法》，并对教育改革做出了全面规划。1959年又发布了针对学校课程改革的《教育过程》报告，提出了重视儿童早期智力开发的思想，这为学前教育主智课程的发展提供了重要条件。卡米和德弗里斯在此社会背景下，依据20世纪60年代中期兴起的皮亚杰理论设计出迎合时代需求的卡米-德弗里斯课程模式。

（二）教育动因：皮亚杰理论受到国际重视

20世纪50年代后，美国顺应了教育民主化的浪潮，兴起了包含学前教育在内的"教育机会均等运动"。1963年，美国心理学家弗拉维尔（John Hurley Flavell）出版了一本关于皮亚杰理论的著作，自此开始，皮亚杰的理论渐渐为美国学者所了解，其认知发展理论强调儿童智力的发展，获得了美国政界与社会的关注。皮亚杰强调"游戏"在智力发展上的重要性，并且为将儿童自身和客体之间的活动及将与同伴的相互影响作为早期儿童课程的基础提供了强有力的依据。[①] 在美国举国上下都在关注智力发展的时候，皮亚杰理论开始关注包含逻辑运算在内的认知的发展，而逻辑运算正是美国在冷战时期想要超越苏联的重要教育力量之一。美国教育及心理学家默里（Murray，1979）总结道："倘若皮亚杰理论大部分都是关于儿童在数学、科学及逻辑领域的推理发展，而心理学领域其他研究都缺乏类似的内容，那么皮亚杰理论主导课程改革几乎就是不可避免的了。"[②] 在教育领域纷纷开发课程模式的背景下，卡米根据皮亚杰的认知发展理论进行了教育模式的探索，最终和德弗里斯一起合作，形成了卡米-德弗里斯早期教育模式。

（三）理论动因：对皮亚杰理论的思考与运用

卡米原本将课程的重点放在皮亚杰的结构论之上，与德弗里斯合作后，他们更加强调皮亚杰理论中的建构论。德弗里斯认为皮亚杰的理论代表了当时最先进的心

---

① 朱家雄主编：《学前教育课程》，上海：华东师范大学出版社，2005，第28页。

② ［美］斯泰西·戈芬，凯瑟琳·威尔逊：《课程模式与早期教育》，（第二版），李敏谊译，北京：教育科学出版社，2008，第229页。

智发展理论。卡米-德弗里斯课程模式汲取了皮亚杰的认知发展阶段理论及认识论框架理论的营养，同时关注皮亚杰认知结构阶段论及建构主义这两个概念。

二、卡米-德弗里斯课程模式的演变历程

由于卡米-德弗里斯课程模式是源自皮亚杰理论的一种课程模式，因此根据卡米和德弗里斯关注皮亚杰理论的侧重点的不同，可以将该课程模式的发展划分为以下三个阶段。

（一）初步形成：关注皮亚杰认知发展阶段论

1962 年初期，美国阿拉巴马州立大学伯明翰校区（The University of Alabama at Birmingham）的教授卡米，担任高宽课程创始人韦卡特的研究助理，参与了儿童认知导向课程的设计。1966 年卡米获得博士学位之后去日内瓦大学，追随皮亚杰和科尔伯格学习。1967 年，卡米回到伊普西兰蒂公立学校，并设计了一套与高宽课程相类似的学前课程，以帮助处境不利儿童取得学业成功。至此，皮亚杰建构主义理论转化为学前教育课程成为卡米的工作重心。

（二）理论冲突：关注建构主义理论

19 世纪 70 年代，卡米的课程设计理念受到了辛克莱尔（Hemina Sinclair）和德弗里斯的影响，从皮亚杰认知发展阶段论转向建构主义理论。辛克莱尔是皮亚杰研究的合作者，他指出皮亚杰只是通过实验客观描述了儿童在不同年龄阶段的认知发展特点，而并没有指出如何才能促进儿童认知从一个阶段发展到另一个阶段，卡米意识到这种"照抄照搬"式的课程存在着一定的问题。1970 年开始，卡米与来自伊利诺伊大学芝加哥校区（University of Illinois at Chicago）的德弗里斯合作，德弗里斯认为关于儿童认知如何发展这个问题，可以从皮亚杰的建构主义认识论中找到答案，从此他们不再将课程设计的重点放在皮亚杰的结构论上，而是开始强调皮亚杰理论中的建构论，并逐渐加入科尔伯格的道德发展理论，形成卡米-德弗里斯课程（Kamii-Davries）。

（三）完善阶段：卡米和德弗里斯早期教育方案的进一步完善

20 世纪 80 年代中期，卡米和德弗里斯认为皮亚杰的认知发展阶段理论对教师明白在课堂里应该实施哪些行为基本上毫无帮助。后来，卡米和德弗里斯关于皮亚

杰理论在学前教育上的运用等一些问题上展现了一些不一致的意见。卡米继续强调皮亚杰的建构主义理论中的"建构思想"对于教育的重要意义，认为源自皮亚杰的"自主性"是无可争辩的教育目标。但是德弗里斯认为如果忽视皮亚杰建构主义"发展阶段"思想，自主性这个教育目标就容易沦落为一个模棱两可的普遍概念。这些转变无论在实践上还是理论上都产生了一定的影响，卡米和德弗里斯不再继续合作开发卡米-德弗里斯课程模式，而是分别进行了进一步的研究。

卡米坚持运用皮亚杰的建构主义理论解决学前教育中的问题，他的研究主要集中在儿童学习数学方面。他认为儿童学习数学并非简单地由成人告诉他们如何进行加、减、乘、除，而是儿童自己对数学的"重新发明"，也就是说儿童在与其周围环境的互动中自己建构或者创造了数学知识。而德弗里斯更加强调了皮亚杰发展阶段理论的重要性，认为皮亚杰的发展阶段理论为课程提供了可触及的范围，在此范围内才能根据促进儿童道德和认知朝某一特别方向发展的可能性来编制课程，同时，皮亚杰的发展阶段理论也为评价儿童的进步提供了参考依据。① 而且德弗里斯认为"将发展看作是教育的目的是最为合适的，因为这样可以避免陷入价值相对论的陷阱"。② 同时，德弗里斯将创造社会道德氛围作为教育的首要目标，并将科尔伯格的道德发展阶段理论和塞尔曼的观点采择阶段理论结合到他的教育方案中。在建构主义指导下，培养充满尊重的社会道德氛围，通过建构主义活动发展幼儿与成人的关系及幼儿与同伴之间的关系，从而帮助幼儿在相互尊重的氛围中实现其发展。最后，他还主张让儿童通过建构智力的知识层面来促进儿童智力的发展。建构智力的知识层面正是教师应该关注的，也是最容易把握、理解和操作的层面，德弗里斯通过这些内容，设计建构活动以促进幼儿智力的发展。

第二节　卡米-德弗里斯课程模式的理论基础

卡米-德弗里斯课程模式以皮亚杰的认知发展理论作为其最重要和直接的理论来源，保持了课程的连贯性和内在一致性，主要借鉴其认知结构阶段论、建构主义理

---

① 朱家雄：《建构主义视野下的学前教育》，上海：华东师范大学出版社，2009，第 102 页。
② Devries, R. & Kohlberg, L. （1987）. Program of Early Education. Longman. pp. xii ~ xiii.

论和知识种类理论，并以此建构了该课程的目标、内容及实施框架等。科尔伯格的道德发展阶段理论和塞尔曼的人际理解阶段理论为其课程的完善和发展提供了重要的参照。

一、皮亚杰的认知发展理论

（一）认知结构阶段论

卡米-德弗里斯模式对于认知结构的关注来源于皮亚杰的认知发展理论。皮亚杰通过对儿童临床研究认为，儿童从出生到成熟，智力发展需要经历四个发展阶段：①感知运动阶段；②前运算阶段；③具体运算阶段；④形式运算阶段。这四个阶段有着质的差异。

皮亚杰的认知结构阶段理论阐述了儿童智力发展与逻辑推理的形式、实质及顺序。反过来，这些知识为卡米-德弗里斯课程模式所提出的教育实践提供了重要的理论基础。皮亚杰认为，这些发展阶段是具有普适性的完整结构，文化因素可以加速或者延缓这些阶段，但无法改变这种发展规律。特定的认知发展阶段代表思维的根本性组织结构。因而卡米-德弗里斯模式也认为文化因素及个体的具体经历经验并不具有重大意义。而德弗里斯遵循皮亚杰的认知发展阶段理论，强调儿童心智发展的固定、连续、分等级的特性，主张建构主义教育应该着眼于这些结构的发展。

他们主张儿童发展的每一个领域都体现着认知结构理论，儿童在发展中思考物理世界、社会世界，以及自身与这些世界的联系。卡米和德弗里斯在著作中表示，认知发展可以解释和整合发展的方方面面，包括社会道德发展、个性发展及认知发展，这指导着他们的研究超越了认知发展理论，而延伸到对完整儿童的关注。德弗里斯继续对皮亚杰理论进行研究，认为皮亚杰的理论解释了儿童心理发展阶段，但不能直接被照搬到教育当中，这种理论对于某些儿童发展问题以及教师的教育意义的解释存在局限性，因此德弗里斯在对皮亚杰理论进行深入研究后进一步总结道：教师有必要在日常课堂活动中确定幼儿的认知发展阶段或者认知发展水平，教师及他们和儿童的日常交往都是有意义的。此外，卡米和德弗里斯还特别依赖皮亚杰对于两种活动类型的划分，这两种活动分别产生了两类不同的心理经验：物理经验和逻辑—数理经验，卡米和德弗里斯利用皮亚杰的这些理论来创造他们的课程模式。

（二）建构主义理论

建构主义是卡米-德弗里斯模式主要遵循的第二种理论。建构主义强调幼儿学习的过程有两大特征：①儿童与他们周围的物理环境及社会环境进行互动；②儿童新经验输入的是心智互动，这种互动过程就是"同化"和"顺应"。建构的过程就是帮助儿童认知发展以及社会道德发展的过程，各个发展阶段就是建构过程的结果。建构主义的观点为卡米和德弗里斯强调儿童积极参与学习的重要性提供了理论依据。尤其是对学龄前儿童而言，他们与周围世界的自发性互动，能够引发建构主义活动，在儿童思考他们与周围世界的互动中，认知结构就得以发展。卡米-德弗里斯课程模式以创建个体活动和小组活动为核心，引发儿童开发心智、引发儿童建构主义的活动，而建构主义活动可以促进儿童认知和社会道德的发展。

（三）知识种类理论

实证主义者认为知识来源于外在世界，而皮亚杰则认为知识的产生是同时来自个体的内在与其外在世界。物理性及和人类相关的知识主要是来源于外在的世界，而逻辑的数学性知识则主要是来源于个体的内在。因此知识可以分为三种。

物理性知识（Physical Knowledge）指的是客观的、可观察的实体性知识，如物体的颜色、大小等。正如前文所述，物理性知识来源于外在物体。而了解此种知识的唯一方法就是对该物体采取行动，然后看该物体对自己行动的反应是什么，比如：通过挤压可以看到皮球的形变，通过把玻璃和纸张丢在地上，可以看到相同的行动对于不同的物体有怎样的结果。儿童通过对物体的推拉、挤压、折叠、摇晃等一系列动作，可以对物体的性质了解越来越清楚。这种知识是通过五感和行动认知的，因此部分地被称为实证性知识。

逻辑—数学性知识（Logical-Mathematical Knowledge）强调的是事物间的"关系"，这来自个体内在的建构。例如，红色积木和蓝色积木的"差别"即属于逻辑—数学性知识；红色和蓝色则属于物理性知识。积木的颜色可以看见，可是二者的差别是肉眼看不出来的。

社会性知识（Social Knowledge）指的是人与人之间共识下所产生的知识。又可分为风俗、时尚知识和道德推理两个部分。前者随着不同的社会有不同的内涵且属于约定承袭的知识，而后者是对于一件事物好坏对错的判断。卡米和德弗里斯根据皮亚杰对知识的分类，制订了以此三类知识建构为核心的教育方案，教育方案将幼儿对知识的建构整合在了一系列有益于儿童知识建构的情境和活动中。

二、科尔伯格的道德发展阶段理论

劳伦斯·科尔伯格（Lawrence Kohlberg）继皮亚杰之后对儿童道德发展问题进行了许多的、卓有成绩的研究，提出了系统的道德发展阶段理论。

科尔伯格继承了皮亚杰的研究路线，运用"道德两难故事法"对儿童的道德判断问题进行了大量的追踪研究（每隔 3 年重复一次，追踪到 22～23 岁）和跨文化研究，扩展了皮亚杰的理论，对儿童道德判断的研究更加具体、精细和系统，并提出了"道德发展阶段理论"，并且其认为儿童的道德判断是按三个水平、六个阶段向前发展的。通过大量的研究，科尔伯格提出了三水平六阶段理论。三水平是指前习俗水平、习俗水平、后习俗水平。六阶段是指每个水平中又可划分为两个不同的阶段，共六个阶段。

前习俗水平：因为幼儿害怕大人惩罚他们，并且某些行为可以带来奖励，所以大人要求怎么做，幼儿就会怎么做，

习俗水平：儿童在意人们怎么看待自己，但同时他们的大部分行为依然是受别人驱使的。这个水平包括两个阶段：一个是儿童希望得到成人的表扬；另一个是儿童开始根据法则和规则进行自己的思考和判断。

后习俗水平：道德规范不但会以他人的价值观为基础，也会以道德规范和权威内化的规则为基础。这个水平同样包括两个阶段：儿童根据契约的职责和被民主所接受的法则来看待道德，也根据个体道德心产生的原则来看待道德。

科尔伯格的道德发展阶段基本上与皮亚杰的三个认知发展阶段对应，卡米-德弗里斯模式将该理论融入幼儿发展阶段理论，成为建设道德活动的重要理论基础。

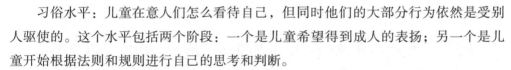

三、塞尔曼的人际理解阶段论

塞尔曼（R. L. Selman）把儿童的观点采择能力发展划分为如下几个阶段。

阶段 0（3～6 岁）：自我中心或未分化的角色采择。除了自我的观点，儿童无法认知到其他人的观点，认为自己的想法就是别人的想法。

阶段 1（6～8 岁）：社会信息的角色采择。儿童意识到别人的观点和自己的想法有所不同，但认为这只是因为他们接受的信息不同。

阶段 2（8～10 岁）：自我反省的角色采择。儿童知道就算他人获得同样的信息，自己和他人的观点仍然会有冲突，能考虑他人的观点，但还无法同时考虑自己和他人的观点。

阶段 3（10～12 岁）：相互的角色采择。儿童可以同时考虑自己和他人的观点，并知道他人也有这种能力，能知道第三者的观点，也知道自己和同伴对对方观点会有什么反应。

阶段 4（12～15 岁以后）：社会角色采择。进入青春期的个体试图将别人的观点置于自己构建的社会系统中加以比较，也就是说，青少年相信处于相同社会团体中的个体会有相同的观点。

卡米和德弗里斯根据这一理论，认为学前期 3～6 岁幼儿处于无法站在他人的立场以他人的角度看待问题的阶段。为了适应并促进该阶段幼儿的观点采择能力的发展，卡米-德弗里斯模式认为教师在教育实践中不应当以权威强制幼儿服从他人意识，而应该为幼儿创设更多的自我与他人互相交往的机会。通过这种方式，幼儿需要协调不同的社会观点，逐渐学习理解其他人的思想和感情。

第三节　卡米-德弗里斯课程模式的理念、目标、内容、实施与评价

一、课程理念：帮助幼儿主动建构

卡米-德弗里斯课程以皮亚杰的认知发展理论、建构主义思想、科尔伯格的道德发展理论等为基础，充分体现了以幼儿为中心的教育宗旨。卡米和德弗里斯倡导把发展作为教育目的，因为这是个体得以成为一个聪明的、自主的、心智健康及有道德的人的唯一途径。卡米-德弗里斯课程则继承了这一思想，强调幼儿主动性的培养，通过与外部环境的相互作用，主动建构自身的认知体系，为将来的学习奠定基础，在与成人和同伴的交往中，幼儿协调各方社会观点，促进道德的发展。

二、课程目标：促进社会情感和认知的和谐发展

卡米-德弗里斯课程模式强调课程的最终目标是为了促进儿童的"发展"；长期

目标在于发展儿童的"自律或自主性"，培养未来具有批判性、创造性思考能力、不盲从既成权威和价值的人；近期目标包含了认知目标和社会情感目标两个方面。卡米和德弗里斯认为，不存在没有情感成分的认知，也不存在没有认知成分的情感，情感可以加速或者阻碍认知的发展。因此，卡米-德弗里斯模式既注重认知目标又注重社会情感目标。

（一）社会情感目标

1. 在与成人的非强制性关系中增强儿童自主性

卡米-德弗里斯课程模式认为应该让幼儿在感知到与成人的安全关系之中，减少对成人权力介入的依赖，逐渐形成自己对某些事物的判断。在这里，他们依据的理论是皮亚杰关于道德的"自律和他律"理论的区分。道德发展水平处于他律的幼儿，决策时依赖别人的想法而不是自己的想法。儿童没有依靠自己的经验和判断，而是不假思索就接受及服从成人的期望——这种类型的推理是"他律"。这种类型的幼儿会倾向于依赖他人告知的看法进行决策。自主性是相对于他律性而言的，是指儿童对事物的推理过程。自主性幼儿就是知识的获得、道德的判断都靠自己的构建，通过与成人的合作自愿地构建他们的规则。这就要求成人在此过程中保持适度的权力介入甚至越少越好，但并不代表完全不再介入，有些环境需要成人运用奖惩施以帮助。他们认为，如果幼儿没有受到成人滥用权威的限制，幼儿自然而然会发展出自主性思维及行动，这是幼儿的心智积极构建的结果。

2. 在与他人的合作中促进儿童的去自我中心化

幼儿和同伴之间是平等的关系，因此幼儿比较容易通过与同伴之间的互动来构建自己的有关社会性、道德性、智力方面的知识。在与同伴互动的过程中，幼儿要与其他人很好的合作，就必须进行去自我中心化，学会从别人的角度看待问题，协调不一样的意见。

3. 培养儿童的机敏性、好奇心和自信心

首先，建构主义认为幼儿的一切知识都来源于自身的建构，而非传统意义上的灌输，因而幼儿要相信自己能够理解事物的自信心。其次，应重视儿童的兴趣，对儿童的内在兴趣有足够的尊重和理解。卡米-德弗里斯模式认为儿童的积极性是其参

与活动的动机，儿童做自己喜欢的事情，参与自主活动，反过来这些活动又成为儿童获得知识的途径。最后，主张幼儿能以自己的方式理解事物，幼儿可以自己发现和提出问题。

卡米和德弗里斯认为当幼儿有上述各项品质时，其他能力就会随之发展，即在幼儿时期，其认知、情绪、道德、社会等各领域的发展是不可分且相互依存的。

（二）认知目标

1. 培养主动学习、积极探索的态度

皮亚杰认为主动学习是儿童直接作用于他的环境，同时儿童的心理上是主动的。这与卡米-德弗里斯模式的认知目标与情感目标中的第三条相对应，主张幼儿能够自己建构知识，当幼儿能够自己形成问题时，能够以自己的方式产生认知协调，从而促进幼儿不断进行探索。

2. 构建知识体系

建构主义强调幼儿学习过程中与周围环境的互动，即皮亚杰所谓的"同化"和"顺应"。成人要求儿童记住标准答案的目标与卡米和德弗里斯的第一个认知目标是背道而驰的，而第二个认知目标是第一个目标发展的必然结果，旨在强调教师要有意识地鼓励儿童去建构知识。

3. 注意并能发现事物之间的关系和异同

卡米和德弗里斯的第三个认知目标要求儿童积极地发现事物之间的关系，旨在通过事物之间的关系，比较事物之间的异同，培养有思辨能力、批判性及能进行创造性思考且有价值的人。

三、课程内容：组织皮亚杰理论推演活动、传统活动、日常生活活动

卡米-德弗里斯课程模式具体包括从皮亚杰理论推演而来的活动、传统的活动、日常生活活动三大种类的活动。需要说明的是，这三类活动并不是特定的知识，而是一系列有益于儿童建构知识的情境和活动。首先，从皮亚杰理论推演而来的活动特别注重物理知识活动，包括儿童对物体的动手操作和观察物体的反应这两个方面。

卡米和德弗里斯根据儿童作用于物体的动作及儿童对物体反应所作的观察的相对重要性，将物理知识活动分为三种类型：物体的活动、物体的变化、介于两类活动之间的活动。其次，传统的活动保留了很多与传统保育学校相似的儿童活动，如听故事、搭积木、唱歌、绘画、玩游戏等，卡米和德弗里斯赋予这些活动以新的意义。最后，日常生活活动在该早期课程模式中同样具有重要意义，卡米和德弗里斯认为，日常生活中有无数情境可以激发幼儿的学习与发展。

（一）从皮亚杰理论推演出的活动

根据皮亚杰理论推理演绎出来的内容主要是指关于物理知识的活动。皮亚杰的认知发展理论强调学前期的儿童认知发展处于前运算阶段，这一时期的思维主要依靠直接身体动作，物理知识及数理逻辑知识的获得都要依靠儿童对物体的操作。因此，卡米-德弗里斯课程特别重视物理知识活动。所谓物理知识活动主要包括：①涉及物体移动的活动，如幼儿通过推、拉、踢、摇摆等动作操作物体，使物体发生移动活动；②使物体发生改变的活动，包括烹饪和混合颜料等活动；③同时有着上述两种特征的活动，但是又无法进行明确的归类的活动，如物体的沉浮或者影子游戏。关于物理知识活动的案例包括滚筒活动、斜坡实验、钟摆活动及玩水游戏，卡米和德弗里斯对如何创编物理知识提供了指导，并提出了相应的教学原则。他们认为：强调物理知识活动并不是为了要教会儿童掌握什么科学概念、科学原则或原理，而是为他们将来学习物理和化学奠定基础。在以上活动中，儿童通过自己的动作来建构着关于世界的物理和数量逻辑知识。卡米-德弗里斯课程模式还对物理活动的好坏进行了甄别：不管是什么类型的物理知识活动，只要是好的物理知识活动都能促进幼儿在他们的动作与物体反应之间建立联系。好的物理知识活动要符合以下四个判断标准：第一，幼儿必须通过他们自己的动作来产生现象；第二，幼儿必须变换他们的动作；第三，物体的反应必须被观察到；第四，物体的反应必须是即时的。

（二）传统活动

卡米和德弗里斯认为物理知识活动能够帮助幼儿构建物理世界的知识，而传统活动能够促进幼儿对社会世界的适应，他们特别重视团体游戏，提出团体游戏的目标是为了促进幼儿自主性和合作性的发展。卡米和德弗里斯将团体游戏划分成以下八种：瞄准目标类游戏、赛跑类游戏、追逐类游戏、捉迷藏类游戏、猜谜语类游戏、口令类游戏、纸牌类游戏和棋子类游戏。这八类团体游戏可大致分成两种类型：第一种是平行角色游戏；第二种是互补角色游戏。平行角色游戏是游戏者做同样的事情，互补角色游戏是游戏者做互补或者不同的事情。

一个好的团体游戏的标准是：第一，能为幼儿提供一些有趣和有挑战性的事物，让儿童思考如何进行游戏；第二，能允许幼儿对自己的成功做出判断；第三，让所有幼儿在游戏中积极参与。团体游戏有两条教学原则：第一，调整团体游戏使它能与幼儿的思维方式相符合；第二，尽可能减少成人的权威性，鼓励幼儿之间进行相互合作。

（三）日常生活活动

杜威主张"教育即生活"，卡米和德弗里斯同样认为日常生活中有无数情境可以激发幼儿的学习与发展。以数的概念为例，儿童对于数概念的理解得益于认知结构的不断发展，在引入数字问题及正式的数学符号之前，数学教育应该关注幼儿一般逻辑能力和认知结构的发展，因此需要在日常生活中为幼儿创造机会去创建各种数学关系。卡米-德弗里斯模式鼓励教师利用日常活动的情境或者创造新的情境来帮助幼儿获得数的概念。在日常生活中，数的问题就是一个自然而然的问题，而在专门设置的情境中，儿童需要思考数的问题，才能解决相应的问题。这些案例包括分发材料、分割物体、收集东西、做记录、清洁环境及投票，等等。在每一个情境中教师都要避免直接提供答案，促进幼儿主动对数概念进行思考和建构。

四、课程实施：为儿童提供建构知识的情境和活动

在卡米-德弗里斯模式中，他们不仅仅把教师当作知识的传递者，还把教师界定为的科学框架的提供者。卡米和德弗里斯主张教师在教育过程中要以儿童为中心，具体而言，教师应从以下几个方面实施课程并支持儿童的发展。

（一）创造诱导学习的环境和氛围

建构主义课程强调了环境的重要性，鼓励幼儿在环境中做出选择并获取发展。卡米-德弗里斯课程需要创设良好的物质氛围和精神氛围。除此之外，"教师的任何一种应答都会对儿童产生强烈的影响。因为对儿童来说，这些反应是来自令他们尊

敬且具有权威性的教师。教师给予儿童的反馈会在无意中鼓舞或是伤害他们的自尊心。① 由此，卡米-德弗里斯课程特别强调教师在宽松的学习环境和氛围中帮助幼儿习得学习经验。

（二）识别幼儿需要并给予适宜支持

除了为儿童设计良好的外部环境之外，在建构主义课程中教师还应当熟练地掌握提问的技巧，这将帮助儿童对他们的经历进行思考，并且对他们的未来做出正确的预测和判断。学习中心提供了丰富多彩的可供幼儿个体或群体选择的操作材料：如可进行艺术活动、积木游戏、写字、绘画及角色游戏的材料，甚至为他们探索提供了诸如泥土、沙、水等原始材料。② 除此之外，教师需要与儿童保持良好关系，同时知道如何掌握课堂、如何开展传统保育学校的活动、如何识别幼儿的需要。另外，教师还需要担当一些额外的角色，才能保证成功实施卡米-德弗里斯模式对教师角色的要求，更好地满足幼儿的发展需求，促进其身心全面的发展。

（三）根据所涉及的知识种类对儿童做出反应

作为幼儿活动的评判者，教师应该掌握大量关于幼儿发展的知识，能够评价幼儿的自发性活动，评价儿童是如何思考或者理解某个活动。在了解了儿童的发展及他们的困惑之后，能够协调儿童的问题，帮助儿童将所参与的活动与这种活动带来的知识类型进行一致性的推理，比如社会规则的知识，教师要对儿童说明正确答案，对于物理知识，教师要鼓励幼儿从物体中直接寻找答案，对于逻辑—数理知识教师应鼓励幼儿自己进行探索和思考，避免告诉幼儿正确答案。

（四）实现课程目标所要依据的原则

1. 幼儿在社会性和情绪发展方面的原则

幼儿在社会性和情绪发展方面的原则如下：①促进幼儿独立、自主、好奇心和自信心的发展；②鼓动幼儿之间的交往，并帮助幼儿学会自己解决冲突；③通过练习培养幼儿合作、平等相待的态度和行为。

---

① Wasserman, S. (1990). Serious players in the primary classroom, New York：Teachers College Press.

② DeVries, R. & Kohlberg, L. (1987). Programs of early education：The constructive view. New York：Longman.

2. 儿童在认知领域发展的原则

儿童在认知领域的发展原则如下：①以儿童的游戏为基础，发展儿童观察力、形成概念的方法；②儿童的回答代表着他的发展水平。尊重和接受儿童的任何回答，即使儿童的回答是错误的；③在一项活动中包含不同种类的知识，如物理知识、逻辑数学知识和社会知识；④把教育内容和教育过程融入日常生活的环境和活动之中。

五、课程评价：强调过程性评价

卡米-德弗里斯课程模式强调过程式评价，同时以临床法方式观察幼儿的学习发展情形。过程性评价作为教学活动评价的一种方式，是与教学活动同时进行的一种评价，是对幼儿的学习发展和表现进行的一种动态的、即时性的评价，是对幼儿的外在行为表现和学习内在活动进行结合的一种综合性的评价。临床法是皮亚杰为首的日内瓦学派研究儿童发展的主要方法。临床法不同于一般的自由交谈，应用这种方法时需要确定一个谈话的主题，让儿童自由叙述对某一个问题的思想观点。在教师与幼儿沟通的过程中，应不断调整自己的提问，以期了解幼儿想法及形成这样想法背后的观点和信念。例如，教师想知道幼儿是否拥有数的概念，可以通过观察幼儿数数的方式及行为表现，以了解幼儿对数目概念的掌握情况。如果幼儿重复的是同一个东西，这说明幼儿尚未发展出数的顺序关系。这种评价方式要求教师要有广泛的幼儿发展知识，同时还要对幼儿的心智发展有全面彻底的了解。

第四节　卡米-德弗里斯课程模式的特点

卡米和德弗里斯课程模式以皮亚杰对于不同知识类型的分类为基础，整合了皮亚杰的道德发展理论，为传统的数概念、阅读、拼写等方面的教育提供了建构主义视角。知识的分类及对道德发展理论的应用是卡米-德弗里斯课程模式独一无二的地方，同时也是物理知识活动及团体游戏这两个教育内容的理论基础。卡米和德弗里斯认为，皮亚杰的著作为儿童在道德发展、社会性发展、情感发展及认知发展方面都提供了教育启示。卡米-德弗里斯正是基于这些思想而创造出了自己的课程模式，忠实地充当了皮亚杰理论在早期教育中的践行者。

一、以皮亚杰对知识的分类为基础

基于卡米和德弗里斯对皮亚杰理论的深入理解，使得他们的课程模式具有一定的特色。皮亚杰将知识划分为物理知识、社会知识和数理逻辑知识。物理性知识就是只存在于物体本身的知识；社会性知识则是由社会中的一群人共同建构，是一群人统一的结果；数理逻辑知识为皮亚杰所重视，在他看来，这类知识并不存在于物体本身，而是存在于个体的心智中。基于皮亚杰对不同知识类型的分类，卡米-德弗里斯课程模式强调三方面的教育活动内容：幼儿物理知识活动、幼儿数理逻辑活动和幼儿道德教育活动。

二、借鉴皮亚杰的道德发展理论

对于幼儿道德方面的成长，卡米-德弗里斯课程模式是以小团体为合作的基础，进一步扩大到教师的情境中，以建立建构式的社会道德氛围。德弗里斯则在著作之中提出希望通过协商策略和共享的经验将幼儿逐步由自我中心的阶段推升至替他人着想的阶段。这种教育策略不但有助于对幼儿道德推理的建设，并且对幼儿自主性的发展进行了一定的探索，是将皮亚杰的道德理论落实到教育实践中的一次有力尝试。

三、提出建构主义视角的教育目标

卡米-德弗里斯课程方案将教育目标放在皮亚杰的建构论部分，认为教育的目的是让幼儿能自己寻找有趣的点子，愿意自己发现问题，能够自己寻找事物间的关联性，并能注意到事物间的相同和不同点。基于建构主义的基本理论，卡米-德弗里斯课程模式非常重视与儿童日常生活相联系的活动，比如卡米认为"数"方面教学的主要目标是培养幼儿独立自主的能力，在此前提下，只要能把握数学教学原则，日常生活中许多情景都可用来成为教学的内容。

第五节　卡米-德弗里斯课程模式的实践运用

卡米和德弗里斯提出教师应充分认知儿童的认知发展阶段和道德发展阶段，并以此为基础对幼儿进行相关内容的教育和指导。同时他们根据皮亚杰对知识的分类，将教学内容分为幼儿物理知识活动、幼儿数学活动、幼儿道德教育活动等。卡米和德弗里斯不仅为传统教育活动提供建构主义的视角，同时推动了儿童由自我中心性向为他人着想阶段的转变。这一模式对皮亚杰理论在学前教育实践的演绎得到了皮亚杰的高度认可，皮亚杰本人接连为他们的两本著作《早期教育中的物理知识——皮亚杰理论的运用》《早期教育中的团体游戏——皮亚杰理论的运用》写了序。在皮亚杰所写的序言中，皮亚杰曾表达了对某些教育工作者误解他的理论的不满，并运用"深解其意"这样的词语对卡米和德弗里斯的著述加以褒奖，认为"他们致力于这样的研究，并十分懂得如何与他们自己丰富的经验相结合，归纳出一系列的教育原则"。①

与其说卡米和德弗里斯的早期教育方案是一套课程，倒不如说是一套理念和原则。卡米和德弗里斯的早期教育方案力求让教师通过自身努力，使教育活动能与儿童自身的目的和兴趣相一致。这种状态的获得主要依赖的是教师本身的素质和水平，而不只是课程本身。② 当前，我国的学前教育正处于起步及快速发展阶段，幼儿园平均教育质量不高，幼儿园教师素质普遍偏低，幼儿园课堂教师权威和主导现象严重，教师与幼儿身份地位不平等现象多有发生。教师作为学前教育活动的关键因素，卡米-德弗里斯课程为教师的发展和专业能力的提升带来了有效的启示和借鉴，同时为我国实施本土化教育提供了有益的参考。

一、创设丰富的物理和精神环境

幼儿物理知识活动及幼儿数理活动的开展均以丰富的物理环境和材料为基础，为幼儿提供充足的材料，是其亲身感知物理属性、发现物体间差异的有效途径。同

---

① 朱家雄：《建构主义视野下的学前教育》，上海：华东师范大学出版社，2009，第 99 页。
② 同上书，第 269 页。

时，丰富的物理环境可帮助儿童感知不同的生活经验，促进其图式的同化及顺应过程的发生，帮助幼儿积极地获得与周围环境的平衡。

教师在幼儿园一日生活中占据着重要的地位，教师的话语在幼儿心中具备很强的权威性，教师与幼儿间创设一种平等的关系具有非常重要意义。依据皮亚杰理论中道德的"他律和自律"的区分，幼儿只有在宽松自由的氛围中，与幼儿教师形成非强制性的合作关系，才能在教师引导下自主发现并创造规则，逐步形成良好的规则意识和道德观念。教师适度地甚至尽量少地进行权力干预，让幼儿在自我解决问题的过程中形成自主意识。在和同伴交往过程中，教师对幼儿之间出现的问题和矛盾进行适度的干预，引导幼儿自主建立同伴意识和交往规则，并逐渐应用于日后的成长和发展过程中。

二、教师正确认识并运用皮亚杰的理论

观念是从事任何事情的先决条件，幼儿教师应用卡米-德弗里斯课程的首要条件是对皮亚杰认知发展阶段理论及建构主义思想的充分认识和理解，以此为基础逐渐转变幼儿教师的儿童观、知识观、教育观和教师观。我国幼儿园教师对皮亚杰理论进行系统学习的机会相对较少且分散，合理组织和实施持续的皮亚杰理论的培训和指导有助于幼儿园教师更加深入地理解皮亚杰理论。然而，如何将理论应用于实践则是另一个更具难度的挑战。当前教育中可能存在这样一个误区，即依据教育发展理论来划定幼儿的发展阶段，并通过这一理论对班级幼儿统一施教。学前教育以幼儿为本，学前儿童处于人生快速发展的阶段，每个幼儿由于遗传和生长环境的不同也会存在或大或小的差异，教师根据幼儿的实际发展状况，参照相关理论划定幼儿发展阶段，并根据这一阶段幼儿的思维特点予以施教才是比较妥当的做法。

三、重视游戏和日常生活的教育价值

卡米-德弗里斯的课程方案强调幼儿自主性的培养，反对教师的单向灌输和说教。卡米反对把知觉、认知、语言、思维、守恒、分类、系列化等彼此孤立地列为课程目标，认为这些课程目标融汇在一起才能造就人才，这种统一结构基于儿童的

实际生活和活动。① 因此，卡米和德弗里斯课程重视游戏活动，认为游戏活动是教育的基础，并根据皮亚杰的理论对传统的规则游戏的意义给予了新的解释，认为规则游戏的主要功能是有助于幼儿理解规则的意义，去除思维的"中心化"和社会性经验的建构，② 比如在团体游戏中，幼儿通过与同伴的合作和交流共同完成游戏任务，同时促进了幼儿交流沟通与合作交往能力的发展。幼儿参与活动的最主要目的并非是完成活动任务或目标，而是通过幼儿自主的思考和建构逐步减少自我中心性，发展其规则意识、交流能力和合作意愿等。

同时，卡米-德弗里斯课程非常重视日常生活的教育，认为日常生活活动是幼儿学习的丰富源泉，日常生活有着巨大的教育价值。幼儿在日常生活中有很多机会进行探索、发现问题、进行比较、做判断、做决定，所有这些过程对幼儿的发展都是十分重要的。

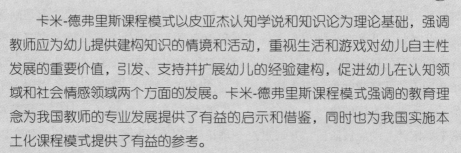

小结

卡米-德弗里斯课程模式以皮亚杰认知学说和知识论为理论基础，强调教师应为幼儿提供建构知识的情境和活动，重视生活和游戏对幼儿自主性发展的重要价值，引发、支持并扩展幼儿的经验建构，促进幼儿在认知领域和社会情感领域两个方面的发展。卡米-德弗里斯课程模式强调的教育理念为我国教师的专业发展提供了有益的启示和借鉴，同时也为我国实施本土化课程模式提供了有益的参考。

关键术语

卡米-德弗里斯课程模式；皮亚杰建构主义；科尔伯格的道德发展阶段理论。

思考题

1. 卡米-德弗里斯课程模式是如何将皮亚杰建构主义理论转化为学前教育实

---

① 李季湄：《国外学前课程模式种种（上）》，载《外国教育资料》，1989（3）。
② 刘焱：《儿童游戏通论》，北京：北京师范大学出版社，2004，第335页。

践的?

2. 卡米-德弗里斯课程模式的目标包括哪些?

3. 简述实现卡米-德弗里斯课程目标所要依据的原则。

4. 卡米-德弗里斯课程模式是如何促进幼儿自主性及社会性的发展的?

瑞吉欧教育方案

马拉古奇（Loris Malaguzzi）（意大利人本主义教育家）是瑞吉欧教育方案的核心人物，他在意大利东北部的一个小城市——瑞吉欧·埃米利亚市（Reggio Emilia），建立并发展了独特并享誉世界的著名幼儿教育体系——瑞吉欧教育方案。自1963 年建立第一所市立幼儿园以来，在瑞吉欧·埃米利亚市的教育工作者、儿童家长及社区成员的共同努力下，马拉古奇开发出一套独特具有变革性的教育教学理论、环境设计原则与课程组织方式，走出了一条变革幼儿教育的创新之路。瑞吉欧教育方案现已成为最有影响力的世界学前教育主流课程模式之一。

第一节　瑞吉欧课程模式的形成动因与演变历程

一、瑞吉欧教育方案的形成动因

（一）社会动因：第二次世界大战后时代发展的需要

意大利的早期教育一直处在教会与州政府之间的纷争中。1820 年，意大利北部和中部出现了慈善机构，慈善机构主要为 4 个月到 3 岁的幼儿服务。意大利各州统一之后，早期教育机构发展遇到了困难。1922 年，法西斯政权统治了整个意大利，但是此政权与慈善机构保持了很好的关系。1925 年，意大利通过《婴儿的保障与援助》，这项法律的目的是扩大对婴幼儿的教育。第二次世界大战结束后意大利处于废墟之中，"那是法西斯独裁主义和第二次世界大战结束的时候，一种迫切需要改变现状，创建一个崭新的、更加公正的世界的共同愿望促使人们同心协力，开始用自己的双手为儿童建造学校①"，瑞吉欧课程体系开始产生，虽然瑞吉欧最开始是由家长团体自行运作的学校，但是这些学校除了细心照顾儿童之外，还注重发展儿童的智力。伴随着社会的变迁和家庭结构的变化，20世纪50年代，现代化的传媒方式逐渐取代儿童自然形成的"院落文化"，儿童日渐处于一种消极的文化氛围中，与同伴游戏和相互学习的机会被剥夺，导致"儿童数量日益减少，孩子几乎没有兄弟姐妹。孩子被过早地卷入了成人的生活，他们接触的是消费主义、是大众传媒、是难以整合的不同经验。他们是摇摆不定的孩子，在追求存在和避免被压抑之间危险地摇摆着。②"基于这样的背景，瑞吉欧教育方案应运而生——正式建立了一种学前教育机构，将处于消极文化氛围中的孩子"囊括"进来，让孩子在社会变迁和家庭结构的变化中有一席成长之地，接受积极的文化影响。综上所述，时代赋予了瑞吉欧发展的机遇。

（二）文化动因：社区互助合作的传统

在瑞吉欧幼教事业的发展过程中，社区对教育的支持与影响是不可忽视的（意大利民众在民主合作的文化传统下普遍具有强烈的民主参与和公共社区合作的观念）。社区支持家庭教养的传统使他们把对儿童的教育看作是集体的公共责任，由此早期教养系统成了社区公共服务的一个重要组成部分。瑞吉欧·埃米利亚所在的埃米利亚·罗曼格纳地区以10%的财政预算来支持早期教育体制，如今，该镇已拥有13个托儿所招收4个月到3岁的儿童，占该年龄段所有儿童的47%和19所幼儿学校招收3~6岁儿童，占该年龄段所有儿童的35%③。

另外，在瑞吉欧幼儿教育过程中，重视与自身文化的融合古老的建筑、充满文化气息的雕塑、陶冶心扉的油画和音乐等随处可见。不仅是瑞吉欧，几乎是每所幼儿学校都建有艺术工作室。瑞吉欧鼓励幼儿对艺术进行创造，在《儿童的一百种语言》中可以体会到幼儿对艺术的表现力。这一切与意大利的艺术氛围和当地人的思想观念密切相关。

---

① ［美］Joanne Hendrick 编著：《学习瑞吉欧方法的第一步》，李季湄等，译，北京：北京师范大学出版社，2002，第2页。

② ［意］马拉古奇：《孩子的一百种语言：意大利瑞吉欧方案教学报告书》，张军红，陈素月，叶秀香译，台湾：光佑文化事业股份有限公司，1998，第21页。

③ 同上书，第5页。

（三）教育动因：教育内部的挑战

现代科学技术的发展对教育提出了新的要求和挑战。意大利学校情况恶化和教育危机造成两个后果：儿童学校缺失了理论指导，且缺乏政府的关心和援助。为了让幼儿学会在社会中生存，教学目标的重心要从原来对知识的记忆、掌握转移到人的智力、能力和创造性的发展，同时满足社会对新技术力量的需求。在教育面临挑战的时期，培养目标上的新要求影响着教育过程和教育内容上新的变化（要让学生学会学习，学会独立地获取知识，不能简单满足于知识的传递和记忆），在培养目标转向为学会学习、学会创造的过程中，瑞吉欧课程体系也在渐渐的萌芽，吸收着正向的观念，逐渐形成主动建构与合作学习的创造性学习模式。

（四）理论动因：对儿童潜能的充分认识

脑科学、思维和认知科学研究证实，学前期是人的大脑发育最为迅速的时期，也是脑的结构和功能发育的关键期。关键期内适宜的刺激和经验是感知觉、运动、语言、思维等是影响儿童潜能开发的关键因素，为其大脑的高级功能发育提供了重要的物质前提。因此，为儿童提供自由选择的空间和机会，营造快乐有趣的学习氛围，让儿童成为主动的参与者和自身潜能的开发者等理念都被瑞吉欧倡导者吸收并纳入到自己的理论之中。

建构主义心理学家皮亚杰的理论、杜威的教育观点及弗雷内的教育法都对儿童潜能开发具有指导性意义。皮亚杰认为，儿童的学习是主体与客体之间的相互作用的过程，儿童的发展实质上是儿童主动建构的过程，儿童心理发展是自身发展的动力和内在需要。杜威认为，幼儿的学习就是对自身经验的不断建构，学习不是被动地接受，而是在实践过程中主动形成的过程。另外，弗雷内的教学法对瑞吉欧教学也产生了影响，该教学法强调幼儿在合作中学习、在错误中不断积累经验。瑞吉欧教育方案正是建立在这些科学的理论基石之上的，运用科学的理论知识，更好地为儿童的发展而发展。基于这些理论的指导，瑞吉欧的教学理念有了坚实的理论后盾。

二、瑞吉欧教育方案的演变历程

（一）起步阶段：幼儿学校的萌芽

意大利的儿童教育长期处在教会与政府之间。1820 年左右，慈善机构开始在意大利北部和中部地区崛起。1925 年，全国妇幼组织（National Organization for Maternity and Infancy）通过了《婴儿的保障与援助》，其目的是扩大婴幼儿中心。基于这种背景，1945 年，在距离瑞吉欧几英里路程之外的一个叫维拉舍拉（VellaCella）的小村庄，马拉古奇带领着当地居民，用变卖"战后"遗留物品的钱筹建了第一所幼儿学校。随着家长们自发经营的学前学校的不断发展，这种新型的办学方式得到了政府和民众的认可。在幼儿学校建立之初，校舍仅为一间小木屋，马拉古奇和幼儿的母亲一起学习教育知识，并领悟道：只有向幼儿学习，才能更好地帮助幼儿成长。

（二）探索阶段：幼儿园数量增加

20 世纪 60 年代，意大利工业化程度不断提高，经济发展迅速。妇女纷纷开始参与社会工作，婴幼儿的看护成为了一种强烈的社会需求，家庭迫切地希望政府提供服务和支持。1963 年，埃米利亚地区设立了第一家由市政府经营的面向 3～6 岁幼儿的幼儿学校。1967 年，由家长经营的学前学校全部由政府收回管理，但学校仍然保留着家长参与管理学校的传统。1970 年起埃米利亚地区又创办了面向 0～3 岁婴儿的托儿所。1971 年 3 月在埃米利亚地区召开了名为"新儿童学校之经验"的全国性大会，会后出版了名为《一个新幼儿学校的经验》的著作，介绍了埃米利亚地区学前学校独特的教育经验。1971 年 12 月，国家立法机关设立了新型的婴幼儿中心的法律条文。1975 年召开了题为"儿童是家庭与社会中主体和权利的来源"的全国大会，使人们了解了瑞吉欧市向新儿童文化推动的事件和过程。[1] 1976 年，一家电台的广播指责瑞吉欧托儿所和幼儿园"反宗教""反教权主义"。各校有关家长、教师、校方、宗教人士等围绕教育问题展开了为期一年的公开研讨，研讨结果最终达成了一项"宗教教育与儿童教育"的协议。再一次明确了瑞吉欧教育方案的理念和思想——"互动合作"的教育理念和"走进儿童心灵的儿童观"。其影响日益壮大。

（三）发展阶段：幼儿教育思想的发展与传播

瑞吉欧民众不断吸纳先进的幼儿教育思想，逐渐发展形成了以方案教学为中心的一整套幼教理念、原则、方法和体系。1980 年，瑞吉欧·埃米利亚市成立了全国

---

① ［意］马拉古奇：《孩子的一百种语言：意大利瑞吉欧方案教学报告书》，张军红，陈素月，叶秀香译，台湾：光佑文化事业股份有限公司，1998，第 14 页。

托儿所协会①，为推进瑞吉欧幼教优质化提供了更为坚实的保障。

20世纪80年代，瑞吉欧幼教理念传播到世界其他国家，瑞士、法国、日本、古巴、保加利亚、西班牙等国也纷纷开始关注瑞吉欧幼儿教育。1979年，瑞吉欧开始在瑞典的学校交流合作②，并于1981年，瑞吉欧教育在瑞典的斯德哥尔摩举办了名为"如果眼睛能越过围墙"的展览，介绍瑞吉欧前一学年的托幼工作成果。在这次经验的基础上，该展览逐渐向世界扩散。1987年，该展览更名为"儿童的一百种语言"，成为美国、日本、澳洲和欧洲幼教界人士的主要参照对象，瑞吉欧教育理念及影响开始逐步国际化。

1991年，黛安娜幼儿园被美国的《新闻周刊》评为"世界上最富创意、最先进"的学校，全美幼儿教育学会（NAEYC）多次举办瑞吉欧教育学术交流会。1994年，瑞吉欧儿童中心——保护和发展儿童权利和潜力的国际中心成立，专门负责对外联络，1995年，欧洲联盟委托瑞吉欧儿童中心为比利时布鲁塞尔的克罗维斯儿童中心（为联盟工作人员子女而设立）提供咨询。瑞吉欧教育的影响力逐渐散播到全世界。20年来"儿童的一百种语言"一直游历四方，不断向世界传递一份对儿童潜能的尊重和认可，瑞吉欧的幼教体系也越来越得到世界的承认。

第二节　瑞吉欧教育方案的理论基础

瑞吉欧教育方案受杜威进步主义思想、皮亚杰认识建构主义思想、维果茨基社会建构主义思想，以及一些重要的心理学家和教育学家思想的影响，并结合自身的社会文化背景，探索出一条独特的幼儿教育道路。

一、杜威的进步主义教育理论：以儿童为中心

马拉古奇指出，瑞吉欧教育方案"理论的核心来自进步主义教育对幼儿、教师、学校、家庭及社区各个独特形象的理解，这些共同产生了一个积极、有创意地

---

① ［意］马拉古奇：《孩子的一百种语言：意大利瑞吉欧方案教学报告书》，张军红，陈素月，叶秀香译，台湾：光佑文化事业股份有限公司，1998，第15页。

② 田景正，杨佳主编：《中外学前教育史》，北京：北京师范大学出版社，2014，第355页。

结合个人成长与社会成长的文化与社会"①。杜威提出"以儿童为中心"的论点，认为教育活动应该以儿童的兴趣、爱好为出发点，尊重儿童自发的、积极主动的学习。另外，杜威提出"学习是主动的"，它包括从心理内部开始的有机的同化作用。我们必须站在儿童的立场上，并且以儿童为自己的出发点，决定学习的质和量的是儿童而不是教材②。瑞吉欧幼儿教育体系继承了杜威这一思想，认为儿童有巨大的潜能，并结合儿童的经验，为儿童积极主动学习创造有效的环境。

二、皮亚杰、维果茨基的建构主义教育理论：主动建构与社会互动

瑞吉欧教育方案继承和发扬了皮亚杰和维果茨基的建构主义心理学的观点，马拉古奇指出："在我们的工作中有着皮亚杰理论的清晰影子。"③ 从本质上来说，皮亚杰的教育理论是一种知识的建构理论，强调个体内在的机制——同化和顺应在认知发展中的作用。这一理论强调学习是儿童的主动学习和建构，主张教育要根据儿童发展的不同阶段，要适合不同发展水平的儿童的需要，促进儿童对知识的自主建构，教师把孩子的认知冲突视为学习阶段转变的一个刺激因素。

苏联心理学家维果茨基强调文化和社会活动的重要性，突破孤立地强调个体认知建构的传统建构主义思想。他认为文化是人心理发展的决定因素，儿童心理发展的重要推动力是在与同伴和成人的互动中协商解决问题。由此可见，建构主义理论为瑞吉欧教育方案提供了鲜活而有力的支撑。

三、弗雷内合作性教育理念：分组合作学习，从错误中获得学习

瑞吉欧教育方案在形成之时深受法国教育家弗雷内（Freinet）的合作性教育理念的影响。弗雷内教学法认为："学生应该分组合作学习，并鼓励学生从错误中获

---

① Malaguzzi, L. *History, ideas, and basic philosophy*. In Edwards, C., Gandini, L. & Forman, G; *The hundred languages of children: The Reggio Emilia approach-advanced reflections* (2nd). Ablex Publishing Corporation, 1998, p. 85.

② 杜威：《杜威教育论著选》，赵祥麟译，北京：人民教育出版社，1981，第78页。

③ ［意］马拉古奇：《孩子的一百种语言：意大利瑞吉欧方案教学报告书》，张军红，陈素月，叶秀香译，台湾：光佑文化事业股份有限公司，1998，第24页。

得学习。①"瑞吉欧教育方案借鉴弗雷内教学法的核心理念，鼓励学生自由地表达（因为儿童处于启蒙、成长、发育及发展时期，教师应该鼓励学生加深意识并不断充实自己的经验。儿童自由表达时需要教师的信任和鼓励，在宽松的环境中才能毫无顾忌的表达）、具有实验探索的精神（知识不仅来源于教师提供的间接经验，获取探索的方式方法、培养思想、具有批判的精神对学生的发展至关重要）、能够协作生活（教育的目的不是让个人取得巨大成功，而是共同协作，完成同一种任务）。瑞吉欧教育方案认为弗雷内的教育方式很特别："这个法国学校每隔三年便搬迁至一个新的地点，将当地陈旧、废弃的农舍重新整修为校舍，以校舍的整修作为对儿童最基本的教育。逐渐地，通过各种努力，我们的教育理念就这样形成了体系②。"马拉古奇借鉴了弗雷内将幼儿园搬到公共广场上，让市民们观摩幼儿园教育活动，将瑞吉欧教育搬到"围墙之外"，并逐渐形成了自己的教育体系。

综上所述，瑞吉欧教育方案形成的理论基础来源于杜威、皮亚杰、维果茨基、弗雷内等人的教育理念，但是，瑞吉欧教育方案没有墨守成规地将理论与实践区分开来，而是在发展中将理论和实践的交互作用发挥到极致，马拉古奇这样描述自己的工作："理论方面我们的工作中有着皮亚杰理论的清晰影子，但除此之外又有一些明显而独特的风格，这种风格是由我们的经验和新观点综合的结果"③，他们认为"理论与实践必须相辅相成，甚至允许实践有优先的可能"④。并协调科学的数据与社会应用，将理论与实践不断结合、推动、发展与更新。另外，瑞吉欧教育方案认为"像学校这样的组织，我们最需要运用逻辑去推断已发生事件之间的关联性及因果关系，而不是推衍出理论上应有的正确行动。过度重视理论会阻碍教师在教育过程中成为主角，同时也妨碍教师对自身的责任检查"⑤。总之，瑞吉欧的幼教体系吸

① ［美］卡洛琳·爱德华兹，莱拉·甘地尼，乔治·福尔曼编著：《儿童的一百种语言：转型时期的瑞吉欧·艾米莉亚经验》（第三版），尹坚亲，王坚红，沈尹婧译，南京：南京师范大学出版社，2013，第37页。

② 同上书，第38页。

③ ［意］马拉古奇：《孩子的一百种语言：意大利瑞吉欧方案教学报告书》，张军红，陈素月，叶秀香译，台湾：光佑文化事业股份有限公司，1998，第24页。

④ Rianaldi, C. . *Projected curriculum constructed through documentation-progettazione*. In Edwards, C. , Gandini, L. & Forman, G. , *The hundred languages of children：The Reggio Emilia approach-advanced reflections* (2*nd*), Ablex Publishing Corporation, 1998, p. 119.

⑤ Ibid, p. 120.

收了进步主义和建构主义的思想，但瑞吉欧的指导思想是在理论与自己的实践结合的基础上，用理论指导实践，同时在实践中验证和完善、提升自己的理论。

第三节　瑞吉欧教育方案的理念、目标、内容、实施与评价

一、课程理念：儿童的一百种语言

（一）儿童观：建立新的儿童形象

瑞吉欧教育方案是马拉古奇和瑞吉欧其他教育工作者多年来对儿童教育进行苦心探索和尝试的结果，而"儿童的一百种语言"以一种特别的方式展现了这一长期的探索和尝试。马拉古奇认为，添加："任何文化都不能离开儿童的社会形象而存在，如果说撇开抽象理论之后，那么唯一的衡量尺度仅是它的具体体现，甚至在同一国家也会产生不同的儿童文化形象[1]。'它'是孩子发展的可能性与我们亏欠孩子的权利之间的调和关系，是使假想和希望成真的尝试，这是一项真实、但尚未完成的期望。"[2] 瑞吉欧教育方案秉承儿童是主动学习的主人、儿童的学习是一个互动的建构过程、儿童有多种感知、表达的需求、儿童的成长渴望得到尊重的理念，帮助儿童发挥自身的学习潜能。

1. 儿童是主动学习的主人

儿童具有巨大的学习潜能，对自主的探索有着与生俱来的兴趣，同时有着内在的生长规律和求知及理解自己身边事物的欲望。所有的儿童入学之前就已拥有了一定的知识基础、前期经验，他们具有足够的潜能、好奇心和兴趣，想利用自己的学习方式来建构自己的知识体系。儿童的学习并非是成人教学的必然产物，相反，它大部分来自儿童个体的自主活动和在成人提供的环境中的主动探索，在与外部世界的相互作用中主动地建构自己的知识与经验。

---

[1] 田景正，杨佳主编：《中外学前教育史》，北京：北京师范大学出版社，2014，第357页。

[2] ［意］马拉古奇：《孩子的一百种语言：意大利瑞吉欧方案教学报告书》，张军红，陈素月，叶秀香译，台湾：光佑文化事业股份有限公司，1998，第20页。

2. 儿童的学习是一个互动的社会建构过程

儿童不是抽象的存在，而是"在每一位儿童与其他儿童、教师、家长、儿童自己的历史及周遭的社会文化环境之间的关系"① 中存在的个体。儿童是社会建构者，他们的发展是在关系基础上的与同伴、成人互动的过程中主动建构形成的。所有的知识在自我与社会化的建构过程里慢慢呈现，因此，教师必须与每一位儿童建立独特的个人关系，而这个关系深植在学校的社会体系中。同时，在与同伴之间自我的社会化和知识累积的过程中，孩子逐渐成为主动的个体。孩子彼此之间认知上的差异性，也造就了对认知与社会化系统的重新调整②。

3. 儿童有多种感知、表达的需求

马拉古奇承认儿童拥有运用"语言"的巨大潜力，坚信"孩子所有的语言皆是与生俱来，并互相影响，孩子有探索和感知的能力，能组织所获得的信息和感觉，寻求交流和互动的机会"③。

"儿童的一百种语言"体现了该教育方案的特色——儿童的百种语言意味着用一百种（多种）不同的方式或者一百种（多种）不同的符号系统来表达他们的态度，表征他们的想象和创造。一方面，"百种语言"强调儿童在不断探索、不断形成假设并不断验证的过程中，可以利用任何一种语言来记录、理解并表达自己在活动过程中经历的记忆、想法、预测、假设、观察和情感及最终问题的解决；另一方面，又强调儿童可以利用任何媒介、通过任何途径、以任何形式来学习、探索和表达，也正是在结合并跨越各种感官功能、各种媒介途径之间的转换，让儿童的创造力和想象力得到了最明显的表现，形成了瑞吉欧幼教体系中最明显的特征。

4. 儿童的成长渴望得到尊重

儿童既是身心发展不成熟的个体，又是一个独立发展的个体，这决定了儿童在

---

① Rianaldi, C.. *Projected curriculum constructed through documentation-progettazione*. In Edwards, C., Gandini, L. & Forman, G., *The hundred languages of children*: *The Reggio Emilia approach-advanced reflections* (2*nd*), Ablex Publishing Corporation, 1998, p. 115.

② Ibid.

③ ［意］马拉古奇：《孩子的一百种语言：意大利瑞吉欧方案教学报告书》，张军红，陈素月，叶秀香译，台湾：光佑文化事业股份有限公司，1998，第23页。

发展过程中离不开成人的帮助，瑞吉欧教育工作者对儿童的教育是基于平等、民主、公平的观念，为儿童的身心发展提供优质的外部环境，让儿童通过与社会环境的相互作用，实现自身的发展。

瑞吉欧教育是在尊重儿童文化基础上进行的。马拉古奇从创造新的儿童文化、维护儿童文化的角度来定位瑞吉欧教育的目的："我们应切实地重新看待儿童的成长，以及他们获得文化知识的潜力、过程和价值的必要性。我们想要创造一种文化，使孩子在相互合作和社会化的气氛中获得一百种主客观经验。"① 另外，在儿童的成长过程中，不仅要尊重其独立的自主的创造力，同时也应该关注到儿童成长的文化，儿童的创造和文化同样具有不可替代的价值。

（二）教育观：为儿童准备快乐、富有个性的童年生活

马拉古奇注重对儿童内在品质的培养，并以诗意的语言告诫我们要尊重儿童世界的游戏和梦想、真实与虚幻、科学与想象、天空与大地；尊重孩子的思考、游戏方式与表达方式；尊重孩子的动手能力与探索能力；尊重孩子的一百种语言、一百种能力、一百种思考、一百种表现。这"一百种"道出了瑞吉欧教育方案的价值追求，道出了瑞吉欧教育方案关于幼儿整体人格的发展，道出了瑞吉欧教育方案尊重幼儿的感觉、知觉、审美、表达、创造等能力的理念。

1. 为儿童创设学习的情境与环境

瑞吉欧教育方案为儿童创设适合学习的情境，帮助幼儿在与情境的互动中主动建构知识，并在环境中充分发展自己的经验、兴趣和需要，形成健全的人格。另外，瑞吉欧教育方案中把环境看作是第三位教师，马拉古奇提出："我们非常重视环境的作用。环境可以促进和鼓舞那些能产生安宁感和安全感的各种关系、各种选择、情感和认知境遇。环境据说应该类似于水族馆，反映生活在其中的人们的各种理念、伦理道德、态度和文化，而这正是我们努力的方向。②" 因此，为了给幼儿创设与人、事、物交流的场所，每所瑞吉欧学校都围绕着一个中心场所或广场而建，以帮

① ［意］马拉古奇：《孩子的一百种语言：意大利瑞吉欧方案教学报告书》，张军红，陈素月，叶秀香译，台湾：光佑文化事业股份有限公司，1998，第 26 页。

② ［美］斯泰西·戈芬，凯瑟琳·威尔逊：《课程模式与早期教育》（第二版），李敏谊译，北京：教育科学出版社，2008，第 229 页。

助幼儿习得独特的思考方式及对事物的敏感度。

2. 加强同伴之间的互动

瑞吉欧教育方案认为儿童的学习是一个不断互动与建构的过程，特别是与同伴之间的互动能够帮助幼儿习得更多经验。"在与同伴共同活动时，儿童更容易集中注意力倾听别人的意见，对活动的好奇心和兴趣更为明显，提问和回答问题的可能性更大，与同伴协商和生动地表达自己意见的机会更多。同时，在与同年龄儿童共同活动时儿童中间出现认知冲突的可能性较大，因而同伴交往过程在一定程度上也是一个引发儿童共同建构新的学习和发展的过程[①]"。因此，与同伴之间的互动能够丰富幼儿的知识与经验。

3. 鼓励儿童在探索中学习

瑞吉欧的教育方案受弗雷内教学法的影响，强调幼儿的探索与实验能力，希望幼儿能在实验探索中习得或修正自身的经验，所以其教育理念强调："与其拉着儿童的双手，倒不如让儿童靠自己的双脚站立着。"因此，教师在教育的过程中，要做到："站在旁边等一会儿，留出学习的空间，仔细观察幼儿在做什么，然后，假如你也能透彻了解，你的角度也许与以前大不相同。[②]"教师在与幼儿的互动中，可协助幼儿发现其感兴趣的问题，为幼儿提供合适的资源，并不过多地介入幼儿的探索活动，让幼儿主动探索与发现，主动建构自己的知识与经验。

二、课程目标：促进幼儿健康、愉快、幸福地成长

瑞吉欧教育方案的课程目标在于帮助儿童愉快、幸福、健康的成长。在这个目标导向下，强调儿童的主动性和创造性是愉快、幸福、健康成长的前提与核心。这种颇具人文主义特色的课程目标，概括来说就是要让儿童"更健康、更聪明、更具潜力、更愿学习、更好奇、更敏感、更具随机应变的适应能力，对象征语言更感兴

---

① ［美］Joanne Hendrick 编著：《学习瑞吉欧方法的第一步》，李季湄等，译，北京：北京师范大学出版社，2002，第17页。

② ［美］Carolyn Edwards，Lella Gandini，George Forman：《儿童的一百种语言：瑞吉欧·艾米莉亚教育取向——进一步的回响》，罗雅芬等，译，台湾：心理出版社，1998，第91页。

趣、更能反省自己、更渴望友谊"①。

在杜威实用主义教育思想的影响下，瑞吉欧强调目的与过程的统一性，目的体现在过程之中。瑞吉欧的课程目标传达着这样一种教育的精神理念——课程目标体现在教育过程中、生活过程中、儿童参与的每一个环节及与周围的一切环境互动的过程中。

（一）多元化、生成性的课程目标

瑞吉欧的课程目标是多元且灵活的，瑞吉欧教育工作者在与家长和社区的交流过程中，观察和发现儿童的兴趣、经验及能力，在充分了解儿童的需求的基础上制定课程目标，对教学过程中可能出现的种种情况做出假设和预测，从而形成开放的、动态的目标。因此，这样的课程目标是以儿童的生活经验、兴趣能力为前提的，而儿童的发展是有差异的，这就决定了每位儿童的发展需求也不一致，这就要求教师对儿童的发展需求做出判断和选择，制定多元化、个性化、符合儿童发展的课程目标。

制定多元化的课程目标，瑞吉欧的课程目标是富有弹性的，这是因为儿童在活动过程中的兴趣和需求不是一成不变的。因此，教师对儿童兴趣点的捕捉就显得尤为重要，教师抓住了儿童在活动过程中表现出来的兴趣和需要，在此基础上调整课程目标和相应计划，把目标和儿童的兴趣结合起来，在活动过程中不断生成新的目标。

（二）全面的课程目标

瑞吉欧的课程目标着眼于儿童整体人格的发展，注重激发和丰富儿童的感觉经验、审美体验及想象力和创造力的提升②。因此，瑞吉欧的课程目标重视儿童的全面发展。作为一种整合性的课程方案，瑞吉欧教育方案改变传统分科教学的弊端，重视领域间的交叉和整合，使儿童获得的知识经验是完整的且相互关联。

（三）追求教育内在品质的课程目标

瑞吉欧教育方案不追求外在的目标，而是注重内在的教育品质，即让儿童、家

---

① 冯晓霞主编：《幼儿园课程》，北京：北京师范大学出版社，2000，第194，198页。
② 屠美如，易晓明：《向瑞吉欧学什么——〈儿童的一百种语言〉解读》，北京：教育科学出版社，2002，第58页。

长、教师等生活得更加幸福快乐。瑞吉欧教育方案强调"将成长和成就的规律应用在孩子身上固然重要，但是我们更应该重视的是孩子成长和成就的全面性和优质性，而不是只重视其节奏与速度①"，"我们的目标是建立一所和谐的学校，幼儿们、教师和家长在那里感觉像在家里一样②"。因此瑞吉欧课程目标强调幼儿的学习过程是收获的过程、快乐的过程，是身心健康得以发展的过程。

三、课程内容：以儿童的需要为出发点的方案教学

瑞吉欧教育方案与传统教育模式的不同之处在于它强调活动、兴趣和经验对儿童发展的作用。因此，课程内容不是僵化的分科课程，而是在广泛的课程内容的基础上不断形成的生成课程，是在不同情境、不同兴趣和经验基础上动态发展的。下面主要从儿童的兴趣、儿童发展的目标和儿童周围的环境三个方面介绍瑞吉欧教育方案的课程内容③。

（一）以儿童的兴趣为课程的出发点

瑞吉欧教育工作者主张幼儿自发地决定教育目标和内容，使幼儿在自己设计的规划的活动中获得解决问题的能力。教师根据幼儿的生活经验和兴趣确定课程内容的主题，并以此为中心向外扩展，形成主题网络，网络中可以分化出幼儿探究活动的另一个主题。引导幼儿对感兴趣的问题进行深入讨论，通过同伴和教师的合作自主决定，同时运用多种手段表征自己的想法、情感等。由此可以看出，儿童的兴趣是主题形成的前提，只有当这些方面都是儿童感兴趣的，并且教师认为有教育价值的。那么，以这样的主题为中心的课程内容才是对儿童发展有意义的。

（二）以儿童的发展目标为课程的立足点

幼儿的发展不是放任自流的，教师要尊重幼儿的发展需求和个体差异。但是教师对幼儿的尊重是在幼儿实现不同阶段发展任务的框架中。儿童在不同阶段有不同的发展任务，这就要求教师要根据不同发展任务帮助幼儿选择这个阶段有发展价值

---

① ［意］马拉古奇：《孩子的一百种语言：意大利瑞吉欧方案教学报告书》，张军红，陈素月，叶秀香译，台湾：光佑文化事业股份有限公司，1998，第24页。

② ［美］Carolyn Edwards, Lella Gandini, George Forman：《儿童的一百种语言：瑞吉欧·艾米莉亚教育取向——进一步的回响》，罗雅芬等，译，台湾：心理出版社，1998，第69页。

③ 袁爱玲：《当代学前课程发展》，广州：广州广东高等教育出版社，2007，第140页。

的内容，并且提供各种机会、环境和材料来支持幼儿在这一阶段的发展需求，即筛选幼儿感兴趣的且对该阶段有发展价值的内容作为课程内容的立足点。

（三）以周围的环境为课程的创设点

周围的环境也是瑞吉欧课程的重要内容：一方面，幼儿周围的环境是其学习与发展的场域，环境的启发性、多样性和艺术性激发幼儿的学习兴趣，支持了人与人之间的交流，为幼儿的积极互动提供了条件，因此在与环境的互动过程中，实现了幼儿的自我建构；另一方面，环境本身即为重要的课程资源。它从不同层次反映出身处其中的人们的社会文化、学校文化及家庭文化，从本土的文化中寻找具有意义的文化特色，并且形成课程内容，在文化的价值取向层面为儿童发展提供新的视角。

四、课程实施：促进幼儿主动建构的方案教学活动

（一）为儿童创设主动建构的环境

1. 空间环境的布置

瑞吉欧教育方案的工作者们认为"空间具有教育内涵"①。我们关注瑞吉欧的环境创设，因为它在促进儿童智力和美感的发展方面具有积极作用。瑞吉欧的教师把学校看作是促进儿童社会互动、主动探索、自主学习的"容器"，而这个"容器"是一个有教育内涵的，包含教育信息，充满各种刺激，能促进交互性体验和建构性学习的环境。

2. 环境成为儿童的"第三位教师"

在瑞吉欧的教育环境中，"我们的墙能说话"是瑞吉欧教育环境的核心理念。幼儿园到处展示着儿童个体、小组或集体完成的工作成果，其数量和质量构成了学校环境的一个显著特点，同时通过这种方式教师和儿童改变了学校环境、建构校园文化。对儿童而言，环境成了两位教师之外的"第三位教师"。其中所有材料的投放和布置都是经过精心设计的，以吸引和激发孩子兴趣，鼓励孩子对周围环境做出

第八章　瑞吉欧教育方案

---

① ［美］Carolyn Edwards，Lella Gandini，George Forman：《儿童的一百种语言：瑞吉欧·艾米莉亚教育取向——进一步的回响》，罗雅芬等，译，台湾：心理出版社，1998，第181页。

敏锐而积极的反应为目标。同时营造出一种适合交流的环境——人与人的交流、人与物的交流。因此，瑞吉欧的环境创设理念与儿童是学习者和研究者的儿童观高度一致，能够保证儿童与环境产生持续的互动，让儿童参与到深入的学习过程中，有助于儿童开展并坚持完成长期的调查、解决重要的问题。

3. 开放的教育环境

从空间设计的角度来考察瑞吉欧学前教育的环境，可以发现瑞吉欧幼儿园的每个建筑都是向全校开放的，如教室和功能房、教室和教室之间乃至学校内部的各个建筑都是通过"中心"（取名于城市中的一个中心广场，主要功能在于提供一个聚会和交流的场合，实际上是学校中央的一个过道，连接学校内部各个不同建筑）相互联系。每间教室里面有不同大小的空间，有适合不同规模的小组开展合作活动的场所，有供学生独立或开展个别交流的私人空间。

4. 艺术工作室

艺术工作室是瑞吉欧幼儿园中最有特色的部分之一。在这里，教师允许儿童探索各种语言符号、各种表达方式，教师也可以研究儿童及其活动。艺术工作室主要表现在以下几个方面：提供充分的复杂材料和工具，为儿童应用各种表征方式、实现各种表征之间的转换提供机会，让儿童发现自己擅长用哪种语言进行沟通。另外，它还为家长与学校之间的沟通提供了媒介——教师通过艺术工作室的活动让家长知道学校为孩子所做的一切，以此来获得家长的支持和认可。对教师来说，艺术工作室还可以对儿童进行深入调查，发现儿童的个体差异及在选择表达方式上的个性差异，并通过回顾和反思儿童的工作历程，帮助教师不断地修正自己观察和记录的方法，帮助其他教师及教研员共同探讨并发展策略，实现教师自主研究及寻求自我发展。

5. 人际环境构建

马拉古奇认为，关系有助于儿童的学习和发展；"'关系'本身就是一种可应用知识的获得历程，它不断被用于捕捉各种各样的见解与互动的形成。我们利用现存于彼此间的互动关系去察觉存在的问题，并尽可能了解孩子的生活方式和发展过程"①。

6. 儿童、教师、家长的互动关系

正如美国学者所评价的那样，瑞吉欧教育体系对于儿童、教师、家长和社区公民有了新的角色定位："承认孩子们拥有权力、能力和值得认识和尊重的兴趣"；"教师既有能力教学生，也有能力了解学生，并且乐意与别人共享他们的知识"；"家长被认为是全权参与到教育团体中的成员，他们对于自己孩子的认识和理解对于成功的计划和评估是很重要的一部分"；"团体中的家长、教师、公民们不但分享他们对于孩子们的观察、假设和梦想，还要将他们的这些想法用个人化的方式、政治的方式、职业的方式付诸行动"。在新的角色定位下，对幼儿教育的态度和行动的结合是瑞吉欧的本质②。在瑞吉欧学校中，重要的人际资源有师生关系、同伴关系、学校与家长社区的关系等。正是对教师、儿童、家长之间平等的角色定位，儿童、教师和家长形成不断沟通、互动的主体，从而促进关系的联结。

7. 社区参与学校管理

在意大利，市民参与社区活动被看作是提升市民变革积极性，并且使教育机构不受官僚主义的危害、实现学校和家长的合作的重要途径。1971 年在国家学前教育法律中明确了社区参与的重要性和必要性，以社区为本的管理成为托幼机构的主要管理模式。

以社区为本的管理是对儿童、家庭、社区服务和社会四者之间建立联系的理论探讨和实践尝试。这样的管理模式以咨询委员会为主要管理机构，除了满足城市的学前教育需要之外，委员会的作用重在顺应家庭和受教育者的需求，而不在教育管理（如招生、收费等）。其中，咨询委员会每两年选举一次，由家长、教育工作者、市民选举产生每一所托幼机构的代表。每个咨询委员会产生 1~2 名代表，服务于市托幼机构和教育部门，与市长、市里的教育主管、早期教育主管、教研员一起合作，

① ［意］马拉古奇：《孩子的一百种语言：意大利瑞吉欧方案教学报告书》，张军红，陈素月，叶秀香译，台湾：光佑文化事业股份有限公司，1998，第 22 页。
② ［美］贾铂尔·L. 鲁普纳森，詹姆斯·E. 约翰逊：《学前教育课程》，（第三版），黄瑾，裴小倩等，译，上海：华东师范大学出版社，2005，第 439~461 页。

第八章 瑞吉欧教育方案

负责本市幼教事业的管理和发展。家长还可通过家长会、讲座等形式参加到学校管理、儿童发展、课程开发和评估的过程中。

（二）以儿童的需要为出发点的方案教学

"方案教学"作为瑞吉欧教育体系的课程内容以及主要组织形式，是一种"弹性计划"，即动态的"生成课程"。

1. 方案教学活动的来源

在学年伊始，每所瑞吉欧学校会根据总的课程目标草拟出一系列的长期或短期的方案，这些方案主题将成为本学期方案教学活动的主要框架。在此基础上，教师会根据对幼儿的了解、先前经验及观察、倾听所得资料，充分讨论方案发展的多种方向和可能，并预留一定的灵活空间。依据方案发展的可能和假设找寻具有弹性的、可供选择的活动资源。

方案的来源有很多：①儿童的兴趣；②教师的兴趣；③儿童每个发展阶段的任务；④物理环境中的事物；⑤社会环境中的人；⑥课程内容材料；⑦意外的事件；⑧共同生活中的事情；⑨社会文化、社区、学校和家庭的价值观等①。在具体选择和实施活动中，教师不会刻板地执行原定的计划，而是尊重并有选择地追随儿童兴趣，把握课堂中出现的新情况、新问题，及时引导、不断根据儿童的表现调整原方案，在开放性的过程中使其不断达成一系列目标。

2. 方案教学活动的开展过程

方案教学活动的实施过程一般包括三个环节：开始、发展和结束。这三个环节呈螺旋式上升，其中的经验既是不断重复积累的，又是不断向上发展的，以儿童熟悉的东西为切入点并使儿童形成新的理解。

（1）开始阶段

一个好的主题应该贴近儿童真实的生活情境，能够激发儿童的兴趣并主动深入投入到观察和学习中，并能以多种形式表征出自己的认识和学习。一个方案活动的主题来源于儿童感兴趣的事物及他们想要深入探究的事物，而最理想的状态是儿童

---

① Elizabeth Jones & John Nimmo. Emergent Curriculum, in *National Association for the Education of Young Children*, Vol. 127, 1994.

的兴趣与教师的兴趣相结合。

方案教学主题的形成没有固定的模式，一般来说，主题的产生主要是依据幼儿的兴趣和需要来确定，如"人群"的方案主题①就是来源于儿童假期旅游中的直接经验，儿童在假期中用眼睛、耳朵等多种感官方式去感受各种生活经验，其中一个男孩感受到了"人群"的体验，老师抓住这一词语并引发其他儿童参与讨论，这也就是"人群"方案教学的来源。主题确定后，教师之间需要进行"大脑风暴"来丰富和完善这个主题，围绕确定的主题制作一份概念图，提出方案发展的各种预设（只有在这样的讨论中教师才能发挥出足够的开放性和自主性，随时回应儿童的观点和想法）。

教师在方案教学活动的发起阶段需要考虑以下几个方面：第一，教师要充分了解儿童已有的经验，并能调动幼儿与主题相关的经验；第二，在方案教学活动中，儿童能够直接参与到调查现场并进行调查实践，且没有任何外在危险和压力；第三，要考虑到活动材料的安全性和多样性，并儿童通过操作材料实现多种表征方式；第四，活动的设计能吸引家长的参与和支持，尽可能地利用社区和社会环境组织活动。

（2）发展阶段

在这一阶段，教师的主要任务有：首先，鼓励、支持儿童直接探索问题，包括实地调查某地、某物体或某次事件。其次，提供各种材料，实物、书籍以及各种研究性线索帮助儿童展开调查，教师通过组织全班或小组讨论让每个儿童都互相了解各自的工作并且积极主动地开展合作。

儿童的主要活动是探索和研究，儿童通过实地调查、校外参观、收集实物、相片等方式，在探究过程中发现事物背后的规律，验证自己的假设，探讨问题和事实的真相。在以"人群"为主题的方案教学的开展过程中，为了进一步丰富儿童对"人群"的理解，教师带孩子到市镇中心的广场上体验。孩子们观察并感受街道上人来人往的情形，孩子们也融入人群中，变成"人群"中的一员。孩子通过实地体验、观看照片和幻灯片再次丰富了对真实"人群"的认识。发展阶段是方案活动的核心环节，儿童对问题进行预测、讨论，针对问题展开实际调查、通过观察获取信

---

① Carolyn Edwards，Lella Gandini，George Forman. *The Hundred Language of Children*：*The Reggio Emilia approach*：*advanced reflections*（*2nd Edition*）. Greenwich，NJ：Ablex Publishing Corporation，1998，pp. 123 ~ 125.

息，最后通过下一阶段把自己的理解通过各种方式表现出来。

（3）整理并展示结果阶段

儿童以多种形式呈现自己的发现与作品，之后教师安排孩子交流和分享，引导孩子回顾和评价整个活动阶段。其中教师可以帮助儿童准备材料，还可以允许儿童以想象的方式如艺术表现、故事创作或戏剧表演等形式来建构新经验。教师利用儿童新的兴趣和想法，在这个已完成的方案的基础上拓展出一个新的方案。在"人群"方案教学中，孩子们用拼贴画来加深对"人群"的认识，并用这些作品来玩各种各样拓展性的艺术游戏，如人偶游戏、戏剧游戏及皮影戏、人像雕塑等。最后，通过创作"人群"（集合了所有作品在一个盒子里）来总结这一方案。

瑞吉欧的方案教学是教师在观察的基础上，就某个主题对儿童提问，然后根据儿童的回答和反馈，教师引进一些儿童感兴趣的材料，提出更有针对性的问题，提供一些机会以激发儿童继续探索。因此，方案教学的整个过程是在具体的情境中逐步发展而成的，是教师根据活动中幼儿的反应以及活动的进程来调整活动的发展方向和学生协商和共同建构的开放性和动态性的结果。

五、课程评价：通过记录的形式展开评价

和其他的幼教方案不同的是，瑞吉欧教育方案的教学评价蕴含在教学的实施过程中，是一个以记录为媒介、多方主体参与、在情境中不断促进儿童发展的过程，整个过程重视幼儿在活动过程中表现出来的经验、态度、行为和想法。"我们必须记住，教师的工作应包括进行相关的讨论，并对孩子进一步的工作做出假设和预测。而这些形成性活动与教师的记录密切相关，教师在记录过程中聆听、观察、收集记录和解释记录①"。

（一）记录的内容

在瑞吉欧的教育实践中，记录的内容主要包括幼儿在活动过程中完成的活动作品、记录活动开展的照片、同伴和成人的评价甚至幼儿在活动过程中的讨论，等等。

---

① Rinaldi Carlina. *Projected curriculum constructed through documention-progettazione*：*An interview with LellaGandini*. In Carolyn Edwards, LellaGandini, & George Forman （Eds.）, *The Hundred Language of Children*：*The Reggio Emilia approach-advanced reflections* （*2nd Edition*）. Greenwich, NJ: Ablex Publishing Corporation, 1998, pp. 120~121.

具体操作如下：首先，教师利用不同的媒介"记录"儿童的活动以及他们在活动中创造的"产品"，并且建立文件资料，如书面的预测记录、观察记录、描写形式的文字记录、照片、幻灯片、录影带等。其次，教师将文件资料放在一起重新理解，并且每天与共事的教师交流，使得"文字记录的事件有可能产生多重的意义，成为故事、成为叙述"①。教师对儿童文件资料的整理和总结使教师能合理、客观地对幼儿进行评估和判断，同时提出适宜性的教学策略支持幼儿的后续学习和终身发展。

（二）记录的形式

儿童在进行方案活动的时候，教师通过聆听、观察、录音、录像和拍照等多种记录方式记录儿童的活动过程②。之后，教师运用笔记、录音、图片等形式重现幼儿的学习过程，从而形成具体的评估材料。通过这些形式的记录，幼儿和教师能够亲身经历幼儿的学习过程，识别个性化的学习风格，从另一个角度观察整个学习过程。值得一提的是，记录提供了远远超出标准化测验的信息。使教师能在更深入更广泛的框架中理解幼儿的学习，包括学习内容领域、学习方法技巧、学习结果成就等方面。在此基础上，家庭通过教师提供的各种记录，了解儿童在学校中的学习过程。而家长通过对方案教学提出进一步发展建议，参与到方案的评价中。

（三）记录的价值

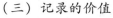

1. 重视幼儿作品，调动幼儿主动性

瑞吉欧教师对幼儿的想法和作品给予充分的认可和尊重，是幼儿形成强烈成就感的重要影响因素。认真对待幼儿想法和作品实际上是向幼儿传达了这样一种体验，即自己的努力和想法受到了认可和保护，老师关注儿童的学习。这样的体验不仅能充分调动幼儿学习的主动性，让幼儿以更高的热情和更广泛的兴趣投入到活动过程中，同时也使得幼儿与教师之间形成相互尊重、相互信任的关系，幼儿在教师的陪

---

① ［意］马拉古奇：《孩子的一百种语言：意大利瑞吉欧方案教学报告书》，张军红、陈素月、叶秀香译，台湾：光佑文化事业股份有限公司，1998，第106页。

② Rinaldi Carlina. *Projected curriculum constructed through documention-progettazione：An interview with LellaGandini*. In Carolyn Edwards，LellaGandini，& George Forman（Eds.），*The Hundred Language of Children：The Reggio Emilia approach-advanced reflections*（2nd Edition）. Greenwich，NJ：Ablex Publishing Corporation，1998，p. 122.

伴下形成更愉悦、更安全的情感体验，帮助幼儿度过一个快乐而有意义的童年。

2. 实时评估幼儿，及时调整活动方案

在瑞吉欧的活动过程中，记录不是一个终结性的报告，而是一种过程性的报告。它是随着活动的开展不断计划、反馈、再计划的过程。因此教师能在活动过程中开展过程评价，根据幼儿的想法和兴趣点及时调整活动设计，满足幼儿的发展需求。由于教师的记录是在真实情境中实时进行的，因此整个评估的过程也是灵活动态的，这是"生成课程"开展的基础，在不断地观察、记录和计划的过程中教师的计划是暂时的、具有弹性的。

3. 加强教师、家长与社区之间的多向互动

通过建立文件夹和档案（但并不是收集所有的信息）而形成的幼儿学习记录，是家长、社区成员真实了解幼儿学习和发展过程的重要资料，正是通过这些记录材料，有助于形成家庭、学校和社区的合作，塑造统一、积极的生活环境，鼓励家庭参与到幼儿的学习活动中来。

第四节　瑞吉欧教育方案的特点

瑞吉欧教育方案有许多独具特色的表现：其独特的教育哲学强调儿童有意义的合作、主动建构、发现学习并不断反思。环境创设上重视提供多种选择的、能够促进互动的、充满美感和变化的环境；瑞吉欧的活动立足于儿童的兴趣之上、活动时间自由控制、使儿童深入理解贯穿于艺术、科学、数字和语言等多领域的方案活动；教师角色定位强调教师是儿童学习的合作者和研究者，以及家长及社区维持高水平的双向交流。

一、在儿童的活动中自然而然地生成课程

瑞吉欧托幼机构中没有固定的课程计划，儿童有机会自己做出决定和选择，与同伴合作共同解决问题（一般是与同伴合作或向教师咨询），并努力创造一种能激励儿童追求兴趣、持续开展调查活动的环境。瑞吉欧教育工作者强调，学校的课程

是教师与儿童共同决定的，课程开发是一个动态性、灵活性和开放性的过程。瑞吉欧教育者指出，"与幼儿一起共事，是 1/3 的确定性和 2/3 的不确定性①"。1/3 的确定性指教师对激发儿童的潜能，培养发展创造力和想象力的目标指向，而 2/3 的不确定性指教师在儿童活动过程中根据儿童的兴趣和表现随时做出的调整和改变，以及儿童富有创造力的表现。在每学年开始，瑞吉欧教师会制订一系列的课程方案，形成一般性的教育原则，但不列出每个方案的具体目标。在教学实践中，教师不是严格按照计划执行，而是要着眼于儿童的需求。因此，瑞吉欧教师尊重幼儿的兴趣，通过对幼儿细致的观察，敏感地捕捉蕴含其中的教育价值，并给予适当的指导。

二、提倡儿童运用多种感知手段探究

面对同一事物时，不同的幼儿由于前期的经历不同，会使用自己的观察方法和表达形式去看待问题。因此教师要注意提供多种材料鼓励幼儿观察和表达。"幼儿直觉地注意到，从现在开始，这种新的规则可以产生什么，当幼儿从一种象征语言到另一种象征语言，他们发现每一个转换过程都能产生某些新的事物，这样的转变提升了幼儿的能力"。"简单地说，图像表达就像是一个结，可以系住合作的力量，使幼儿之间学习的游戏不会结束，让发现一个接着一个地继续下去"②。另外，注意幼儿象征语言的循环使用，对关键经验的重复和再重复、观察和再观察、考虑和再考虑、表达和再表达。马拉古奇认为象征语言的循环使用有利于从不同的角度和深度澄清问题。

三、让教师成为幼儿的合作研究者

瑞吉欧的师幼关系是尊重、平等的，教师和幼儿共同参与到活动中。教师认为儿童是学习和发展的主人，拥有丰富的潜能、可塑性，以及强烈的学习和成长动力，同时还存在个体差异。瑞吉欧的教师成为了幼儿学习和发展的观察者和记录者，能

---

① 顾明远，梁忠义主编：《幼儿教育》，长春：吉林教育出版社，2000，第 364 页。

② Malaguzzi, L. *History*, *ideas*, *and basic philosophy*. In Edwards, C., Gandini, L. & Forman, G., *The hundred languages of children*: *The Reggio Emilia approach-advanced reflections* (2nd). Ablex Publishing Corporation, 1998, p. 92.

够去倾听、发现和认识儿童，允许儿童自主的探索，同时参与到活动中，及时给儿童反馈、建议和支持，指导孩子丰富自己的想法。当儿童遇到难题，需要教师帮助时，教师作为资源给予支持。在观察、记录、说明和评价的系列过程中，教师成为了儿童的合作者与研究者，应"尊重儿童"和"发挥儿童的主体性"。

四、加强与家庭的合作伙伴关系

瑞吉欧教育方案教师与家长互相倾听与学习可以促进幼儿知识经验的习得，"有效教学必不可少的先决条件是建立教师和家长的密切联系①"。幼儿园教师需要与家长形成伙伴关系，并定期与家长沟通，让家长愿意倾听别人的意见与观点。良好的沟通与支持有助于教师全面了解幼儿，如教师需要定期记录幼儿在园期间的表现，幼儿家长需要将这些"表现"带回家，并"贡献出自己的记录"，为教师提供详细的解释或与他们共同讨论或思考幼儿的行为或语言方式等。与家庭合作的关系越好越有利于幼儿的发展。

第五节　瑞吉欧教育方案的实践运用

瑞吉欧教育方案在不断的发展过程中形成独具特色的教育教学理论、学校组织方法以及环境创设的基本原则，它在实践中不断被丰富和完善，在世界幼教发展模式中产生了极大的影响，其关于幼儿主动学习、教师转变角色、幼儿、教师和社区形成共同体，关注过程性评价等方面的理念和实践能够为我国的学前教育事业的发展提供一些有益的启示。

一、转变教育取向：形成开放的师幼关系

瑞吉欧教育方案在建构理论的基础上向我们展示了其独特的儿童观和教育观，强调儿童是通过主动建构和多元表征进行学习的，同时在合作学习的过程中和周围

---

① ［美］卡洛琳·爱德华兹，莱拉·甘地尼，乔治·福尔曼编著：《儿童的一百种语言：转型时期的瑞吉欧·艾米莉亚经验》（第三版），尹坚亲，王坚红，沈尹婧译，南京：南京师范大学出版社，2013，第144页。

环境的影响下实现自身发展。

另外，瑞吉欧教育方案提供了一种开放的师幼关系，重视幼儿的自主探索，同时充分肯定教师的重要作用。瑞吉欧教育方案一方面强调幼儿在活动过程中是主动学习和自主建构，并通过多种表达方式来探索主动学习的规律，并以此促进幼儿的主动发展；另一方面教师充分尊重儿童学习的自主性，提供幼儿自主探索和主动学习的空间。教师在活动过程中通过创设问题情境、创造自由探索的环境发挥引导者、支持者和鼓励者的重要作用。瑞吉欧的教育理论与实践为我国师幼关系的发展提供了借鉴：我们应该真正转变传统的教师中心并处于主导地位的关系，把学习的主动权交给幼儿，并为幼儿创设"会说话"的环境，帮助幼儿在自主探索中习得知识和经验。另外，在一日活动中，教师需要树立正确的儿童观，尊重、信任儿童并向幼儿学习，以此提高自身能力，与幼儿一起成长。

二、教师角色转型，重视教师专业发展

在瑞吉欧课程体系中，教师的角色是多元的，教师有时候是幼儿的指导者，有时候是课程的设计者，有时又是幼儿活动的支持者和促进者。瑞吉欧课程模式对于教师角色的诠释对教师提出了更高的要求，即成为促进儿童主动学习的合作者与研究者。首先，教师可以从幼儿的日常交谈中捕捉幼儿的兴趣点，在活动过程中对幼儿的兴趣有持续的追踪；其次，在幼儿的活动过程中，教师要支持幼儿的自主探究，与幼儿合作完成任务，引导幼儿在合作中有积极的情感体验；最后，教师在评价过程中的观察记录是对幼儿的深入研究。教师通过记录深化对幼儿的认识和理解，并在此基础上进行修正和调整，形成新的教学策略，从而持续开展适应儿童身心发展的活动。

三、创设真实空间：形成开放的教育环境

在瑞吉欧教育方案中，教育理念渗透在开放的环境中，教师精心创设的真实环境是影响儿童学习和发展的"第三位教师"。正如马拉古奇所说，"我们重视环境，因为环境有能力去组织、提升不同年龄的人之间的愉悦关系，创造出美好的环境，提供变化，让选择和活动能更臻完善。而且环境的潜能可以激发社会、情感和认知

方面的种种学习。①"因此，儿童可以在任何地方、任何空间进行自由探索，环境中的任何现象或问题都能成为儿童探究的主题。例如，儿童在探究感兴趣的活动主题时，教师可以带领儿童在公园、田野、树林等各个地方进行考察，把活动的环境从学校扩展到社区甚至街道、戏院、景点等。瑞吉欧教育方案将环境看作是幼儿的"第三位"教师，不断变化的环境成为"会说话的教育者"，对幼儿的教育发挥着重要的价值。

四、建构多元网络：形成开放的合作关系

在瑞吉欧的教育实践中，家长和社区人员有权利参与学校的活动，并影响学校的管理。教师一方面邀请家长展示儿童的成长历程与参与学校活动，并重视教师与家长的联系，让家长对幼儿在园的情况有初步的了解；另一方面，也请家长了解教师的需要，在其需要时请他们配合和帮助，提高家长配合的积极性，从而促进幼儿更好的发展。

社区参与是瑞吉欧课程的另一个特色。在实践运用中，我们可以看到幼儿园开始重视与家长、周围环境形成一致的教育合力，构建幼儿、教师、家庭和社区的共同体。同时形成一种儿童文化，为孩子提供自主、自由建构主客观经验的环境，使孩子在相互合作和社会化的气氛中不断获得100种主客观经验，帮助儿童形成一贯的教育环境，让儿童在一致的环境中无忧无虑的成长。我们应该借鉴瑞吉欧将幼儿园、家庭与社区融合在一起，并各尽其职，三位一体的帮助幼儿全面发展。

五、注重多种评估：形成开放的评价体系

瑞吉欧在幼儿活动过程中进行评价，其中形成性评估是瑞吉欧课程模式评价的重要形式。这种评价贯穿于课程的始终，在评价的过程中，幼儿、教师以及家长都有机会参与进来。因此，从不同主体的角度评价幼儿的学习过程，注重多种评估策略的结合，将会实现从不同方面对幼儿的发展进行更深入、全面的认识。

---

① 屠美如，张金梅：《向瑞吉欧学什么——〈儿童的一百种语言〉解读》，北京：教育科学出版社，2002，第49页。

（一）幼儿的自主评价

瑞吉欧教育中幼儿的评价可以分为对自我的评价及作为同伴对其他幼儿的评价。幼儿的自我评价是重新反思、回顾学习的过程，对自我表现进行总结的过程：一方面，通过自我评价，幼儿能够重新回顾自己所做的事，对自己行为产生的成果有一个全新的认识；另一方面，在活动过程中，幼儿会发现需要解决的问题，并在和他人的交流合作中不断完善解决问题的策略，主动改进自己的学习。

幼儿对其他幼儿的评价是指对其他幼儿的行为、想法做出判断的过程。在与其他幼儿合作活动的过程中，幼儿会和他人进行交流，在这个过程中幼儿会对他人的想法和行为有自己的看法——指出不合理的地方，提出自己的建议等，这不仅可促进幼儿合作性交往的能力，同时也有助于幼儿客观地对他人进行评价。在我国幼儿园发展过程中这两种评价方式可以运用到幼儿的一日活动中的各个环节，帮助幼儿学会自我评价和与对别人进行评价，这两种评价都能促进幼儿自我意识的发展，帮助幼儿积极、正面地了解自己。

（二）教师的过程评价

"记录"在教师的评价过程中发挥了重要的作用，为教师重新审视幼儿的活动提供了丰富的材料。瑞吉欧教育工作者可通过记录及时发现幼儿的需要、兴趣及反应，并在此基础上对幼儿进行客观的、全面的评价。

因此，我们强调教师要经常对儿童进行观察笔记的记录，这种理念的形成源于瑞吉欧课程模式。全面、精确的记录能够帮助教师了解幼儿的真实需求，而只有在准确了解幼儿的真实需求的基础上，我们才能加深和拓展儿童学习的范畴，促进儿童挑战性任务的完成和进一步的学习。

（三）家长的发展评价

家长是评价幼儿的另一个重要的主体：一方面，家长可以通过教师的记录全面了解幼儿在校内的表现，从而为幼儿在校外的学习和发展提供更有针对性的方式，丰富幼儿的学习经验；另一方面，家长的发展评价是教师评价的重要组成部分。家长的评价能够对学校的教育方案提出进一步的建议，为教师提供幼儿信息，帮助教师及时了解幼儿校外的表现，教师综合多方评价，对幼儿的发展做出更准确的评价。

小 结

　　瑞吉欧教育方案是由马拉古奇开发出的一套独特具有变革性的教育教学理论、环境设计原则与课程组织方式。基于杜威的进步主义教育理论、建构主义教育理论和弗雷内的合作性教育理念，瑞吉欧教育方案认为儿童有"一百种语言"，强调儿童的活动、兴趣和经验对儿童发展的作用，以儿童的需要为出发点进行方案教学，提供开放性的教育环境以促进幼儿主动建构和学习，并提倡通过记录的形式展开过程性评价。瑞吉欧教育方案现已成为最有影响力的世界学前教育课程模式之一。

关键术语

　　瑞吉欧教育方案；方案教学；《儿童的一百种语言》；生成课程；研究性学习。

思考题

1. 分析瑞吉欧方案教学中的师生关系。

2. 述评瑞吉欧方案教学的形成和发展过程。

3. 分析瑞吉欧方案教学的主要特色。

4. 瑞吉欧方案教学可以给我国的幼教改革特别是幼儿园课程改革提供哪些启示？

5. 根据瑞吉欧方案教学的幼教经验，试提出在幼儿园生成课程的基本思路。

创造性课程模式

创造性课程模式（The Creative Curriculum for Preschool，CC）是由美国幼教理论与实践工作者黛安·道奇（Diane Trister Dodge）、劳拉·寇克（Laura J. Colker）和凯特·赫罗曼（Cate Heroman）设计的一项专门针对 3 ~ 5 岁学前幼教机构的课程模式，也是美国"提前开端"项目实践的主导性课程模式。[①] 创造性课程为综合性课程，旨在通过老师引导的团体活动（group activities）促进所有儿童的发展。因此，创造性课程要求教师应该了解"教什么""为什么教"及"儿童如何进行最好的学习"，并强调家庭、家长、亲友、社区、环境和托幼机构之间的关系的建立与协调。创造性课程在美国的普及率很高，根据美国提前开端项目协会的相关调查，创造性课程在美国项目机构中的使用率为 39.1%，远远超过了已被我国广泛使用、借鉴的高宽课程的使用率（20%）[②]。

第一节　创造性课程模式的形成动因与演变历程

一、创造性课程模式的形成动因

（一）经济动因：保持经济大国地位对教育提出新诉求

第二次世界大战结束后，美国在科学、教育等领域不断推行改革政策，以保持

---

① 陆丽华，赵晓亚，毛颖蕴：《创造性课程评述》，载《早期教育》（教师版），2005（8）。

② Richard Lambert，UNC Charlotte. The developmental continuum assessment system for ages 3 to 5：the assessment component of the creative curriculum for preschool. http://ceme. uncc. edu/sites/ceme. uncc. edu/files/media/pdfs/The% 20Development% 20Continuum% 20Assessment% 20System% 20for% 20Ages% 203％ 20to% 205. pdf. 2015-01-03.

其作为经济大国的国际地位。美国人民认为科技的落后最终要归咎于教育的落后。1958年美国通过《国防教育法》，将大量财力投入到改善美国中小学数学和科学学科的教学，力图提高教学水平。1965年联邦政府颁布《经济机会法》明确规定由联邦政府拨款开展"开端计划"，主要目的在于改善生活在贫困线以下的3~5岁幼儿的身体状况、认知水平、社会性发展等状况。另外，20世纪50年代的新课程运动、60年代中期的促进教育机会平等的运动、70年代的回复基础教育的运动等促使学前教育成为美国教育改革和投入的重点。

1985年，美国科学促进会启动了一项改革科学技术的国家计划——《2061计划》。《2061计划》重视传统较为弱势的学前教育，强调提高全美科学素养、促进科学技术发展需要从幼儿园开始，而创造性课程模式正是顺应了这种趋势，才成为了最受欢迎的课程模式之一。

（二）政策动因："开端计划"要求提升学前教育质量

美国提前开端计划是由美国联邦政府制订并于1964年开始实施的一项国家行动计划，是美国持续时间最长，影响最广的社区行动计划。"开端计划"作为美国扩大教育机会、保障教育公平的重要手段，主要针对处境不利学前儿童及其家庭提供各项服务的综合性体系。此外，"美国国会于1981年颁布的推动与规范'开端计划'项目的《提前开端法》（*Head Start Act*），1990年颁布的《儿童保育与发展固定拨款法》（*Child Care And Development Block Grant Act*），2000年颁布《早期学习机会法》（*Early Learning Opportunity Act*），2001年《不让一个孩子掉队法》（*No Child Left Behind Act*）及2005年因'开端计划'被重新授权而制定的《入学准备法》（*School Readiness Act*）都极大地推动了幼儿教育事业的发展①"计划。该计划自创始至今的50年里，已经为2 200多万名儿童提供了服务，在很大程度上减少了留级和接受特殊教育的儿童数量，既赢得了贫困家庭的好评，又促进了社会的教育公平。基于此背景，幼儿教育工作者们为促进学前教育质量的提升不断开发和发展优秀的课程模式，创造性课程成为美国开端计划的课程模式之一。

（三）教育动因：国家对教育改革的迫切需求

1989年，布什总统召开了第一次教育高峰会议，并于会议中提出了到2000年

---

① 陈时见，何茜主编：《幼儿园课程的国际比较——侧重幼儿园课程设置的经验、案例与趋势研究》，重庆：西南师范大学出版社，2011，第6页。

应达到的六项目标，其中包括要求高中生毕业率达到90%、数学和科学学科教学达到世界一流水平等。这次由总统出面召开的全国教育会议足以说明联邦政府已经意识到基础教育改革的迫切性。此外，《不让一个儿童掉队》的教育报告突出强调学校责任、高标准、考试、科学有效的教学方法，以消除处境不利学生的成绩差距。为此，美国投资了467亿美元用于这项教育改革。① 由于美国各界对于基础教育的改革和重视，美国教育得到了高速的发展，也引起了人们对于学前教育事业发展和学生创造能力培养的关注，学前教育创造性课程就是在这种大的环境背景下产生并获得不断发展。

二、创造性课程模式的发展历程

20世纪七八十年代，美国兴起了一股"回归基础"的潮流，旨在通过教育改革来促进学生在学业成就方面的提高，进而在科技发展方面赶上其他国家。同时，美国联邦政府削减了幼儿早期教育方面的财政投入，造成了许多州政府都将幼儿教育机构归入公立小学。针对日益明显的小学化倾向，全美幼教协会（NAEYC）推行出一套价值观念和评价标准，并提出了发展适宜性教育实践的儿童早期教育理念和行动指南。一些学前教育从业者和研究者本着该理念和指南，一起合作研发了创造性课程。创造性课程模式的形成历程主要经历了以下三个阶段。②

（一）开始阶段：建立学习区

20世纪七八十年代，是创造性课程模式的创立阶段，强调通过学习区的建立来实现"教师的全面教育"和"儿童的全面发展"。在此阶段，课程的理念和要素并不完整和成熟。1978—1988年，教学策略公司分别发行了第一版《创造性课程模式》和第二版《创造性课程模式》，两版课程模式旨在帮助教师将他们的教室规划成学习区，并且有效地运用学习区来进行教学。但是，许多研究者和实践者很快发现，我们需要做的工作远超于此。

---

① 牟子文：《从美国的教育改革看美国的教育理论——兼谈教育研究中的学风问题》，载《异步教学研究》，2004（6）。

② 姜凤华：《美国DAP的价值取向对我国学前教育改革的启示》，载《教育探究》，2011（4）。

（二）发展阶段：设计"发展连续表"

随着研究和实践的深入发展，20世纪80年代末至90年代中期，创造性课程模式的研究者和实践者们积累了丰富的实践经验，并逐渐形成和深化了自己对课程的理解。1992年《创造性课程模式》第三版出版，作者首次呈现了创造性课程模式的整个框架体系，提出了该书所依据的理论基础、幼儿的学习目标，以及对教师在教学与家园沟通合作方面的一些建议。同时，它增加了一些新的学习区，并加入了追踪幼儿发展的评价工具——"发展连续表"。至此大家对如何界定创造性课程已基本达成共识，也认可此课程在帮助教师实施"发展适宜性教育实践"上的重要价值。

（三）完善阶段：强调课程、教师和幼儿三者的关系

20世纪90年代末以来，创造性课程模式出现了一些新的变化，集中体现在2002年出版的第四版《学前创造性课程模式》中，第四版课程模式具有扎实的理论基础，也回应了学前教育课程在学科内容上的新需求。在此阶段，创造性课程更加强调教师在整合学科内容、教学与幼儿的学习这三者关系时所发挥的重要作用，更加重视幼儿社会化情绪技能的培养，并将其看成是幼儿未来在学校和生活中成功的关键；强调教学法要符合所有幼儿的需求，包括那些有特殊需求的幼儿及以英语为第二语言的学习者；在学习区中增设"发现区"，并将课程的目标以"发展连续表"的形式来呈现。

另外作者在第四版中丰富了该课程的理论基础，引入了维果茨基和加德纳的教育理论，以及脑部及复原力方面的最新研究成果。同时，作者详细说明了这些研究和理论对他们在设计课程、看待幼儿及为教师提出教育建议时所发挥的重要作用。

第二节　创造性课程模式的理论基础

发展适宜性实践意味着教学的方法要与儿童的发展相适应，以促进他们获得最优的发展和学习。早期教育专家根据以下信息对儿童的教育情况做出决定：

- 儿童发展和儿童怎样学习
- 每个儿童的优势、需求、兴趣

- 每个儿童家庭和社区的文化

学前创造性课程以五个基本准则为基础来指导实践和帮助教师理解以某种特有的方式有意设置和运营项目的原因。这些准则为：

- 与成年人积极的互动并建立联系为成功学习提供重要基础
- 社会情感竞争力是学业成功的一个重要因素
- 建设性的、有目的性的游戏有助于关键知识的学习
- 物理环境影响学习互动的类型和质量
- 教师家庭合作促进儿童发展和学习①

创造性课程模式受很多儿童学习和发展的重要理论的影响。这些理论主要包括马斯洛（Maslow）的"需要层次理论"、埃里克森（Erik Erickson）的"人格发展理论"、皮亚杰（Piaget）的"发生认识论"、史密兰斯基（Simlansky）的"游戏理论"、维果茨基（Vygotsky）的"社会互动和学习理论"、加德纳（Howard Gardner）的"多元智能理论"，以及有关学习、脑科学和复原力的最新研究成果等。

一、马斯洛的"需要层次理论"

马斯洛的"需要层次理论"描述了人类共同的需要层次。我们应该满足幼儿的基本需求——生理与安全的需求，并在此基础上关注幼儿更高的需求。创造性课程模式强调教师应为幼儿营造安全的环境，这种"安全"不仅仅代表幼儿在物质环境上的安全，而是更加强调其在心理上的安全，如学习氛围的建立、师幼互动的进行等。环境的安全和幼儿的归属感是幼儿学习发展的重要前提和基础。

二、埃里克森的"人格发展理论"

埃里克森认为，人的一生面临八个主要危机或心理社会阶段。每种危机出现在一个特定的时期，这个时期是由发展中的个体在生命的特定时间点所经历的生物成

① Diane Trister Dodge, Cate Heroman, Laura J, EdD, Toni S. Bickart. *The Creative Curriculum for Preschool*, *The Foundation*. *Teaching Strategies*.

熟和社会需求决定的①。3～5岁幼儿处于"自主对罪恶感"阶段，处于该阶段的幼儿试图像成人一样做事，并试图承担他们无法胜任的责任，但有时他们的目标或行为与父母及其他家庭成员是冲突的，这些冲突可能使他们感到内疚。因此创造性课程模式强调教师应营造一种鼓励幼儿去试验、探索和追求兴趣的教室环境，以支持幼儿的试验、探索及其对自己兴趣的追求，并将主动探究视为幼儿发展的主要成就。

三、皮亚杰的"发生认识论"

皮亚杰认为，儿童的认知发展主要经历四个主要阶段：感知运动阶段（0～2岁）、前运算阶段（2～7岁）、具体运算阶段（7～11岁）和形式运算阶段（11岁及以上）。所有的儿童都是按照这四个阶段发展的，由于后一阶段需要以前一阶段为基础，代表了更复杂的思维方式，因此儿童不能跳过任何一个过程②。3～5岁的幼儿正处于前运算阶段，在这一阶段，儿童以符号为工具进行系统表征并理解环境信息，其对客体和事物的反应仅仅依照其外在表现。处于该阶段的幼儿仍保持"自我中心"意识，即认为别人理解事物的方式与自己是一样的。创造性课程中"老师会给幼儿许多操作具体物体、发现这些物体逻辑性的机会，他们会想办法丰富幼儿的经验，鼓励幼儿彼此互动，学习对方的观点。③"由此，创造性课程中教师基于幼儿的年龄特征，为幼儿提供操作物体和发现这些物体逻辑特性的机会，为幼儿抽象思维的发展奠定基础。

四、维果茨基的"社会互动和学习理论"

维果茨基强调社会文化对人类发展的重要性，他认为，认知发展是一个社会文化传递的活动，儿童通过与社会中有更多经验的成员对话，逐渐获得新的思维和行为方式，也就是说，幼儿的认知发展不仅依赖于其对物体的操作，还需要其与成人

---

① ［美］David R. Shaffer & Katherine Kipp：《发展心理学》，邹泓等，译，北京：中国轻工业出版社，2009，第41页。

② ［美］David R. Shaffer & Katherine Kipp：《发展心理学》，邹泓等，译，北京：中国轻工业出版社，2009，第51页。

③ ［美］黛安·翠斯特·道治，劳拉柯克·凯特海洛曼：《创造性课程》，吕素美译，江苏：南京师范大学出版社，2006，第14页。

及同伴之间的互动。相比于幼儿独立完成的任务，幼儿在旁人协助下完成的任务更能使幼儿对自身能力有一个正确的了解；儿童获得新技能的重要途径就是通过其与更有能力的个体之间的交往。因此，创造性课程强调教师应成为一个学习共同体，幼儿通过与教师、同伴之间的互动，逐渐获得解决问题和发展社会性的能力，由此促进整个共同体中所有幼儿的学习与发展。

五、加德纳的"多元智能理论"

加德纳提出，个体的智力表现在生活中的各个方面，智力是其"在特定的文化背景下或现实环境中，解决实际问题或制造产品的能力"。其中，"解决问题的能力"是指个体针对某一特定目标，找到达成这一目标的正确方法的能力；"制造产品的能力"，则是指个体对知识的获取、传播，从而表达个人观点或感受，制造出社会需要的有用产品的能力。多元智能的基本结构包含了语言智能、数学逻辑智能、空间智能、身体运动智能、音乐智能、人际关系智能、自我认识智能和自然观察智能共八种智能。加德纳认为，智力不是一种能力而是一组能力，而且各种能力在个体身上相对独立存在。每个个体都同时拥有相互联系的多种智能，但大部分的个体都只在其中一项或几项上表现比较突出。基于多元智能理论，创造性课程强调，每个幼儿都有其各自的特殊天分，教师应为每个幼儿提供机会，帮助幼儿充分展示和发挥自己的优势与特长。

六、史密兰斯基的"游戏理论"

史密兰斯基将游戏分为四类：包括功能性游戏、建构性游戏、戏剧性游戏和规则性游戏。史密兰斯基认为功能性游戏是幼儿接触的最早的游戏，是幼儿通过感官和肌肉探索与熟悉物体，并了解物体的功用与价值。创造性课程中教师需要为幼儿提供能引发幼儿兴趣并能令幼儿积极探索的学习区，幼儿可以通过游戏进行学习或以游戏的方式认识世界；建构性游戏与功能性游戏相比，需要幼儿倾注更多的时间去搭建一些东西，搭建的材料和物品由幼儿决定，搭建的成果可以根据幼儿的需要决定是否保留。创造性课程根据建构性游戏的特点和方式，鼓励教师丰富并肯定幼儿的建构性游戏，帮助幼儿在游戏中习得知识；戏剧扮演游戏需要幼儿将自己扮演成一个角色，并通过表演和言语等方式将这个角色呈现出来，对幼儿而言，进行戏剧扮演游戏时需要了解角色的特征，对幼儿的认知能力、社会性等方面的要求较高。创造性课程要求教师根据幼儿的兴趣，为幼儿提供扮演的环境，并在幼儿扮演中与其产生互动，帮助幼儿在扮演中习得知识或经验；规则性游戏与扮演游戏相同，需要有计划地进行，而且需要幼儿在游戏时尊重规则。创造性课程认为规则性游戏能够促进幼儿的发展，教师需要鼓励幼儿自己建立行之有效的规则并遵守这些规则。总之，四种游戏形式都能促进幼儿的学习与发展。因此创造性课程提出，教师应该帮助幼儿创造机会，促进幼儿通过各种游戏获得学习经验、并不断丰富和扩展幼儿的世界。

七、脑科学相关研究

近年来，脑科学的研究影响创造性课程的发展，脑部研究的成果揭示①：一个人的学习同时受遗传和环境的影响，人脑因为学习和经验而成长，且情绪在学习上扮演一个非常重要的角色。另外，脑科学研究认为学习既是先天的也是后天的，大脑因为学习和经验而成长。基于脑科学的研究，创造性课程要求教师了解幼儿的智商是可以改变的，应该为幼儿提供安全、舒适、丰富的环境，促使幼儿脑部联结的增多，帮助幼儿在安全的环境中成长、学习。

第三节　创造性课程模式的理念、目标、内容、实施与评价

一、课程理念：发展适宜性实践

1987 年全美幼教协会（NAEYC/National Association for the Education of Young Children）在立场声明书上首次提出了"发展适宜性实践"的概念，并在 1997 年更新及修正。创造性课程作为当下最前沿的课程模式之一，秉持的就是"发展适宜性实践"理念，即教学要符合所有幼儿的需要，符合幼儿在"做"中学、在游戏中学的特点，并尊重幼儿间的个体差异性。

---

① 陆丽华，赵晓亚，毛颖蕴：《创造性课程述评》，《早期教育》，2005（8）。

（一）"做"是幼儿最好的学习

创造性课程始终坚持这样的儿童哲学："做"是幼儿最好的学习。从该理念出发，创造性课程认为幼儿的学习不仅仅在于模仿和重复他人说话的过程，而是要幼儿去积极的思考，并尝试去发现事物的运作方式，并从周围世界中获取直接经验。年幼的儿童是通过他们的感觉器官（摸、尝、听、闻和看）与物体的直接接触，即"做"，来探索周围世界的。幼儿也正是在使用真实的材料（如积木）和表达他们自己的想法时，学会了大小、形状、颜色的概念并注意到事物之间的关系。当他们学会用一个物体去代替另一个物体时，幼儿开始形成象征性思维。渐渐地，幼儿会开始使用文字等抽象符号来表达他们的想法和感受。① 对于幼儿来说，学前阶段是非常特殊的发展阶段——需要开始信任、理解家庭以外的人和事物，与此同时，他们四处探索、摆弄物品，以自己的方式了解这个世界。因此，对学前阶段的幼儿而言，"做"是最好的学习方式之一。

（二）游戏是幼儿的工作

史密兰斯基指出，各种游戏方式都能促进幼儿的学习与发展。根据史密兰斯基的游戏理论创造性课程模式认为游戏是幼儿学习的内在动力，为学习提供了基础，是幼儿学习高度抽象的符号（如字母和数字）之前所必须准备的。② 此外，创造性课程建议教师鼓励幼儿自己去制定游戏规则，重视游戏的过程，而不是输赢的结果；鼓励幼儿进行合作性游戏，而不是竞争性游戏。总之，游戏就是幼儿的工作，需要幼儿自选、自主地参与完成。

（三）幼儿的发展具有个体差异性

创造性课程模式强调即使幼儿个体间会在发展水平方面显示出一定的相似性，但幼儿间依然存在着性别、秉性、兴趣点、发展水平、发展速度、内在学习动力等方面的差异（例如，有的孩子会对猴子着迷，有的则对直升机和卡车感兴趣）。另外，每个幼儿都有适合自己的学习方式。例如，有的幼儿是视觉学习者，有的是听

---

① The Creative Curriculum for Early Childhood. http://www.wvdhhr.org/bcf/ece/earlycare/documents/tiered_reimb/centers/section5.curriculum.pdf. 2015-05-07.

② The Creative Curriculum for Early Childhood. http://www.wvdhhr.org/bcf/ece/earlycare/documents/tiered_reimb/centers/section5.curriculum.pdf. 2015-05-07.

觉学习者或动觉学习者，我们不能确定某一种学习方式优于另一种，但是每个幼儿都有其最适合的学习方式，通过这种学习方式，幼儿能够达到最佳的学习效果。另外，幼儿间不同的生活经验（如生活环境）也会导致幼儿间的差异。文化背景会影响幼儿的想法及其与人相处的方式，不同的文化背景对一个人如何提问、如何回答问题以及如何与人交谈方面也有不同的规范。同时，创造性课程模式强调，教师需要考虑一些有特殊需求的孩子，如资优儿和身心障碍儿，以及第二语言学习者，根据其需要为其提供适宜的支持。

一个在幼儿早教实践过程中非常重要的方面是要囊括所有幼儿的情况。通过涵盖进去 UDL（Universal Design for Learning）的概念，《创造性课程》展示了如何实施一个高质量的，包容性的课程计划。当教师们使用 UDL 的方法进行教学时，他们会考虑到所有幼儿的学习情况，包括英语语言学习者、学习能力较强的幼儿及那些身体有残疾或是发育迟缓的幼儿。通过提供多种指导方式，布置学习任务和课后作业，教师们给幼儿提供了学习知识和技能及彼此交流他们所学内容的多种方式。①

二、课程目标：培养完整的人

创造性课程模式关注幼儿的情感需求和能力发展，重视培养完整的人，其最重要的教育目的是希望幼儿能成为一个自立、自信、并能与他人融洽合作的积极、好奇的学习者。② 在该课程中，具体课程目标是以"发展连续表"的形式来表示，包含了读写、数学、科学、社会、艺术和科技六大领域，共有 50 项目标，每一项目标下面又详细地列出了预备水平、水平一、水平二、水平三四个由低到高的发展阶段。"发展连续表"具有以下特色：（1）适用于所有孩子———一般孩子、发展落后孩子和发展超前孩子；（2）将每一项目标细化分解成可以具体操作的期望，帮助教师更好地为课程做计划；（3）提供架构，让教师可以据此记录孩子长时间的发展状况，并据以观察孩子，然后为班上所有的孩子设计出相应的教学课程；（4）发展连续表列出的是孩子可以完成的事，以及接下来会发展出的能力，而不是列出一些孩子做

---

① Diane Trister Dodge, Cate Heroman, Laura J, EdD, Toni S. Bickart. *The Creative Curriculum for Preschool*, *The Foundation*. *Teaching Strategies*.

② The Creative Curriculum for Early Childhood. http://www.wvdhhr.org/bcf/ece/earlycare/documents/tiered_reimb/centers/section5.curriculum.pdf. 2015-05-07.

不到的事，因此，教师可以根据它设计最佳的教学方法；（5）教师可以从中获得丰富的资讯，并与家长分享，让家长对孩子的进步更有信心。下面以逻辑思维和语言发展为例，对创造性课程目标进行介绍。

表9-1　创造性课程模式的目标——以逻辑思维和语言领域为例

认知发展——逻辑思维			
课程目标	3~5岁儿童发展连续体		
	I	II	III
27. 物品分类	最初找到两个相同的物体，加以评论或者把它们放在一起 将相似种类的玩具分为一个小组，如车、积木、玩偶	按照物品的一种属性进行分类，如大小、形状、颜色或用途 例如，按照颜色将鹅卵石放入三个桶中；将方形积木放在一起	先按照一种属性将物品分类，然后再按照学龄前分类 例如，收集树叶，先按照大小分类，再按照颜色分类；先将穿系鞋带鞋子的儿童分为一组，再将穿蓝色的儿童分为一组	将物品分组/次小组，并能陈述原因 例如，将贴画分为四堆（"这些是五角星形，分为银色和金色；这些是圆形，分为银色和金色"）；将动物分为一类，再将它们分为生活在动物园或农场中的动物
28. 比较测量	最初注意到新的或不同的事物 例如，一个新同学或架子上的新玩具 注意到物品的相似点 例如，"我们有同样的鞋子"	注意相同点和不同点 例如，说："玫瑰是我们花园中唯一散发出香味的花"，"穿着我的新鞋能让我学东西很快"	使用与数字、大小、形状、质地、重量、颜色、速度、体积相关的比较性字词 例如，"这个桶比那个桶重"；"现在音乐变快了"	理解/使用有关测量的字词和一些标准的测量工具 例如，使用一套积木来测量地毯的长度；"我们需要2杯面粉和1杯盐来做生面团"

认知发展——逻辑思维				
课程目标	3～5岁儿童发展连续体			
		Ⅰ	Ⅱ	Ⅲ
29. 排列物品	最初使用自我纠错玩具，如结构板和分级堆叠环按一种属性分类 例如，大积木和小积木	注意到序列中摆放不恰当的物品 例如，将序列中摆放错误的测量勺拿出来，并放到正确的位置上	找出一组物品的逻辑顺序 例如，用按大小排列的木珠制作项链；将杂志上的脸部表情按照从最漂亮到最难看的次序排列	通过试误，按照两种及其以上的物理特点连续排列物品 例如，按照高度和宽度来排列瓶盖；按照大小、颜色和形状排列橡皮泥饼干
30. 识别模式并能重复	最初完成一句在熟悉的故事中反复出现的句子哼、唱或响应熟悉歌曲中的同样和声完成简单的结构板	注意并创造物品的简单摆放模式 例如，按大小交替的顺序摆放一行木块（大—小—大—小）；按照两种颜色重复出现的次序串珠子	扩展一种模式或创造出自己设计的简单模式 例如，按照重复2种或更多颜色的模式，用珠子制作项链；继续按照两种颜色的模式摆放积木	创造出自己设计的复杂模式并进行复制 例如，模仿拍手节奏（慢拍手一次，再接着进行3次快速拍手）；按照3种颜色重复的模式排列彩色的1英寸立方体，并重复这种模式穿过桌子

语言发展——听和说				
课程目标				
		Ⅰ	Ⅱ	Ⅲ
41. 回答问题	最初用语言、手势或标志回答是/否问题 例如，当问她想要什么样颜色时，她指向紫色的颜料	使用一两个单词来回答简单的问题 例如，当问到姓名时，说："科斯蒂"；问到颜料的颜色时，会说"紫色和蓝色"	用完整的句子来回答问题 例如，回答到"我乘坐公交车去学校"；"我想要紫色和蓝色的颜料"	在回答问题时，加入细节 例如，当被问到周末做了什么时，描述一次家庭旅行；会说"我想要像我新鞋子一样的紫色和蓝色，这样我就可以制作很多花了"

语言发展——听和说				
课程目标				
		I	II	III
42. 问问题	最初使用面部表情/手势来问问题 使用升调来问问题 例如，"妈妈回来了吗？" 使用一些"wh-"单词（what、w学龄前re，什么、哪里）来提问 例如，"那是什么？"	问一些简单的问题 例如，"午饭吃什么？""今天我们可以在户外玩吗？"	问一些需要认识程度较深的问题 例如，"当雪融化了之后会去哪里呢？"，"那个人为什么要穿制服？"	问越来越复杂的问题，进一步加深自己的认识 例如，"鱼缸里的水会怎么样？鱼会喝里面的水吗？"
43. 积极参与谈话	最初通过微笑、眼神发起交流 回应社交问候 例如，挥手回应"你好"或"再见"	回应他人的评论和问题 例如，当一个儿童说："我有一双新鞋"时，展示自己的鞋子并说："看看我的新鞋子吧"	回应他人的评论，并能互相交流 例如，在小组讨论中，能够做出相关的评价；当别人不理解时，给出更多的信息	发起以及/或者扩展对话，使之至少能进行4个来回 例如，当与朋友谈话时，询问发生了什么事情，朋友做了什么，并分享自己的想法

三、课程内容：系统的六大领域教学内容

由于"标准化运动"的影响，创造性课程建立了系统的教学内容，包含了读写、数学、科学、社会、艺术和科技六大领域。

（一）读写

根据近几年来研究者和幼教工作者对创造性课程，即幼儿学习阅读、写字和了

解文字的机制的相关研究，列出了读、写领域的七大课程内容要素①。①字词使用：会用的字词越来越多，即在幼儿园创造性课程的教室里，幼儿有许多发展词汇、使用语言的机会，包括非正式的对话、唱歌、念童谣、念手指谣或律动、朗读等。②语音意识：在促进幼儿语言意识上，教师所扮演的角色就是通过好玩的歌曲、游戏来吸引幼儿注意到口语里各种不同的声音。③对印刷文字的了解：幼儿通过在环境中看到印刷文字以及在游戏中使用文字，从而获得关于印刷文字的知识等。④字母和单词：要真正了解在英语里，一个字母就是一个符号，可发一个或多个音；了解这些符号可以组合起来形成文字，这些文字都有意义。⑤理解能力：教师如何读书给幼儿听对幼儿理解技巧的发展特别重要。但在读书过程中教师应该注意，在读完一个句子后停一下，让幼儿有机会发表意见，问一些开放式的问题，帮助幼儿形成已有经验和故事情节间的联结。⑥对书本和其他印刷品的了解：要让教室里充满各种形式的书，让幼儿注意到不同形式的书的特色，并引导幼儿注意他们的特征，就可以帮助幼儿了解各种形式的文学作品。⑦从读、写中获得快乐：学习动机在幼儿读写当中也是特别重要的。要让幼儿享受读写中的快乐，提高幼儿参与读写活动的主动性与积极性。识字过程并不是一个自然发生的事情。教师要有目的地与幼儿互动，可安排一些能够帮助他们增长文学知识的互动。一个印刷制品较为丰富的环境可以使得幼儿用有意义的方式和学过的重要概念来更好地锻炼文学技能，这些都是在学前教育里学习文学技能的基础。当幼儿在阅读和写作方面的兴趣增加时，教师就可以为后面其他文学技能的学习创造更多的机会。②

（二）数学

创造性课程模式根据"全美数学能力指标"（National Standards in Mathematics/NCTM，2000）描述了幼儿在学前教育时期应学会并掌握的内容，确立了数学领域

① National Institute of Child Health and Human Development. （2000）Report of the National Reading Panel：Teaching children to read：An evidence—based assessment of the scientific research literature on reading and its implications for reading instruction. Washington，DC：Author，National Institutes of Health.

② Diane Trister Dodge，Cate Heroman，Laura J，EdD，Toni S. Bickart. *The Creative Curriculum for Preschool*，*The Foundation. Teaching Strategies*.

的五大课程内容要素①。①数学的基础——数的概念：数数是最早出现的数的概念之一。另外，还有其他一些数的概念，包括数量、比较和数字符号等。在幼儿探索、掌握和组织材料的过程中及在他们与同龄人或是成年人用数学思维交流时，幼儿对这些概念的理解会日益增长。②代数和几何模型的建立：物体、形状或数字若按某种规律来排就是它的形式。学前儿童要能辨认和分析一些简单的形式，将这些形式复杂化，并发展对更多的物体做出预测的能力。认知几何模型对科学、文学及数学的学习都非常重要。③几何和空间感：儿童能辨认环境中的各种形状和结构。对小孩子来讲，几何其实就是认识并描述周边出现的一些图形。当幼儿察觉自己和其他的人或事相关时，他们就开始理解空间感了。④测量：学龄前教育关于测量方面的要求重点在于理解测量原则和测量方法的使用。幼儿是从使用各种器材、动手操作当中去学习测量的。如果幼儿平常可以接触到这些测量工具，他们会把这些仪器用到自己的游戏或是调查中去。② ⑤资料的搜集、组织和呈现：包括归类、分类、制作图表、数数、测量和比较的学习。

（三）科学

创造性课程模式的科学领域包含三大课程内容要素③。①物理科学：物理科学是研究物质物理特性的科学。通过对各种物体的探索，幼儿可以了解到重量、形状、大小、颜色和温度的概念。②生命科学：生命科学是研究关于生物的科学。当教师请幼儿照顾教室里的植物和动物时，就是在给幼儿传授生命科学的知识。幼儿通过观察周边的环境来学习科学知识。生命科学的主要概念来自对身边环境的探索，也包括了解我们自己的身体以及如何保持健康。③地球和环境科学：地球和环境科学主要谈的是大自然。在幼儿园阶段，地球和环境指的是幼儿可以直接接触、体验到的大自然环境。自然科学的组成部分被称为"地球和环境"，它涉及了自然世界的许多知识。在学前教育中，幼儿通过直接体验自然环境来学习这部分的相关内容。

① National Council of Teachers of Mathematics, （2000）. Principles and standards for school mathematics. Reston VA：Music Educators National Conference.

② Diane Trister Dodge, Cate Heroman, Laura J, EdD, Toni S. Bickart. *The Creative Curriculum for Preschool*, *The Foundation. Teaching Strategies.*

③ National Research Council. （1996）. National science education standards. Washington, DC：National Institutes of Health.

教师的目的是让幼儿能够学习到自然环境的一些重要理念并且逐渐尊重他们周围的自然环境。①

（四）社会

社会学科的标准主要着眼点在历史、地理、经济和公民的学习上。创造性课程模式的社会领域的四大课程内容要素。①空间和地理：包括居住地区的特征及这个地区和其他地区间的关系，以及幼儿所处地区的特点和方位。所需的教材是滑梯、秋千和树旁的一片绿草地。②人和人的生活方式：包括人的身体特征、习性，家庭和生活上的相似和相异之处，家庭的结构和角色，以及物品和服务的流通等。学前儿童可以以"探究自己和自己的家庭"，以及思考"教室里的规则是如何帮助大家一起生活、和善相处的"等方式入手来学习这些概念。③人和环境：包括建造城市、筑路、建高速公路或水坝、清理公园、资源回收、绿地的保护等。在幼儿园中，进行这些主题教学时，可以先找出幼儿在探索自己家庭和学校周围环境之后的收获，然后根据这些信息去延伸幼儿的学习内容。④人和过去：学前儿童的焦点都在此时此地，他们对于时间的概念并没有一个清晰而深入的认识，因此无法真正了解历史；相对地，他们只能了解与自己自身有关的事，如每天的行事安排、昨天做的事、明天要做的事等，并从中学到时间的概念。

（五）艺术

创造性课程模式根据全美艺术教育标准（1994）列出了艺术领域的四大课程内容要素②。①舞蹈：舞蹈是用身体来表达想法、对音乐做出回应的，以及传达内在感觉的一种艺术。鼓励幼儿听到不同的音乐后用身体做出回应，幼儿就会对身体的移动能力有所了解，也会用各种不同的方法来掌握时间与空间。②音乐：音乐是人声或混合人声和乐器的声音所创造出来的旋律和悦耳的声音。幼儿通过聆听及与各种声音互动的方式来习得音乐。在摸索乐器、自创曲调、学习合唱、编歌之中，幼儿可以发展其对不同类型音乐的欣赏能力，也能接纳乐曲间的不同表现形式。③戏

---

① Diane Trister Dodge，Cate Heroman，Laura J，EdD，Toni S. Bickart. *The Creative Curriculum for Preschool*，*The Foundation. Teaching Strategies*.

② Consortium of National Arts Education Associations. （1994）. Dance，music，theatre，visual arts：what every young American should know and be able to do in the arts：National standards for arts education. Reston，VA：Music Educators National Conference.

剧或表演艺术：戏剧是通过动作、对话或者两者兼有的方式来表述故事。学前幼儿可以通过戏曲等媒介，了解到动作可以传递信息，也可以表示行动。戏剧的学习对幼儿其他方面的学习也有直接影响，比如语言发展和读写能力。④视觉艺术：视觉艺术指的是绘画、素描、拼贴、用其他材料做模型和雕塑、建构、做玩偶、编制缝纫，以及用印章、积木做出图形或是拓印。

（六）科技

创造性课程模式根据"科技能力标准"（国际科技教育协会，International Society for Technology Education，1998）确立了科技领域的四大课程内容要素①。①对科技的感知：了解科技如何在家里、学校和家人的工作场所中被运用。可以让幼儿学习他们每天所使用的工具或机器的名称，并思考如果没有这些设备，工作要如何完成。也可鼓励幼儿去了解人们工作时是如何运用科技的。②基本的操作与概念：包括使用科技工具的基本方法，如使用电脑的基本方法，是打开电脑、开启程序、操作软件和关闭程序。③科技工具：包括不同形式的科技，从电脑、数码相机、录像机到汽车和铁锹。借助各式各样的工具，幼儿能了解到每种工具间的不同用途。④人与科技：包括在使用科技产品时的责任心及安全意识，要求幼儿爱护器材，并用适宜的方式使用器材。

四、课程实施：多方合作促进幼儿的发展与学习

教室的自然环境包括教室的大小、墙壁的颜色、地板的类型、灯的数量及窗户的数量。一个安全、有吸引力、舒适并且精心设计的自然环境可以帮助幼儿参与到教师提出的活动中来。这样的环境有利于教师为幼儿设定的目标的实现，并以积极的方式观察且可通过与幼儿互动来促进他们的学习与发展。

将实体空间分成不同的兴趣区域对学前儿童进行探索、动手制作、实验及培养兴趣是一个理想的设计。不同的兴趣区域有不同的材料，这样可以为幼儿提供一系列明确的选择。有时候幼儿想自己一个人或者与其他幼儿合作在安静的环境中动手操作。专用于书籍、艺术活动，或者玩具和游戏的区域能够为安静的活动提供多种

① International Society for Technology Education. （1998）. National educational technology standards for students. Eugene.

选择。而设置的表演游戏区、积木游戏区、木制工艺区或者锻炼大肌肉力量的活动区可以为更多的运动提供选择。

设置兴趣区域时，要注意插座、窗户、门、水槽及储藏室的位置。观察在建构的空间里可以使用哪些可移动设施（比如架子、桌子、独立画架及表演游戏的设施）。列一张关于教室中的特殊挑战的清单：内置橱柜和货架、柱子、暖气管、明装管道及门的位置不要被堵住，等等。

布置兴趣区域：当设置的材料有吸引力，与幼儿的经历和文化相关，有一定难度，但不至于扼杀积极性时，游戏区才能更好地发挥作用。这些材料应该能够带给幼儿认为有趣的内容，如宠物和植物的观察和照料（科学）、收集整理和画图（数学）、收集信息的文献资源（读写），以及拆卸齿轮和钟表（技术）等更多内容。

展示和标签材料：教室中的每样东西都要有一个特定的位置。所有的幼儿都能从有序中受益，因为他们依赖于环境的稳定性和可预测性。当幼儿了解材料的位置及这些材料分组的方式和原因时，他们能更加独立有效地操作。这样他们也能够参与到整理和照看教室中来。

布局教室的其他考虑因素：除了建立兴趣区域之外，布局教室还需要考虑到自然环境的其他方面。教师需要为小组活动、展览、储存幼儿的物品、存放幼儿不宜触碰的材料分别安排一个地方。根据幼儿的需要，教师应该调整环境以便让幼儿可以进入兴趣区域，接触到材料。教室应尽可能布置得舒适且有吸引力，让幼儿享受其中。

看管教室以及幼儿的作品：保持教室需要共同完成。让孩子来照料自己的空间会利于他们学习责任感，变得有能力且有条理性。教师要应提供幼儿保护作品的方式并分配工作，这样每个人都能在这份必要的杂物活中有所承担。

通过对儿童以下几方面的表现来评估自然环境的有效性：

- 按照他们自己的意愿来选择活动或者做其他决定
- 一旦他们进入自己感兴趣的领域，恰当地使用一些材料或者创造性思维
- 对某个活动持续地从事一段时间
- 在玩耍的时候能够通过有意义的方式学习
- 帮助照顾材料①

---

① Diane Trister Dodge, Cate Heroman, Laura J, EdD, Toni S. Bickart. *The Creative Curriculum for Preschool*, *The Foundation*. *Teaching Strategies*.

（一）物理环境的规划和管理

创造性课程模式特别强调环境对幼儿发展的作用。一个安全、舒适的物理环境，能帮助幼儿更好地融入教师所设计的活动中，从而实现幼儿的全面发展。在建立之初，创造性课程模式的重点就是帮助教师将他们的教室规划成不同的学习区，并且有效地运用学习区来进行教学。学习区的理念和实践一直伴随着创造性课程模式的发展，并且不断得到完善。创造性课程模式将物理空间分割成了 11 个学习区：积木区、戏剧游戏区、益智区、艺术区、图书区、发现区、沙水区、音乐律动区、烹饪区、计算机区和户外区。在每一个学习区，创造性课程模式都确立了"幼儿发展""环境创设""学习内容"和"教师职责"等方面的内容，从而建立起了完整的区域课程体系。下面以"图书区"为例说明每个区域中的课程体系。①

在"幼儿发展"方面，图书区包含以下四个方面的内容：①社会性/情绪发展，即从书本中了解不同的人和人生经历，发展社交技巧；②身体动作发展，即书写时手部的小肌肉发展；③认知发展，即在书本的协助下让幼儿对周围世界有更多的了解；④语言发展，在图书区，所有听、说、读、写能力的发展都获得了增强。

在"环境创设"方面，创造性课程模式认为，图书区能够吸引幼儿的注意力，并能为幼儿传递以下信息：在安静的环境中，也会发生有趣的事。教师需要精心挑选材料，选择跟幼儿兴趣和生活经验有关、幼儿可以积极参与、可以促进幼儿语言发展、帮助幼儿了解字母并且增进语音意识、呈现多元化和兼容并蓄的阅读材料。

在学习内容方面，创造性课程模式确立了图书区六大领域的学习内容。①读写：读写的内容主要是书里的新词汇。读写活动可以扩展幼儿的词汇和语言能力；增强幼儿的语音意识；增进幼儿对书本和其他文字的理解等。②数学：通过向图书区内呈现有关数数的书，教师可以引导幼儿对数概念进行理解，引导幼儿去注意书中出现的各种不同的形式和关系，跟幼儿讨论生活中的几何和空间概念，并增进幼儿对度量的理解。③科学：幼儿主要学习有关植物和动物等生命科学的中心议题，同时，教师可以引导幼儿学习物理科学，以及地球和环境方面的知识。④社会：幼儿可以增进其对人及人的生活方式的了解，还可以接触到空间和地理位置的概念等。⑤艺

第九章 创造性课程模式

---

① ［美］黛安·翠斯特·道治、劳拉柯克·凯特海洛曼：《创造性课程》，吕素美译，江苏：南京师范大学出版社，2006，第 72～114 页。

术：教师通过和幼儿一起欣赏书中的插画并讨论，可以培养幼儿对视觉艺术的欣赏能力；教师还可以和幼儿一起阅读根据歌曲而绘制的绘本。⑥科技：教师可以通过鼓励幼儿尝试基本的电脑操作，增加幼儿对科技的感知，了解科技概念。

在"教师职责"方面，教师应该对个别幼儿在图书区的行为表现进行观察并给予回应。通过观察幼儿在图书区的行为并对其进行分析，教师可以充分了解每位幼儿的已有经验及可以到达的发展水平。教师应该在图书区和幼儿互动，如，教师可以念书给幼儿听、和幼儿一起把故事复述一遍、和幼儿一起听录音磁带、培养幼儿的写字能力及让所有幼儿都进入图书区等方式来与幼儿互动。

（二）一日流程的计划和安排

要建立一个有效率的学习环境，需要做好每天的时间安排。创造性课程强调每日作息和工作表须规划得井然有序，从而为幼儿营造出秩序感。让幼儿会知道接下来该做什么，同时也了解自己应该如何完成下一项活动。如果可以确定环境是熟悉，并且可以预期的，幼儿就可以静下心来学习，并成为集体中的一分子。

学前机构的日常例行工作包括点名——集体活动时间——小组活动时间——自由活动时间——用餐时间——休息时间等。教师可以整合这些时段，计划出一个可预期的作息时间表，一份是为幼儿设计的每日作息时间表，对以下类型的活动进行平衡：动态和静态的活动；集体活动和小组活动；室内和户外的游戏时间；幼儿自选活动时间和教师主导活动时间。然而，每天固定的安排表并不表示没有弹性或缺乏自主性，也不表示要由时钟来控制。当发生特殊事件时，可以变更当天的计划。例如，一场未预料的大雪就会终止幼儿的室内活动而选择去户外玩雪；当幼儿对自己选择的活动特别全神贯注时，教师可以将自由活动时间适当延长。创造性课程强调将最重要的事情谨记于心，幼儿会对自己正在做的事感到很开心、投入。

表9-2　创造性课程模式的一日流程

作息时间表 （整日 8：00a. m—6：00p. m.）	教师的角色
30 分钟（早上 8：00—8：30，托儿所可能更早）	计划/准备时间：再次检查今天的计划。准备好自助式早餐，并进行健康和安全检查（如将浴厕用品补足、拿走破损的材料、检查户外的垃圾）。准备好学习区里的材料（如把颜料调好，将拼图摆在桌上、将新书陈列出来）。把学生的姓名牌放在签到区，思考每个孩子是否有特别需要，当前进行的教学内容等。

作息时间表 （整日 8：00a. m—6：00p. m.）	教师的角色
30 分钟（早上 8：30—9：00，托儿所可能更久）	幼儿到校：逐一跟家长、幼儿打招呼。帮助幼儿把个人物品放好，协助他们选择一个静态活动，或者让他们自己取用早餐。
10—15 分钟（早上 9：00—9：15）	集体讨论时间：将小朋友全部召集起来，先带领他们唱几首儿歌和手指谣，再分享一些信息。接着可以读一首诗，讨论今天要做的活动，还有早上有哪些活动是小朋友可以选择的。对还没准备好要参与集体活动的幼儿，可以做些调整（如集体分成两个小组，让另外一个教师坐在需要额外关注的孩子旁边等）。
60—75 分钟（早上 9：15—10：15 或 10：30，视吃点心的时间而定）	自由活动时间和小组活动时间：引导幼儿选择学习区。观察幼儿，适时与个别幼儿互动以延伸他的游戏与学习。带领一个简短的小组活动，以增进孩子的技巧，激发他们的兴趣。参与正在从事学习的幼儿的活动中。 收拾：协助幼儿将每个学习区的材料收起来。
15 分钟（早 10：15—10：30）	点心时间：和幼儿一起坐下来享用点心，或者观察幼儿使用"点心吧"的情况。 ［注：自助式点心时间可以与室内或户外（天气暖和时）自由活动时间相结合］
10 分钟（早 10：30—10：40）	集体活动时间：邀请幼儿分享他们之前完成的活动，带着幼儿做音乐律动，读故事、诗，或者将他们的经验记录下来。
60 分钟（早上 10：40—11：40）	户外自由活动时间：监督游戏场的玩具和器材使用（秋千、攀爬架、滑梯等）。幼儿在跳绳、玩球、吹泡泡、探索大自然时，教师需在一旁观察，并与幼儿互动。如果合适的话，可以将户外学习活动加以延伸。最后，帮幼儿把玩具和材料收起来或拿进教室，把外套脱下挂好、上厕所、洗手。
10 分钟（早上 11：40—11：50）	故事时间：阅读和讨论一本故事书。用道具协助幼儿将故事讲一遍。
55 分钟（早上 11：50—中午 12：45）	午餐：协助幼儿将午餐餐桌摆好。用餐时，鼓励大家讨论当天发生的事情，午餐的菜色及幼儿感兴趣的话题。指导幼儿做餐后的收拾工作、刷牙、准备午睡的床和垫子、做睡前准备。

西方经典学前教育课程模式及运用

作息时间表 （整日 8：00a. m—6：00p. m.）	教师的角色
60—90 分钟（中午 12：45—下午 2：15）	休息时间：帮助幼儿在精神上放松下来，以便入睡。教师采取轮流的方式照看休息区，这样每名教师都可以休息一会儿。让不睡的幼儿做些静态的活动。休息时间的长短要符合孩子的年龄，还要考虑孩子的个别需求。
30 分钟（下午 2：15—2：45）	吃点心/静态活动：摆好点心，让幼儿自己取用，同时准备一些静态活动让幼儿做选择。
15 分钟（下午 2：45—3：00）	集体活动：带领集体活动/讨论。让幼儿回顾一天的活动并准备回家。读故事书。
60 分钟（下午 3：00—4：00）	户外自由活动时间：掌握幼儿的活动状况并与幼儿互动。设计一些特别的活动。
60 分钟（下午 4：00—5：00）	自由活动时间和小组时间：给幼儿几种活动供其选择，如玩电脑、玩具、游戏和看图书。带领小组做活动。
60 分钟（下午 5：00—6：00）	下课和回家：带领全班回顾一天的活动，并为明天做计划。邀幼儿参与静态的活动、将他们的美劳作品张贴起来、准备明天的课程。和家长打招呼并谈谈幼儿的一天。
如剩余时间	计划和回馈：讨论这一天过得如何，个别孩子的进步（技巧、需求、兴趣），整理档案及运用"发展连续表"做观察记录。再检查一次明天的工作与计划。

表9-3 创造性课程模式的半日流程

作息时间表（半日 2.5～3 个小时）	
30 分钟（幼儿到来之前）	幼儿到校、计划/准备、自选活动
20 分钟（9：00—9：20）	小组会面
60 分钟（9：20—10：20）	自选活动时间
20 分钟（10：20—10：40）	收拾、洗手、点心活动
20 分钟（10：40—11：00）	小组活动
30 分钟（1：20—1：50）	户外自由活动时间
15 分钟（1：50—2：10）	大声朗读
15 分钟（11：45—12：00）	音乐和运动活动，小组会面和离开

此外，每周计划可以帮助教师掌握创新课程的实施，决定每个兴趣区域及小组活动的内容，为每周的活动布置环境，以及分配时间。日常计划和周计划是结合开展的。周计划会帮助教师整合日计划，而且教师只有为每天做计划和准备才能够实现每周的目标。这两个计划都可以帮助教师和幼儿提高做事情的效率。

最好的计划通常要根据幼儿的回应做出调整。教师要计划出一些可能性。观察利于帮助教师制订计划，判断提供的材料是否能够促进预期结果的形成。例如，幼儿能够想出整理他们的鞋子的不同方法吗？他们知道如何使用测量工具吗？可根据这些问题的答案在必要时调整计划。①

（三）班级共同体的组织与营造

各种儿童发展理论证明，幼儿如果跟周围环境和谐相处，就会达到最佳学习效果。幼儿与同伴的关系和师幼关系，会影响到他们对学校的看法和学习方式。创造性课程强调教室是一个共同体。所谓共同体，是指一个让人觉得安全、所有人能互相帮助、视自己为集体一分子的地方，而在这个班级共同体中，教师帮助幼儿了解该如何对待别人，以及自己希望如何被对待；如何解决问题和冲突等，以此培养幼儿的社会能力。在这样的共同体中，教师需要设定一些明确的规则和界限，帮助幼儿明确可以接受的行为和不被允许的行为，继而引导幼儿通过互动，与他人建立良好的关系，并尝试自己解决问题。正向的社会化氛围能让幼儿对学校产生好感，并能将最大的学习潜能发挥出来，教室里的社会氛围对幼儿影响重大。

（四）家园间的沟通与合作②

对幼儿而言，家庭和学校是两个最重要的世界，他们每天往返于这两处。如果家庭和学校能以正向、彼此尊重的方式结合在一起，幼儿就会感到安全；但如果家庭和学校无法达到理念或行动上的统一，即两者对幼儿的教育影响无法协调一致时，儿童就会感到困惑。教师只有重视家长的职责，并意识到和家庭一起努力可以达到

---

① Diane Trister Dodge, Cate Heroman, Laura J, EdD, Toni S. Bickart. *The Creative Curriculum for Preschool*, *The Foundation. Teaching Strategies*.

② ［美］黛安·翠斯特·道治、劳拉柯克·凯特海洛曼：《创造性课程》，吕素美译，江苏：南京师范大学出版社，2006，第232～256页。

更好的效果，才能和家庭建立起真正的伙伴关系。①

第一，教师需要意识到，每一个家庭都存在差异，教师应了解各家庭间的差异，用不同的沟通方式与家庭沟通，接纳彼此的差异，利用初次接触的机会了解幼儿的家庭。例如，注册时的接触或家访时的接触都是建立家园桥梁的绝佳方式；第二，教师需要创造一种令人感觉受欢迎的环境，邀请家长进入你的教室，营造相互信任的气氛，并且对幼儿的每一位家庭成员都伸出欢迎之手。例如，教师可以为每一个家长设计一个信箱，并为家长安排挂外套和放置私人物品的位置；还可以带领家长参观教室，或为家长准备一本小册子，上面介绍自己的教育理念和幼儿的学习目标，描述幼儿会获得什么样的成长经验；第三，教师需要建立和家庭间的良好的沟通。教师应把握每天的沟通机会，与家长分享资讯，让家长知道教师的教学进度，分享幼儿的信息并交换意见。所有的家长对幼儿园都有各自的期望，面对任何期望，教师都需要以积极的、尊重的态度去回应，这样家长才能信任教师，愿意敞开心胸与教师交换意见；第四，教师需要在幼儿的学习上，与家长建立伙伴关系。无数研究发现，家长、学校和教师之间建立伙伴关系对孩子的学业表现会有帮助，教师应提供各种不同的方式让家长贡献他们的力量，如举办座谈会，与家长一起讨论幼儿的进步情形，并且一起制订教学计划等。第五，当教师面对有压力的家庭情况，如单亲家庭或职业压力过大的家庭时，也需要与家长进行良好的沟通。某些处于生活压力下的父母们，常常没有情感上的动力或精力去好好照顾孩子，他们无法和孩子沟通、无法给孩子所需要的关注和肯定。面临这些有压力的家长，教师应该化解与家长的分歧，以及处理因不同的理念或文化信仰而产生的分歧，可以告诉家长有哪些社会资源可以帮助他们，或者也可以请教领导或同事，向他们征询一些建议。

五、课程评价：发展性评价

在早期教育中，收集关于儿童的信息来做决定的整个过程称之为评估。评估至少有四个目的：支持学习过程；发现特殊需要；评价项目和监督趋势；落实学校学前教育项目和整个学校的责任。

---

① What is the creative curriculum：http://smartypantsmd.com/creative curriculum.aspx.2009-10-13.

不论使用何种评价体系，评估过程应包含以下四个步骤：①观察和收集信息；②分析并做出回应；③进行评价；④总结、计划、交流。①

创造性课程的评价使用的是教学策略 GOLD 评价系统（Teaching Strategies GOLD™ Assessment System）。这个评估系统是一项针对从出生到幼儿园幼儿的可靠且持续的基于观察的最新评价系统。这项评估系统目前已被用于评价美国 250 个教师和 2 000 名幼儿。②

（一）评价对象

在评价对象上，该评价系统为了准确地评价所有幼儿的发展，除了正常发展的儿童外，还包括发展迟滞和残疾的儿童，发展超前的儿童和第二语言学习者。教师也会为满足每个幼儿的能力和需要获得更多的自信。

（二）评价内容

在评价内容上，该评价系统包含已有研究中所发现的最能预测儿童学业成就的 6 个发展领域指标，共 38 个目标。这些评价指标还与美国大多数州的早期学习标准保持一致。这些目标被组织成 10 个学习和发展领域，包括内容领域、英语学习领域等，并且每个目标都有对应的解释和具体的例子。这些目标可以帮助教师更好地关注幼儿，并理解如何利用这些评估信息计划活动。

（三）评价方法

1. 学习和发展的目标：从出生到幼儿园

教学策略 GOLD 评价系统陈述了 38 个基于研究的学习和发展目标，这些目标和美国各州的早期学习标准一致，是幼儿学业成就的预测因素，可以帮助教师在评估过程中获得有助于决策的相关信息。在每个目标中，都会有解释、具体的例子及发展进程，这些信息会帮助教师了解到幼儿"现在知道的""现在能做的"及"接下来准备做的"。儿童学习和发展目标不仅仅只是对每个目标的描述，还解释了有关幼儿评估"是什么""为什么"及"怎么做"。通过全面总结与每个目标相关的重

---

① Diane Trister Dodge, Cate Heroman, Laura J, EdD, Toni S. Bickart. *The Creative Curriculum for Preschool*, *The Foundation. Teaching Strategies*.

② What is the creative curriculum：http://smartypantsmd.com/creative curriculum.aspx.2009-10-13.

要研究结果，教师也能够理解哪些目标是重要的，以及它们为什么重要。此外，这些目标解释了怎样观察和记录幼儿"现在知道的"和"现在能做的"，怎样分析这些事实，怎样对幼儿做出反应，怎样使用这个系统工具，怎样总结和交流他们的发现，以及怎样计划。这些关于每个目标的表述的实用策略能够说明教师应怎样帮助儿童获得进步。

2. 儿童评价档案

当教师使用儿童评价档案时，他们需要分析、解释并评价他们所搜集到的信息。在一年中设置一些特殊的考核时间点，教师在这些时间点上记录并评价幼儿，能够很容易地分析出整个学年幼儿的进步。在儿童评价档案中，对发展进程使用颜色编码也能指导教师对幼儿做出评价。另外，当教师需要解释他们的观察，并做出准确的决定时，学习和发展的目标还能为教师提供丰富且详细的信息。

3. 评价机会卡片

评价机会卡片是一个选择性的资源，它解释了 10 个短的、游戏性的、植根于课程的班级经验。这些班级经验可以帮助教师更好地观察语言和数学领域的特殊目标，帮助教师辨别出其所需的信息，进而做出准确的评估决策。

4. 现场观察记录工具

现场观察记录工具是一个选择性的检核表。它能为教师提供信息，从而快速、准确地选出目标。为了能在幼儿个体或小组中使用，现场观察记录工具排除了教师创造自己检核表的需要，并且给他们更多的时间去和幼儿互动。[①]

38 个评价项目

社会—情绪

（1）调整自身情绪和行为

（2）建立并保持积极的关系

（3）合作地建设性地参与集体活动

---

① The Creative Curriculum ® for Preschool. www. fldoe. org/earlylearning/pdf/CreativeCurriculum. pdf. 2010-10-13.

体力

（4）展示运动技能

（5）展示平衡技能

（6）展示大肌肉操控能力

（7）展示小肌肉群力量和协调能力

语言

（8）逐渐听懂并理解复杂语言

（9）使用语言表达想法和需求

（10）使用合适会话语言和交流技巧

认知

（11）展示积极的学习方法

（12）记住并联系经历

（13）使用归类技巧

（14）使用标志、图片表述不在眼前的事物

文学

（15）展现出语音意识

（16）展现出对字母表/系统的认识

（17）认识印刷字和其用途

（18）理解并能对文本和书本作回应

（19）展现出早期写作能力

数学

（20）使用数字概念和运算

（21）探索和描述空间关系和形状

（22）比较和测量

（23）了解模型和规律的知识

科学和技术

（24）使用科学的探究技巧

（25）认识生物的特征

（26）认识物体和材料的性质

（27）认识地球环境

（28）使用工具和其他技术完成任务

社会研究

（29）展示对自我的认识

（30）展现出对人类以及他们如何生存的基本理解

（31）探索熟悉的人和地点的变化

（32）展示简单的地理知识

艺术

（33）探索视觉艺术

（34）探索音乐概念和表达

（35）探索舞蹈和动作概念

（36）通过表演和语言探索戏剧

语言习得

（37）表现出听力和理解力的进步

（38）表现出口语的进步①

（四）评价工具——"发展连续表"

创造性课程以"发展连续表"为评价工具和目标导向，"发展连续表"既指明了课程目标，同时也提供了课程评价的工具。创造性课程强调要将课程和评价相结合，并把幼儿的发展目标分为社会化/情绪发展、身体动作发展、认知发展和语言发展四个领域，由此编制了一个"发展连续表"。②"发展连续表"从儿童发展的社会化/情绪发展、认知发展、身体动作发展和语言发展的四个方面出发，细化为50个具体的发展目标，每个目标又被分为预备水平、水平一、水平二和水平三四个层级，从而形成一个儿童综合发展的连续表。

---

① Diane Trister Dodge, Cate Heroman, Laura J, EdD, Toni S. Bickart. *The Creative Curriculum for Preschool*, *The Foundation. Teaching Strategies*.

② ［美］黛安·翠斯特·道治，劳拉柯克·凯特海洛曼：《创造性课程》，吕素美译，江苏：南京师范大学出版社，2006，第50页。

第四节　创造性课程模式的特点

一、坚实的理论基础

基于马斯洛的基本需求和学习的理论、皮亚杰的逻辑思维和推理的理论、维果茨基的社会互动与学习的理论、加德纳的多元智能理论、史密兰斯基的游戏与学习理论、学习与抗逆境能力的研究及大脑与学习的研究等理论为幼儿园创造性课程模式奠定了基石。以此同时创造性课程也秉承发展适宜性的理念，将这些理论用于指导课程的设计和实施，并努力为幼儿营造适宜的环境，让幼儿能够体验到环境中的安全感、能够在探索环境时获取经验、能够在与他人的互动中习得知识、能够扬长补短发展自身的优势领域、能够在游戏中愉快地与世界发生互动、能够科学有效的学习与发展。创造性课程在此坚实的理论基础上，不断地吸纳新鲜的理论，来不断坚实课程发展的理论背景。

二、安全舒适的学习环境

幼儿园创造性课程设置了 11 个学习区，其中每一个学习区合理的空间设计都能满足幼儿专心致志的工作和探索。同时，教室的物质环境创设还要营造出温馨的家的感觉，以帮助幼儿感觉安心、安全、舒适。对于有特殊需要的孩子，创造性课程的教室环境创设还会为其做出适当调整，以满足这些孩子的特殊需要和发展。另外，创造性课程还有一套评估物质环境成效的可操作的标准，以帮助和评估教师所创设的环境是否适宜。

为了创设有效率的学习环境，教师应该制订详细的每日作息时间表、周计划表等，让幼儿知道每天的时间安排，即什么时间该做什么事情。时间的安排如果有规律而且经常不变，幼儿就会对每天的幼儿园生活有一个预期，从而产生一种秩序感和安全感。

另外，幼儿园创造性课程的教室是一个共同体。在这个共同体里，教师帮助幼儿了解应如何对待他人、对待自己，怎么合作、协商、交朋友；教师与幼儿共同设立规范，努力创设良好的社会氛围；教师与幼儿共同营造人际关系和谐友好的心理学习环境。在这样的学习环境中，幼儿可以学到如何与人相处，和平解决问题；幼儿能够积极的、安心地去探索和学习。

三、联结的学习内容

幼儿园创造性课程的学习内容共包含六大领域：读写、数学、科学、社会、艺术和科技。美国教育专家已经发展出一套适合不同年级孩子"应该学什么""可以学什么"的标准，并已广泛被美国州立学校和地方学校所采用，而幼儿园创造性课程的学习内容也是根据这套标准而来的。然而，幼儿园创造性课程的学习内容的特色并不只是如此而已。它的特色还体现在"联结的学习内容"，即将六大领域的学习内容与教师的教学和幼儿的学习之间建立联结。例如，在读写领域，幼儿园阶段的学习内容包括"会用的字词越来越多"，此项学习内容对应着教师的教学方法，以及发展连续表中对应的 7 个教学目标，见表9-4①。

表9-4　创造性课程模式"联结的学习内容"

读写的内容	老师可以做的事情	课程目标
会用的字词越来越多 （学到新字，并能运用在沟通上）	● 常常和幼儿进行个别谈话。 ● 给幼儿许多第一手的经验，并告诉他们正在做的事，该用什么样的词来形容。 ● 在故事时间里，运用各种方法来介绍新字，如解释，指着文字上面的图片，运用表情、肢体语言或声调等	37. 了解自己的感受，并能适当处理 38. 会听且能分辨语言中不同的声音 39. 会用单词和越来越长的句子表达自己的意思 40. 能了解并遵从口头指示 41. 会回答问题 42. 会问问题 43. 会主动加入别人的谈话

四、真实性的评价工具

幼儿园创造性课程坚信，在任何一项儿童早期教育项目中，对儿童进行真实的、

---

① ［美］黛安·翠斯特·道治、劳拉柯克·凯特海洛曼：《创造性课程》，吕素美译，江苏：南京师范大学出版社，2006，第 148 页。

持续的评价都是在为早期儿童适宜性的学习做计划、帮助所有的孩子获得成功的关键①。其中，3～5岁发展连续表作为幼儿园创造性课程的评价工具，是一个基于观察的评价体系，强调在所有发展和学习领域中持续的、真实的评价②。发展连续表评价的目的是为了解儿童的发展进步情况以指导教学，而不是"给某幼儿或某幼儿园贴标签"。其使用的评价方法是基于观察的评价，主要包括观察儿童和评价儿童的档案袋。教师通过观察、记录、分析及审视幼儿的学习状况，获得对幼儿学到的知识、技巧及进步情形等有重要价值的信息；将发展连续表中的每一项目标分解为务实的期望，帮助教师规划课程、设计最佳的教学方法，同时与家长分享，让家长对孩子的进步更有信心③。

五、可操作的教学策略

幼儿园创造性课程具有很强的操作性，具体体现在详尽的教师教学策略指导上面。幼儿园创造性课程能够指导教师如何观察幼儿、何时观察、观察什么、观察时保持什么样的原则、运用什么样的工具观察；可以指导教师如何引导幼儿的学习、如何运用不同教学方法、如何调整教学方法，将所有幼儿纳入进来；可以指导教师如何促进学习区里的学习、如何通过研究统领学习；还可以指导教师如何评估幼儿的学习，等等。这些详尽的教学策略可以帮助一个新手教师迅速进入教学状态，也可以帮助已经拥有丰富教学经验的教师提升教学策略。因而，幼儿园创造性课程针对不同经验水平的教师，而且都可以为其提供有用、有效的教学策略。

六、伙伴式的家园合作

对于幼儿来说，家庭和学校是联系最紧密的两个地方。如果家庭和学校能以正向、彼此尊重的方式结合在一起，幼儿就会感到安全。大量研究表明，家长与学校

---

① Teaching Strategies, Inc. (n. d.). Assessment overview. http://teachingstrategies. com/assessment/. 2015-01-02.

② Research Foundation：Teaching strategies GOLD (tm) assessments. Teaching Strategies Inc. , 2010-10-15.

③ ［美］黛安·翠斯特·道治，劳拉柯克·凯特海洛曼：《创造性课程》，吕素美译，江苏：南京师范大学出版社，2006，第54页。

之间建立伙伴关系能够提高孩子的学业表现。幼儿园创造性课程十分强调与家长建立伙伴式的家园合作关系，这样有利于教师与家长接纳彼此的差异，建立信任并积极沟通，幼儿园和教师也需要各位家长积极地提供帮助。

第五节　创造性课程模式的实践运用

创造性课程模式是美国乃至世界非常著名的学前教育课程模式，它是美国"提前开端计划"等学前教育项目的主导课程，同时被广泛地应用于各州各学区的各个学前教育机构中。21 世纪以来，我国高度重视学前教育的发展，使学前教育发展进入到黄金时代。党的十七大明确提出"重视学前教育"，拉开了我国学前教育规模化发展的序幕。党的十八大明确提出"办好学前教育"，标志着我国学前教育进入规模化发展和内涵式发展并重的时代，学前教育在注重数量提升的同时，更是对质量提出了更高的要求。如何建设高质量的学前教育已然成为我国学前教育发展的新问题、新挑战。因此，综观创造性课程模式，我们可以得出以下一些启示。

一、贯彻"发展适宜性教育"的教育理念和实践

创造性课程模式的核心理念就是"发展适宜性教育"。基于"发展适宜性教育"的相关要求，学前教育实践应该充分考虑儿童的发展水平、制定一定的发展目标，同时结合教育的年龄适宜性、个体适宜性和文化适宜性。创造性课程很好地把这些理念贯彻在制定儿童发展连续表、创设学习环境、明确教师职责和重视家庭参与等诸多的具体实践中。当前，我国学前教育"发展适宜性教育"的教育理念和实践还很欠缺。这突出地表现在我国学前教育的"小学化"问题上。当前我国很多幼儿园在教育目标上，盲目增加追求识字、数数等；在课程设置上，把小学一年级的拼音、计算等内容添加进来；在教育过程上，教师主导和灌输现象非常严重；在行为规范上，直接套用小学的行为规范；在教育评价上，以知识技能考试来评价儿童的发展。显然，我国现存的很多教学理念和教学行为是与"发展适宜性教育"理念相背离的，我们可以学习创造性课程模式，并将"发展适宜性教育"理念付诸于具体的教育教学实践中。

二、明确教师角色和职责，给予教师具体的教学策略

明确教师的角色和职责一直以来都是困扰学前教育的重要问题。对此，创造性课程模式给予了教师具体的教学策略。在创造性课程模式中，教师主要担任观察者、引导者和评价者三个角色。首先，作为一个观察者，教师应该将随机观察、非正式观察和正式观察相结合，全面观察儿童，同时还应真实客观地记录下自己看到和听到的事实。教师还应该熟悉和利用"儿童发展连续表"进行观察；其次，作为一个引导者，教师应该综合利用儿童的自发学习、教师的直接指导、与儿童的互动等多种教学方法。同时，教师还应该充分考虑有特殊需要儿童的特点灵活地调整教学方法，将所有儿童都纳入进来。最后，作为评价者，教师应该通过观察记录、儿童作品、个人档案等多种方式，全方位地收集事实信息，然后进行分析和评价。末了还要根据评价结果完善教学计划。当前，我国学前教育传统上"教师中心"的观念已经得到了极大的改变。学前教育的研究者和实践者们大都已经抛弃了传统的"教师就是主导者"的角色观念。《幼儿园教育指导纲要（试行）》明确指出"教师应成为幼儿学习活动的支持者、合作者、引导者"。但是，在具体的学前教育实践中，幼儿教师还是更多地以主导者的角色出现。在幼儿园游戏、活动的组织开展中，教师的主导性过强，使幼儿的独立性、自主性和创造性得不到充分的发挥。因此，我们应该充分明确教师的角色和职责，并且给予教师具体的、可操作的教学策略。

三、重视家庭的参与

创造性课程模式非常重视学前教育中家庭的作用：首先，创造性课程模式非常强调对家庭的认识，利用初次见面和家访等形式了解不同家庭之间的差异，接纳儿童家庭背景上的差异；其次，创造性课程模式强调营造一个让家长觉得受欢迎的环境，向家庭介绍教学计划，建立与家长之间的信任；再次，创造性课程模式注重利用电话、电子邮件、通知单等多种多样的方式来与家庭进行充分的交流。此外，创造性课程模式还强调与家长建立伙伴关系，提供各种机会，以多种多样的方式让家长参与教学，共同解决问题，以促进幼儿的发展；最后，创造性课程模式还强调要给予特殊家庭以特殊的帮助，从而满足特殊家庭和儿童的特殊需要。

《幼儿园教育指导纲要（试行）》明确指出"家庭是幼儿园重要的合作伙伴。应

本着尊重、平等、合作的原则，争取家长的理解、支持和主动参与，并积极支持、帮助家长提高教育能力"。《3～6岁儿童学习与发展指南》中也指出"家庭、幼儿园和社会应共同努力，为幼儿创设温暖、关爱、平等的家庭和集体生活氛围"。基于这些国家层面的政策要求和理念的不断更新，许多学前教育机构都开展了多种多样的需要家庭参与的活动，并且取得了很好的效果。但是，从整体上来看，我国学前教育的家庭参与的程度还需要进一步加强、家庭参与的方式还需要进一步丰富、家庭参与的效果还需要进一步提升。

四、建立有效的教育评价

教育评价是促进学前教育质量提升的重要保障。创造性课程模式非常重视教育评价，并通过教育评价来促进幼儿的全面发展、教师的专业成长和课程自身的不断完善。创造性课程模式还开发了自己的教学策略 GOLD 评价系统（Teaching Strategies GOLD™ Assessment System）。创造性课程模式的评价有以下特点。首先，它是一个全纳性的评价。创造性课程模式的评价对象不仅包含了发展正常的儿童，还包含了发展超前的儿童、发展滞后的儿童和第二语言学习者。其次，它是一个关键性指标的评价。创造性课程模式的评价内容包含了儿童发展 10 大领域的 38 个关键性指标。再次，它是一个过程性的评价。创造性课程模式的评价方式是将评价与教学相结合，在教学中进行评价。教师利用"儿童发展连续表"、儿童作品、儿童个人档案袋等多种方法，在教学过程中对儿童进行观察和记录，获得评价的事实依据。这一切都是自然而然地发生在教学过程之中的。最后，它是一个改进性的评价。创造性课程模式的评价目的是评价现有教学的效果，改进和完善教学计划，更好地促进幼儿发展。

当《幼儿园教育指导纲要（试行）》明确指出"教育评价是幼儿园教育工作的重要组成部分，是了解教育的适宜性、有效性，调整和改进工作，促进每一个幼儿发展，提高教育质量的必要手段"。而《3～6岁儿童学习与发展指南》从健康、语言、社会、科学、艺术五个领域描述了幼儿的学习与发展目标和相应的教育建议。这为我国学前教育的教育评价提供了重要的依据。但是，在具体的教育评价实践中，还存在评价标准不统一、缺乏有效的评价工具、为评价而评价等问题。因为我们应该建立有效的教育评价，让评价具体化、可操作化，真正服务于教师教学和儿童学习，促进教育质量的提升。

小·结

创造性课程模式以"发展适宜性教育"为基本的课程理念，包括创设安全、舒适、温馨的物理环境和心理环境，将系统的"六大领域"教学内容和 11 个学习区融入幼儿的每日生活中，从而将幼儿的游戏与学习巧妙地进行整合。同时，创造性课程模式明确了教师的角色与职责，强调教学法要符合所有幼儿的需求，并为教师提供了一系列具体可操作的教学策略。另外，创造性课程十分强调"家长的角色"和家园交流在学前教育中的作用，以及其对于促进幼儿发展的重要意义。

关键术语

创造性课程方案；发展适宜性教育；发展连续表；发展性评价。

思考题

1. 创造性课程模式的形成动因是什么？它是如何发展演变的？

2. 创造性课程模式的理论基础是什么？

3. 创造性课程模式的理念、目的、内容、实施与评价方法是什么？

4. 什么是"发展连续表"？它有何特点？

5. 创造性课程模式有什么特点，能为我们提供哪些经验启示？

发展适宜性课程模式

"发展适宜性实践"由美国幼儿教育协会（National Association for Education of Young Children，NAEYC）提出，它是美国学前教育领域出现较为严重小学化倾向的背景下提倡的在尊重儿童基础上促进儿童发展的一套价值理念。在 20 世纪 80 年代美国提出的"发展适宜性教育"理念的指导下，发展适宜性课程模式坚持"全面发展"和"可持续发展"的育人理念，以对儿童年龄特点、个体差异及文化环境的深入研究和理解为基础，在课程实践中强调三个适宜性：年龄适宜性、个体适宜性及文化适宜性，强调为儿童提供发展适宜性的结构环境的支持、强调灵活的循环设计和生成性课程、强调评价主体的多元和对儿童的多元评价。它不只是一个具体的课程模式，更是一套儿童教育哲学、理论框架、行动指南和评估标准。这也就是说，发展适宜性实践并不是要所有的教育实践都遵循同样的模式，而是试图为教育工作者提供一种思想和方法上的指导，在这种思想指导下，教育工作者可以设计出更加适宜儿童发展的课程方案。同时，没有绝对"适宜"或"不适宜"的教育实践，事实上，发展适宜性实践认为所有的教育实践都是处于"适宜"与"不适宜"这个连续体的某一点上。在不同的文化背景下，面对不同特点的儿童，对于不同的教师而言，最适宜的教育实践也是不同的，发展适宜性实践的实施方式不是僵化不变的。发展适宜性实践旨在为教育工作者提供评估儿童需求以及进行课程设计的方法和策略，所有教师都可以依据发展适宜性实践的原则来评估自己的教学实践，并不断改进自己的工作。基于此，发展适宜性实践对美国乃至世界的学前教育发展都产生了深刻的影响，成为今日学前教育改革特别是幼儿园课程改革的努力方向。

第一节　发展适宜性课程模式的形成动因与演变历程

20 世纪 60 年代以来，全美幼教协会（National Association for Education of Young

Children，NAEYC）在早期教育中就具有一定的领导权①。1986 年，全美幼教协会发布了一篇名为《发展适宜性实践》（*Developmentally Appropriate Practice*，*DAP*）的指导准则，并于第二年出版了《0~8 岁早期教育中的发展适宜性课程》一书。自此，发展适宜性实践理念几乎成为了美国幼儿教育的行动指南和评价标准，深刻地影响了美国幼儿教育的理论和实践。

一、发展适宜性课程模式的形成动因

（一）社会动因：信息化时代呼吁教育的适宜性

20 世纪 80 年代后期，美国由工业时代进入到信息化时代。随着美国和苏联两国冷战时代的结束，"面对新技术革命的发展，美国的世界头号强国地位遭到威胁，加上社会危机和不断的种族冲突，美国人又一次将问题的症结归于教育。②"在此社会背景下，美国的教育工作者、教育机构、心理学家和政策制定者开始思考，什么样的学前教育课程才是真正适合幼儿发展的？什么样的课程符合"发展适宜性"理念的要求？自此，美国开始掀起了全国范围内的改革浪潮，也促使发展适宜性课程模式的形成。

（二）政策动因：全国性的教育改革运动

1983 年，美国政府发布了一篇名为《国家在危急中：教育改革势在必行》的教育改革调查报告，"报告对 1973—1982 年这十年美国高中毕业生的考试成绩进行了统计分析，结果显示学生的学业成绩大幅下降，这引起了全社会的忧虑和关切。③"之后美国开始了全国性的教育改革运动，改革的核心就在于改革教育的标准、课程结构、师资培养等，以此提高教育质量，改革的同时学前教育也越来越受到重视，成为教育改革和投入的重点。在此政策背景下，全美幼教协会作为美国幼教机构的代表加入了这场运动中，致力于确保幼儿获得高质量的学前教育，并于 1986 年发布了《0~8 岁儿童早期教育方案中的发展适宜性实践》的立场声明，首次提出了"发

---

① Stacie Goffin，Catherine Wilson. *Curriculum Models and Early Childhood Education*（2nd Edition），Pearson Education Inc，2001，p. 19.

② 周采，杨汉麟：《外国学前教育史》，北京：北京师范大学出版社，1999，第 243 页。

③ 卡罗尔·格斯特维奇：《发展适宜性实践》，霍力岩等，译，北京：教育科学出版社，2011，第 1 页。

展适宜性实践"，并在其出版的书籍中进一步阐释了发展适宜性课程模式的理念。

（三）教育动因：改善"小学化"倾向的需求

20 世纪七八十年代，美国兴起了一股"回归基础"的潮流，旨在希望通过教育改革来促进学生在学业成就方面的提高，进而在科技发展方面赶上其他国家的科技发展。同时，美国联邦政府削减了在幼儿早期教育方面的资助，造成了许多州政府都将幼儿教育机构归入公立小学，学前教育逐渐被认为是小学教育的一个适宜的开端①。另外，《国家在危急中：教育改革势在必行》的研究报告及其后的美国第二次教育改革对学前教育领域产生了巨大的影响，导致学前教育界直接教学模式复苏，传统的读、写、算教学重新占领学前课堂即学前教育出现了严重的小学化倾向。针对这一日益明显的小学化倾向，为改善在学前教育阶段为幼儿施加过多且不适宜的压力，全美幼教协会坚持认为应当建立一套幼儿园教育的价值观念和评价标准，这是发展适宜性课程模式得以形成的动因。

二、发展适宜性课程模式的演变历程

发展适宜性课程模式认为，不断改变的知识基础既来源于研究，也来源于专家之间的持续对话，而发展适宜性课程模式也需要每隔 10 年就进行一次审查和修订。以出版了相应的著作为标志，发展适宜性课程模式的发展过程共经历了三个阶段。

（一）探索阶段：年龄适宜性和个体适宜性

1986 年，全美幼教协会提出"发展适宜性实践"的概念并发布了立场声明，并开始推行其建立的一整套幼儿园教育的价值观念和评价标准。1987 年，全美幼教协会出版了《0～8 岁早期教育中的发展适宜性课程》，该书受到了美国早期教育工作者的极度欢迎，并成为了大部分美国早期教育机构的指导性参考资料之一。该书将儿童按年龄划分为四个阶段，提出了其在课程、师幼互动、家园关系及儿童发展评价四个方面的一系列的指导性原则，并提出"发展适宜性"的两个维度，即"年龄

---

① Stacie Goffin, Catherine Wilson. *Curriculum Models and Early Childhood Education* (2nd Edition), Pearson Education Inc. , 2001, p. 122.

适宜性"和"个体适宜性"①。"两个适宜性"的提出批判了狭隘地将测试学业技能而获得的心理测验的分数作为考察儿童入学、留级等唯一标准的倾向。

（二）发展阶段：文化适宜性

文化是以民族的积累性知识为基础的，通过语言、信念、价值观和风俗习惯等体现出来，这是"某个群体成员共同的生活方式。这是一种社会—文化适应或生命设计，这是某个群体在他们历史进程中所形成的"②。布鲁纳（Brunner）认为，对人发展的理解，必须建立在其文化背景之上。但是，在大多数课程模式的相关讨论中似乎都忽略了这个因素。20 世纪 80 年代后期，心理学家和教育工作者的研究关注点逐渐转向不同环境的独特性。幼儿在这些环境中学习和发展，这些环境反过来又影响了幼儿的学习和发展。现在，这些背景性的影响因素包括社区邻里、生活状况、贫困及种族主义等③。

20 世纪 90 年代以来，随着维果茨基、布朗芬布伦纳等人的理论日趋成熟，环境和文化在儿童发展中的作用越来越受到心理学家和教育工作者的重视。1997 年，全美幼教协会出版了《0 ~ 8 岁早期儿童教育项目中的发展适宜性课程（修订版）》一书④。此版发展适宜性课程模式在其修订的过程中将文化适宜性单独列出，指出"发展和学习是在多元的社会和文化背景下发生的，并受到多元社会文化背景的影响"⑤。此书将幼儿按年龄划分为 0 ~ 3 岁、3 ~ 5 岁、5 ~ 8 岁三个阶段，并添加了"文化适宜性"这一维度。修订版强调幼儿的学习经验对他们是有意义且是相互联系的，应该加入有关幼儿生活的社会和文化环境的知识，并尊重幼儿和他们的家

① ［美］休·布里德坎普：《美国幼儿教育协会对发展适应性早期教育方案（面向 0 ~ 8 岁儿童）的说明》，樊庆华译，北京：人民教育出版社，1991，第 291 ~ 307 页。

② Stacie Goffin, Catherine Wilson, *Curriculum Models and Early Childhood Education* (2nd Edition), Pearson Education Inc. , 2001, p. 203.

③ Ibid, p. 202.

④ Gestwicki, C. （2007）. *Developmentally Appropriate Practice-Curriculum and Development in Early Education* (*Third Edition*). Canada：Thomson Delmar Learning, p. 6.

⑤ Bredekamp, S. , & Copple, C. （Eds. ）. （1997）. *Developmentally appropriate practice in early childhood programs* (rev. ed.). Washington, DC：National Association for the Education of Young Children, p. 4.

庭①。同时作者也强调，教师是决策制定者，并且幼儿的目标应同时具备挑战性和可实现性②。

（三）完善阶段：缩小学业差距

2009 年，全美幼教协会出版了《0~8 岁早期儿童教育项目中的发展适宜性课程（第三版）》。第三版除重申个体适宜性、年龄适宜性、文化适宜性之外，还重点提出了教师教学的有效性，随着文化背景的不同以及处境不利的儿童的处境，教师所肩负的任务更重——一方面需要减少儿童学习机会的差异，并提升他们的学业技能；另一方面，减少小学化倾向，为幼小衔接做好准备。另外，在第三版中，主要强调了以下四点：卓越和平等；意向性和有效性；连续性和发展性；乐趣与学习。发展适宜性课程模式提出，应该为儿童创造一个安全的、养育的和支持的环境，让他们经历童年独一无二的乐趣③。所以，帮助幼儿体验独一无二的乐趣，并帮助他们顺利、自然地过渡到小学阶段，是发展适宜性课程的成效之一。

第二节　发展适宜性课程模式的理论基础

发展适宜性课程模式高度关注幼儿个体发展的年龄适宜性、个体适宜性与文化适宜性，并将这三个适宜性看作是发展适宜性课程模式的奠基石，用于指导课程的设计和实施。发展适宜性课程模式的发展受很多儿童学习和发展的重要理论的影响。这些理论主要包括皮亚杰（Piaget）的认知发展理论，维果茨基（Vygotsky）的最近发展区理论，布朗芬布伦纳（Urie Bronfenbrenner）的生态系统理论等。

一、皮亚杰的认知发展理论

首先，皮亚杰的认知发展理论认为个体心理发展的实质就是个体在与环境相互作用的过程中，不断形成和更新自己的认知结构。在此基础上，皮亚杰提出了儿童

---

① Gestwicki, C. (2007). *Developmentally Appropriate Practice-Curriculum and Development in Early Education* (*Third Edition*). Canada：Thomson Delmar Learning, p. 10.

② Carol Copple, Bredekamp, S.. *Developmentally appropriate practice in early childhood programs*. Washington, DC：National Association for the Education of Young Children, 2009, p. viii.

③ Ibid, p. x.

认知发展的阶段理论，并将儿童认知发展过程分为四个阶段，即感知运动阶段（0～2岁）、前运算阶段（2～6/7岁）、具体运算阶段（6/7～11/12岁）、形式运算阶段（11/12岁之后）。学龄前幼儿处于感知运动阶段和前运算阶段。20世纪80年代，全美幼教协会（NAEYC）基于皮亚杰的学习理论以及其他相关教育理论提出了《0～8岁儿童发展适宜性教育方案》，该课程模式尤为强调课程设置要适宜于儿童的年龄、个体，并在不断发展的过程中提出要适宜于不同的文化背景。首先，根据皮亚杰关于儿童认知发展的阶段理论，发展适宜性课程模式将处于感知运动阶段和前运算阶段的0～8岁儿童具体划分为0～3岁、3～5岁和5～8岁三个阶段。根据教育要适应儿童的发展，而不是让儿童调整自己来适应教育的理念，发展适宜性课程强调要根据不同年龄阶段幼儿的特征，为儿童提供适宜的支持环境，即课程的设置和实施要符合儿童的年龄特征。其次，皮亚杰强调儿童的发展过程是整体的、不可分割的，儿童发展的各个方面是相互联系，相互促进的。基于此，发展适宜性课程在课程设置中特别强调综合性，提出要以综合课程为本，促进儿童的全面发展。另外，皮亚杰还提出：儿童的认知发展是一个整体的过程，儿童发展的各个方面是相关的。这一观点在发展适宜性课程模式中的体现就是其强调以综合课程为本，促进儿童各个领域的全面发展。

二、维果茨基的最近发展区理论

维果茨基是苏联著名的儿童心理学开创者，他从社会—文化历史的角度研究儿童心理的发展，强调人的心理发展受社会文化历史发展规律的制约，并认为教学是心理发展的形式。为了正确解决教学与发展的关系，维果茨基强调"良好的教学应走在发展前面"，提出了最近发展区的概念。发展适宜性课程模式在课程体系的设计中强调对儿童个体特征，即每个儿童"最近发展区"的适宜性，也就是个体适宜性。同时，幼儿的最近发展区能够决定"教学最佳期"，且会因其所处的社会、文化背景及所拥有经验的不同而有差异①。因此，发展适宜性课程模式的课程设计过程也要考虑儿童的社会文化背景，即重视儿童发展的文化适宜性。维果茨基的教育

---

① 王文静：《维果茨基的"最近发展区"理论与我国幼儿教学改革》，载《学前教育研究》，2000（6）。

第十章　发展适宜性课程模式

理论为发展适宜性课程模式的建设提供了坚实的理论支撑，是该课程模式的重要出发点和落脚点。

三、布朗芬布伦纳的生态系统理论

布朗芬布伦纳于 1979 年提出了著名的生态系统理论（The Ecological Systems Theory）。强调环境对人发展的重大影响，认为个体的发展是在其与家庭、学校、社区和社会的互动中发展的。布朗芬布伦纳的生态系统理论对发展适宜性课程模式的贡献可以从以下几个方面来认识。

首先，从环境的多维度、多层次的角度出发，促使发展适宜性课程模式在建构的过程中要充分考虑具体文化背景对课程模式的接纳程度，以及课程模式在实施过程中与环境的融合程度；其次，人类发展生态学尤为强调个体与他人的互动在个体发展过程中的重要作用。从幼儿教育的角度出发，即强调教师、家长的教育理念、教育方法以及师幼互动、亲子互动都要最大限度地有利于幼儿的发展。只有适宜于幼儿特点的教育活动才能最大限度地促进幼儿的发展，因此人类发展生态学理论在一定程度上体现了朴素的发展适宜性思想，并成为发展适宜性课程模式课程观、儿童观、教育观的重要理论基础之一。此外，布朗芬布伦纳尤为强调微观系统对个体发展的直接影响。

除上述三个理论之外，加德纳的多元智能理论、加涅的信息加工理论、马斯洛的需要层次理论，以及皮亚杰和柯尔伯格的儿童道德发展理论使得人们开始重视社会文化背景对儿童发展的影响，并关注每一个幼儿学习与发展的特殊性。发展适宜性课程模式也吸收了这些理论的精髓，并依此建立起自己的行动指南。例如，结合马斯洛的需要层次理论，发展适宜性课程模式认为"在一个让儿童感到安全并受到重视、生理需要得到满足并且感到心理安全的群体环境中，儿童的发展和学习才会取得最佳效果[1]"。结合建构主义理论，发展适宜性课程模式认为"儿童是积极的学习者，他们利用直接的生理和社会经验，也利用文化传承下来的知识来建构自己对于周围世界的理解"[2]，因此主张课程应该为儿童"建构一个能够为其提供所需材料

---

① Gestwicki, C.. *Developmentally Appropriate Practice-Curriculum and Development in Early Education* (*Third Edition*). Canada：Thomson Delmar Learning，2007，p. 15.

② Ibid，p. 13.

和交互活动的环境"①。

第三节　发展适宜性课程模式的理念、目标、内容、实施与评价

伊文思（E. D. Evans）认为："当某种理论，或者几种理论综合成为一种指导思想，被作为制订某一个具体的教育计划或者教育方案的基础，并被用以处理该计划或者方案中的各种成分之间的各种关系，使之成为一个协调的总体而发挥整体的教育功能时，这个具体的教育计划或者教育方案就不同于一般的计划或者方案，而可以被看作是一种课程模式了。②"从这个意义上来说，发展适宜性课程模式已形成了一套完整的学前课程模式体系。

一、课程理念：三个适宜性

正如赫什（Hirsh）所言："所有儿童都要经过特定的发展阶段。一般来讲，儿童体验的这些阶段的顺序是一样的，而且其年龄阶段也大致相同。教育者必须关注这些阶段的特点，颁布合理的课程，给儿童发展所需的东西，不能过多，也不能过少。这就是发展适宜性实践的含义。③""三个适宜性"作为发展适宜性课程模式的课程理念，促使其在实践中始终以与儿童年龄、个体及文化背景有关的知识为依据，以儿童适宜性发展的需求为导向，进行着发展适宜性课程体系的构建。

（一）年龄适宜性

卢梭认为："自然能使儿童在成长为大人以前保持儿童的天性。如果我们企图颠倒这种顺序，就像勉强摘下无味的不成熟的水果一样，在它们能够成熟之前，就

①　Gestwicki, C.. *Developmentally Appropriate Practice-Curriculum and Development in Early Education* (*Third Edition*). Canada：Thomson Delmar Learning, 2007, p. 14.

②　朱家雄，张萍萍，杨玲：《皮亚杰理论在早期教育中的运用》，上海：世界图书出版公司，1998，第 77 页。

③　Rae Ann Hirsh, *Early Childhood Curriculum：Incorporating Multiple Intelligences*, *Developmentally Appropriate Practice*, *and Play*, Pearson Education, Inc. , 2004, p. 9.

第十章　发展适宜性课程模式

已经烂掉了。儿童有他自己的思维、观察和感觉方式"①。发展适宜性课程模式，首先强调的就是年龄适宜性。所谓年龄适宜性，是指教师应当依据幼儿所处的生理、心理、社会性和认知发展的阶段，为幼儿组织设计学习环境、学习内容和教师的教学方法②。在发展适宜性课程模式中，教师和早期教育工作者在为促进儿童适宜发展而做出一系列教育决策时，要考虑儿童的年龄特征。

（二）个体适宜性

格赛尔说："大自然讨厌千篇一律。"每一个幼儿都是一个独特的个体，他的发展、优势、兴趣和文化在课程中都应得到尊重，并作为课程的中心内容③。早期课程关注的是幼儿发展的潜力，这为课程开启了无限的可能，使每个儿童都有独特发展的可能性④。课程应该允许并鼓励幼儿建构自己的知识，进而使其独特的潜在能力得到发展，即发展适宜性课程模式所强调的第二个适宜性——个体适宜性。

所谓个体适宜性，是指"每一位幼儿的身心发展都会受到成长的环境、人格特质、学习方式、家庭等因素的影响，从而造成幼儿之间的个别差异"⑤。为了促进教师的教学和幼儿的学习能够有效地进行，教师需要通过观察、诊断面谈、检查幼儿的作业、个体评价及与家长沟通来了解集体中每一个幼儿的个体特点，通过收集的信息和洞察的资料，教师尽最大可能地去设计、调整计划，以促进每一个幼儿个体的发展和学习。

（三）文化适宜性

发展适宜性课程模式在 1997 年的修订版中，提出了幼儿发展的文化适宜性。文化适宜性即"了解幼儿社会与生活的文化背景，从而确保幼儿的学习经验是有意义

① ［美］大卫·埃尔金德：《儿童发展与教育》，刘光年译，上海：华东师范大学出版社，1988，第 39 页。

② Bredekamp，S.，*Developmentally Appropriate Practice in Early Childhood Programs Serving Children from Birth through Age 8*，Washington，DC：National Association for the Education of Young Children，1987.

③ Rae Ann Hirsh，*Early Childhood Curriculum：Incorporating Multiple Intelligences，Developmentally Appropriate Practice，and Play*，Pearson Education，Inc.，2004，p. 8.

④ Ibid，p. 4.

⑤ Bredekamp，S.，*Developmentally Appropriate Practice in Early Childhood Programs Serving Children from Birth through Age 8*，Washington，DC：National Association for the Education of Young Children.，1987.

的、相互关联的，并且尊重参与其中的父母和他们的家庭"①。教师要尽最大努力去理解幼儿在家庭和社区生活中的价值观、期望、行为和语言，以便能够确保项目或是学校里的学习经验对幼儿来说是有意义的、相关的，而且是尊重每一个幼儿和其家庭的。有效的教师在促进幼儿全面发展的过程中要结合这些社会和文化背景的因素。

二、课程目标：强调知识技能和情感态度的发展

NAEYC 在 1997 年的声明里明确表述了儿童发展的目标，幼儿教育领域已对这些目标达成共识。发展适宜性实践的课程目标可分为知识技能目标和情感态度目标两大类。

（一）知识技能目标

发展适宜性实践的知识技能目标是发展幼儿的认知能力、语言能力、问题解决能力等，具体如下：

（1）善于交流，尊重他人，与他人一起参与存在意见分歧的工作，作为团队成员能够很好地发挥作用；

（2）对实际情况进行分析，做出合理判断，能够解决出现的新问题；

（3）通过多种方式获取信息，包括口头和书面语言，灵活地使用发展成熟的复杂工具和技术；

（4）随着情况和需要的变化，不断学习新的方法、技能和知识。

（二）情感态度目标

发展适宜性实践的情感态度目标是发展儿童积极情绪情感和良好的行为态度，具体如下：

（1）懂得成功需要努力；

（2）拥有作为学习者的好奇心和自信心；

（3）具有积极的自我认同感和对那些可能持有不同立场的人的宽容。

基于以上目标，NAEYC 在声明中还指明了发展适宜性实践的指导方针：创造一

① Bredekamp，S.，*Developmentally Appropriate Practice in Early Childhood Programs Serving Children from Birth through Age* 9，Washington，DC：National Association for the Education of Young Children，1987.

第十章　发展适宜性课程模式

个充满关爱的学习者社区，在教室里也要形成这样的关系；教学要促进学习和发展，同时要考虑教师在促进儿童学习的过程中的角色和策略；构建既关注内容又关注方法的适宜性课程；评价儿童的学习和发展；和家庭建立一种互动关系。

三、课程内容：促进儿童所有领域的全面发展

发展适宜性实践作为一种理念，引领学前教育向着更适宜儿童发展的方向改进，将所有儿童的发展领域和所有学习所包含的学科知识都纳入了其课程内容体系。发展适宜性课程模式以三个适宜性为理念，以综合课程的形式将五大领域及各个学科的知识统合起来，以促进儿童的全面发展。必须注意的是，不同年龄段的儿童在生理、心理发展方面均具有不同的特点，相应地也具有不同的发展需求，这就需要成人根据不同时期儿童的特点来为之提供不同的支持和帮助。发展适宜性课程在详细论述不同年龄段儿童发展和学习特点的基础上，根据儿童成长的时间顺序，按照婴儿期（0~12个月）、学步儿期（1~3岁）、学龄前期（3~6岁）和学龄期（6~8岁）这四个发展阶段，为教师和家长提供了创设适宜性的物质环境、社会/情感环境及认知/语言/读写环境的方法和策略。

（一）促进儿童全面发展的综合课程

在某种程度上来说，综合课程（Integrated Curriculum）的概念来源于"发展"本身的综合性。综合课程的课程内容不仅包括发展性的内容，也应该包括学业性的内容。发展适宜性课程模式指出其课程的本质是"统整"，课程的目标涉及所有发展领域：身体的、社会性的、情感的、认知的；课程的内容则涉及各个学科领域：身体教育和健康、语言和读写能力、数学、科学、社会性学习和创造性艺术①。

1. 综合课程内涵

综合课程是指，将划分的多个领域的内容联系起来并强调其整体性的一个课程理念。综合课程常常涉及向真实的生活学习，同时它也能考虑到基本技能及"倾向于使用基本技能"的重要性。而整合课程的方法是主题活动，主题活动可以"激发

---

① Carol Copple，Bredekamp，S.. *Developmentally appropriate practice in early childhood programs*，Washington，DC：National Association for the Education of Young Children，2009，p. 160.

学生从多个角度去探讨感兴趣的话题"。从而成为儿童形成观念、概括、技能和态度的催化剂。综合课程和主题活动将许多学科领域整合到一个对学生有意义的、有机的、学习的整体中。

2. 综合课程的特征

全美幼教协会的所有实践都是建立在发展适宜性实践理念之上的。发展适宜性课程模式的特征，或者说综合课程的特征可以概括为以下八个方面①：①儿童是主动的和参与性的；②目标是清晰的和共享的；③课程是有证据支持的；④有价值的内容是通过探究性的、专注的、有意识的教学形成的；⑤课程是建立在先前的学习经验之上的；⑥课程内容是整合的；⑦通过专业的标准来验证课程的主题内容；⑧课程对于儿童发展来说是有益的。这八个方面的特征分别从课程目标、课程内容、课程与幼儿发展等方面反映出发展适宜性课程的理念。

（二）课程内容的四个领域

发展适宜性课程模式将学习内容划分为四大领域：身体发展领域、社会情感发展领域、认知发展领域，以及语言与读写能力发展领域。

1. 身体发展领域

学前儿童是精力极其充沛的生物——他们不停地移动、奔跑和跳跃②。儿童在学校应该有 1/4 的时间用于身体活动上。儿童的年龄的特征决定了，这是最适合他们的学习方式③。发展适宜性课程模式依据儿童年龄特征、个体特征及对文化背景知识的了解，注重身体活动在学前儿童身体发展方面的作用，通过适宜的身体活动来促进学前儿童以下几个方面的发展，即身体发展领域的课程内容范围包括：

（1）身体成长与成熟；

（2）感觉和知觉；

（3）大肌肉发展；

---

① 全美幼教协会（NAEYC）官网. http://www.naeyc.org/files/naeyc/file/positions/Stand-CurrAss.pdf. 2015-03-09.

② Carol Copple, Bredekamp, S.. *Developmentally appropriate practice in early childhood programs*, Washington, DC: National Association for the Education of Young Children, 2009, p. 113.

③ Ibid, p. 114.

（4）小肌肉发展。

为促进学前儿童的身体领域发展，发展适宜性课程模式强调应为其提供适宜且丰富的教育内容。可让儿童通过游戏获得多方面身体能力的发展，及结构化的身体技能的发展机会，以保证他们有健康的体魄和积极的生活态度。

2. 社会情感发展领域

学前儿童（3~5岁）在与他人的交往、对自我的认识及了解和识别自我情绪方面有很大的发展。在高质量的学前项目环境中，为支持这个发展过程，儿童与成人的关系是至关重要的。早期教育中积极的社会情感发展将为儿童在学前期，甚至在今后的人生中的认知和学业能力的发展提供必要的基础①。发展适宜性课程模式在此领域的内容分别包括社会性领域的四条和情感领域的三条。

社会性发展：

（1）儿童与教师、同龄人和朋友的社会交往及人际关系；

（2）亲社会行为的发展；

（3）攻击性行为及其他挑战性行为；

（4）对自己与他们关系的认识。

情感发展：

（1）情绪能力的发展；

（2）道德心的发展；

（3）压力、应对能力及坚韧力的发展。

有意识地促进积极社会情感发展的教师正在为儿童的全面发展做出重要的贡献。发展适宜性课程模式中的教师最大的贡献就是尝试与每个儿童建立个人的、亲密的、积极的关系来促进儿童的社会情感能力的发展。

3. 认知发展领域

一些重要的认知变化发生在学前阶段，尤其是心理表征。皮亚杰将学前阶段的儿童划归在"前运算阶段"，这个阶段的儿童的认知是非逻辑性的、自我中心的和

---

① Gestwicki，C.．*Developmentally Appropriate Practice-Curriculum and Development in Early Education（Third Edition）*．Canada：Thomson Delmar Learning，2007，p. 120.

不可逆的①。发展适宜性实践探讨了游戏和社会交往对认知发展的影响，发现其与儿童思维的特征是该领域发展必须重视的因素。发展适宜性课程模式在此领域的内容主要包括以下几个方面：

（1）注意；

（2）记忆；

（3）心理表征；

（4）逻辑和思维特征；

（5）推理；

（6）创造性思维。

发展适宜性课程模式为支撑认知领域的发展提供的支持主要有以下几种形式：提示、提问、示范及来自成人和其他儿童的帮助②。和其他领域的发展一样，发展适宜性课程模式在课程内容上会提供具体的支持。

4. 语言与读写能力发展领域

学前期儿童的语言和读写能力的发展是呈跳跃式的。这些发展通过语言整合到情感、社会性和认知的发展领域，对学习和发展的各个领域都有着重要的影响③。此外，语言对整个课程的学习也是十分重要的，比如儿童需要学习有关数学的语言来帮助其之后对有关数学的概念的理解④。发展适宜性课程模式在该领域的发展主要包括以下两个方面：

（1）口语与词汇知识；

（2）早期读写兴趣与技能。

发展适宜性课程模式除了将显著的学习内容融合在游戏、日常活动、兴趣领域中，有效的项目也会提供精心设计的，着重于某一特定领域或主题的课程⑤。

① Carol Copple，Bredekamp，S.．*Developmentally appropriate practice in early childhood programs*，Washington，DC：National Association for the Education of Young Children，2009，p. 129.

② Ibid，p. 137.

③ Ibid，p. 142.

④ Ibid.

⑤ 全美幼教协会官网：http://www. naeyc. org/files/naeyc/file/positions/KeyMessages. pdf.
2012-03-11.

四、课程实施：支持儿童适宜性发展

发展适宜性课程模式特别强调了游戏在课程实施中的重要性，认为"游戏为幼儿在所有领域的发展提供了学习机会"①。教师在整个过程中则是作为支持者、观察者和诊断者等角色，在课程实施的过程中为儿童的游戏及儿童自我发起的其他活动积极地提供结构化的环境支持。

（一）强调游戏的重要性

全美幼教协会在其立场声明中认为："游戏能够促进儿童在所有领域获得适宜性发展。②"①游戏为儿童所有领域的发展提供真实的模拟情境。游戏的情境可以促使儿童进行合作和分享交流，并支持幼儿尝试去解决问题，发展身体某方面的技巧，倾听和考虑他人的想法及用语言表达自己的想法，等等。②游戏将学习视为一个主动互动的过程。③游戏能够提升学习动机。④游戏允许差异的存在。⑤游戏对大脑发展有益。⑥游戏使儿童愉快。⑦游戏帮助儿童获得基本技能。

（二）课程设计中的循环模式

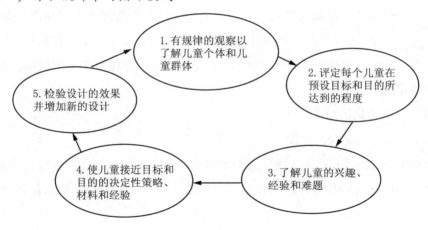

图 10-1　发展适宜性课程设计中的循环模式

---

① Gestwicki, C.. *Developmentally Appropriate Practice-Curriculum and Development in Early Education* (*Third Edition*). Canada：Thomson Delmar Learning, 2007, p. 66.

② Ibid, p. 45.

发展适宜性课程的设计是动态循环设计中的一个环节，这个设计出现在教师与儿童在教室中进行的日常互动环境中，主要由以下几个部分组成：①了解幼儿，即教师通过一套由有规律的观察以及记录组成的体系，同时了解儿童群体的整体特点和儿童的个体特点；②评价幼儿，即教师判断每个幼儿在有关的预定目标和目的中所达到的发展程度，这些目标和目的包括教师制定的目标，以及由其他人（如家庭和教育机构）制定的目标；③通过对每个儿童的观察来了解儿童的兴趣、经验和遇到的困难；④教师在观察的基础上，相应地确定教学策略、材料和经验，以促进幼儿通过有意义的活动向目标发展；⑤教师通过分析观察结果，评价课程设计的效果和有效性，并对课程设计进行相应地调整和完善①。

总体来讲，在整个设计循环过程中，教师需要依据幼儿的年龄特点、文化背景，以及幼儿间的个体差异，对幼儿进行观察、总结和分析，并依托分析结果不断地完善整个课程设计过程。整个设计循环是一个开放的过程，既能充分地激发教师与幼儿的互动，也使得教师能对幼儿的不同需求做出及时的回应。

（三）课程设计中的生成性课程

生成性课程是指在探索"与儿童社会性发展相关，有利于儿童认知发展，并对儿童个人富有意义的"事物过程中发展而来的课程。在生成性课程中，教师和儿童都可以提出活动方案并做出决定。这种影响课程决定和方向的力量意味着，有些时候真正的课程是儿童感兴趣的事情与成人所知道的儿童教育和发展过程中必须开展的活动之间相互妥协的结果。生成性课程的基础和发展过程是对儿童兴趣、经验和活动的观察。通过仔细地观察和倾听儿童，教师可以得到关于儿童的问题、知识、技能和兴趣的线索。另外，儿童和教师合作讨论下一步的研究计划。教师不断地观察儿童对自己行为的反应，分析出新的活动创意和材料中可能蕴含的新知识。最好的生成性课程计划是在教师完成上面这些工作后出现的，即在教师考虑到儿童的反应并预测下一步的发展方向后产生②。

在观察到儿童的兴趣和问题后，教师可以设计一系列的活动来帮助儿童开始更

① Gestwicki, C.. *Developmentally Appropriate Practice-Curriculum and Development in Early Education* (*Third Edition*). Canada：Thomson Delmar Learning, 2007, p. 68.

② ［美］卡罗尔·格斯特维奇：《发展适宜性实践——早期教育课程与发展》，第三版，第65页，霍力岩译，北京：教育科学出版社，2011。

加深入的探索及其他的探究。教师可以通过构建网络的过程来思考可能有助于儿童进行更深层次探索的活动。例如，下图展示了拉蒙关于沙箱的想法，教师思考可以开展哪些学习活动的网状图。①

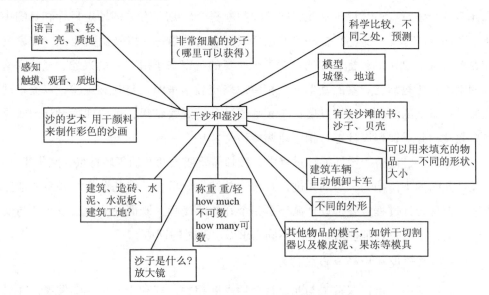

图 10-2　发展适宜性课程活动网状图

在实施以儿童为中心的课程时，第一步是提供环境：从活动网中选择一个焦点，教师认真地用所选择的、有助于儿童探索既定主题的材料和活动来创建环境。另外，教师可以创设一个刺激点，即设计一个用来激发儿童兴趣的事件或经历。第二步，教师要仔细地观察儿童是如何使用所提供的材料的，谈论并在游戏中表现什么样的主题和经验，以及看起来他们有哪些疑问和认识。通过这种方法，教师可以知道需要为儿童提供哪些其他的支持和材料。第三步，用教学计划支撑游戏主题。进一步观察有利于教师了解儿童正在探索的新主意、新解决方案和新的答案，以及知道应该提供哪些其他的可以扩展儿童经验的材料。第四步，通过添加更多蕴含新的学习机会或为新想法提供支持的新材料来丰富游戏。第五步，教师要为自己和儿童设计表现儿童学习经验的材料和机会。

---

① ［美］卡罗尔·格斯特维奇：《发展适宜性实践——早期教育课程与发展》，第三版，第65页，霍力岩译，北京：教育科学出版社，2011。

（四）课程实施中的有效教师

在发展适宜性实践的立场声明里，描述了教师角色的五个关键特征[①]：①创建学习者的关怀型社区；②教学以促进儿童的发展和习得；③设计课程以实现关键性目标；④评价儿童的发展和习得；⑤与儿童的家庭建立互惠关系。教师这五个方面的特征是不可或缺并紧密相关的，他们共同组成了教师工作和早期儿童课程的内容，从而实现儿童发展的关键目标。忽略或缺少任何一个部分都会严重削弱整体的效果[②]。

发展适宜性课程需要优秀教师——能够让儿童快乐并让教学有效的教师。首先，优秀教师是有准备的教师。教师经历了适宜的培训并拿到了相关的资格，这是教师上岗的前提条件。然而，这并不是有准备的教师的全部，有准备的教师需要在经过深思熟虑后准备教育的各个环节，务求"润物细无声"和"无声胜有声"。设计环境是教师最重要的工作之一。教室的环境如何布置，选择怎样的玩具和游戏，都要教师进行精心设计和挑选。教学是幼儿在教师精心提供的环境中的自由学习，是幼儿对教师精心制作的材料的自由探索。而表面上看来进行自由教学的教师，实质上是儿童发展环境的创造者，是儿童在对环境进行探索时的观察者和引导者。其次，优秀教师是在各个领域能有效工作的教师。教师的多种角色定位在以下这几个方面：帮助儿童成长的环境（学习者社区）的创建者，提升儿童发展与学习的教学目的定位者，为了实现重要的发展目标而对课程进行精心策划的决策者，儿童发展与学习的评价者，与家庭建立互惠关系的合作者。教师可以平衡导向性的、以儿童为主体的及合作式的体验[③]。所以，在发展适宜性课程中教师是环境的创造者、是课程实施中的观察者和记录者、是课程的设计者。

第十章 发展适宜性课程模式

1. 教师是环境的创造者

一是教师时刻留意幼儿的需要、能力和兴趣，对环境设置进行变更；二是教师要考虑到课堂中的残疾幼儿和有特殊需要幼儿的需求，相应地调整空间和材料的设置。教师在环境创造中的重要作用之一还在于使环境井然有序，即呈现出结构化的

---

① 全美幼教协会官网：http://www.naeyc.org/dap/core. 2012-03-10.

② 同上。

③ Rae Ann Hirsh, *Early Childhood Curriculum：Incorporating Multiple Intelligences，Developmentally Appropriate Practice，and Play*，Pearson Education，Inc.，2004，p. 11.

环境，使得幼儿在此环境中的任何活动和发展都是可控的，教师在此环境中的作用是非控制性的指导。

2. 教师是课程实施中的观察者和记录者

为了更好地支持幼儿的发展，教师必须成为最敏锐的观察者。教师可能已经了解了幼儿的整体的年龄特征，但是个体的发展水平及每个幼儿的具体需要、兴趣、学习风格和偏好则只能依靠教师细致入微的观察才能了解。通过观察记录对幼儿进行评价，可以帮助教师为幼儿的发展提供更为适宜的支持。

3. 教师是课程的设计者

虽然发展适宜性实践强调幼儿发起的活动，但幼儿发起的活动与教师设计的活动是一体化的。教师对课程的设计来源于对所处的课堂环境的观察及他们对幼儿发起活动的参与和支持。在这个支持过程中，教师对材料和活动进行设计，以帮助幼儿从现有水平出发朝下一个阶段的学习和兴趣方向前进。教师的这种设计不仅仅建立在对幼儿的年龄和个体知识的了解上，还建立在对幼儿所处的地理和文化背景的了解上。有效教师会结合对幼儿群体和个体的了解，以及期望的结果，设计体验活动来促进幼儿习得和发展。如果新的体验活动建立于幼儿已有的认知和能力的基础上，且这样的活动能促使幼儿在合理范围内去获取新的技能、能力或知识，那么习得和发展就极可能实现。在幼儿的技能和认知水平达到一个新的高度后，有效教师会继续思考下一步的目标，这样的循环会一直持续，并会以一种发展适宜性的方式推进幼儿习得。

教师与幼儿时时刻刻的互动对幼儿学习的结果和发展是最有力的决定因素。有效教师在使用方法和策略的时候是有目的性的，即去支持幼儿每个学习领域的兴趣和能力。此外，有效教师还会调整课程以适应他所教授的群体的特征和每个幼儿的特征以促进最佳的学习和发展。

五、课程评价：强调多元化评价

（一）对儿童的评价——持续的观察记录

早期儿童课程对儿童进行评价的目的在于：①做出正确的教学和学习决定；

②识别需要重点干预的个别儿童；③帮助课程改进和干预①。发展适宜性课程模式对儿童进行持续的观察并记录以评价儿童的目的也在于此。

在发展适宜性课程模式中，教师对儿童进行评价的主要方式就是对儿童进行持续的观察并记录。"我们不能像测验儿童在认知领域的成就一样，轻易地对儿童在各个领域的学习进行量化和测量。儿童对世界、人物以及人的建构性的理解是通过他们操作材料和互动方式的不断复杂化体现出来的。他们的语言、问题和注意力都能体现出他们的发展。②"

教师对儿童实施观察笔记的有效方法有：在兜里放一支铅笔和一个便签本（或档案卡），以便简短记录；在每个兴趣区投放一个笔记板和一支钢笔，以用于简短记录；在笔记板贴上每个儿童的名字，一有机会就填充内容，以保证每个儿童都得到注意；拍照，以帮助回忆整个事件的过程③。在一天结束的时候，教师将会有大量不同儿童的笔记。之后的关键就是能够收集和组织信息的有效系统。许多教师发现使用折叠文件夹或活页笔记本来使每个孩子的活动都占有其中的一部分，这样很有用。这使得这种观察能够在一年里不断增加。这可以更进一步细分为身体技能、社会和情感发展、认知和概念发展、创造性、语言和读写发展以及算术发展部分。具有页面或每个发展领域部分的记录系统使得教师能快速检查从而看到哪些儿童需要更多的关注，尤其是当教师对某个特定区域没有积累观察时④。

除了观察记录，教师还可以收集儿童的作品，比如儿童的图画和书写作品，这也可以用来记录和分析儿童的学习与发展。

第十章　发展适宜性课程模式

①　全美幼教协会官网：http://www.naeyc.org/files/naeyc/file/positions/StandCurrAss.pdf, 2012-03-11.

②　Gestwicki, C.. *Developmentally Appropriate Practice-Curriculum and Development in Early Education (Third Edition)*. Canada: Thomson Delmar Learning, 2007, p. 27.

③　Ibid, p. 69.

④　［美］卡罗尔·格斯特维奇：《发展适宜性实践——早期教育课程与发展》，第三版，霍力岩译，北京：教育科学出版社，2011，第59页。

表 10-1　发展适宜性课程模式的教师观察笔记

11.21 克里斯特尔（Crystal）对于面粉和盐怎么变成了面团游戏提了许多"怎样"和"为什么"的问题。
11.21 克里斯特尔说："我们已经放进去一杯面粉，所以现在我们只需要将杯子装满一半。"
11.21 克里斯特尔说："我记得当小雷德赫恩（Red Hen）做面包的时候，没有人能帮她。"（是一周前读的书）
11.21 活动持续了 15 分钟，罗德尼（Rodney）安静地坐着，参与和观察，在整个活动中适宜地交谈，没有躁动不安或心不在焉的记录。
11.21 达蒙（Damon）两次抓住勺子，发着牢骚："我想轮到我了。"当轮到克里斯特尔搅动时，当告诉他要等到罗德尼之后才能轮到时，他开始大哭。
所有这些记录夹在每个儿童的笔记本中合适的部分。

　　每隔一到两个月，教师需要通过之前记录的观察笔记，来评价每个儿童的进步和特殊需要。观察记录可以作为儿童在某个方面和某个特定时期学习的总结。教师作为课程实施中的观察者，有足够的时间和精力对儿童的各种表现进行观察并做记录，通过对儿童游戏、语言、互动及他们借助读写和其他交流方式进行观察，教师能识别出儿童的成长与变化，并能根据观察记录的结果对儿童做出适当的评价，以不断地调整课程和教学策略等，从而更加适宜地促进儿童各个领域的学习和发展。

　　（二）对发展适宜性课程模式的评价

　　全美幼教协会指出，有效的课程模式评价应包含以下一些指标①：①评价的目的是持续的改进；②目标指导评价；③使用综合性目标；④使用有效设计进行评价；⑤多元化结果可用于大范围课程评价中，使用抽样法评价个别儿童；⑥如果评价中使用了标准化考试，保障措施必须就位；⑦强调儿童持续性的收获；⑧由训练有素的专业人员进行评价；⑨评价结果公开共享。

　　全美幼教协会也正是基于这些指标对发展适宜性课程模式进行评价的，进而不断地完善该课程模式的体系。除此之外，发展适宜性课程还体现出兼容性、开放性和多元性的特点，虽然发展适宜性课程自提出之后便不断地受到质疑和争论，但是

---

　　①　全美幼教协会官网：http://www.naeyc.org/files/naeyc/file/positions/StandCurrAss.pdf.
2012-03-11.

这些质疑和争论也促使了发展适宜性课程的不断完善。首先，从哲学理念上看，发展适宜性课程既强调教师的指导作用，又强调儿童自身的发展价值、既重视对儿童学习能力的培养，也重视儿童学业成绩的提高、既关注儿童先天的发展因素，又重视后天文化和环境的影响。因此，发展适宜性课程是结合建构主义和训导主义而构建的开放的哲学体系。其次，在应用层面，发展适宜性课程根据儿童的年龄特征、个性差异和社会文化的特征，不断地构建开放的、综合的、生成的课程，教师还可以根据自己的知识经验设计出更多元的课程模式，促进幼儿全面发展。所以，发展适宜性课程既在哲学层面又在应用层面验证了其课程的适宜性、多元化和开放性。

第四节　发展适宜性课程模式的特点

一、课程内容：依据三个适宜性的知识

在 NAEYC 所提出的发展适宜性指导方针中，指出要构建既关注教育内容又关注教育方法的适宜性课程。因此，在设计真实有效的发展适宜性教育方案时，必须特别注意三个方面的知识：关于幼儿在不同年龄发展阶段如何开展学习的知识；关于每个幼儿的能力、个性和个体间需要差异的知识；关于幼儿个体间不同的文化背景的知识①。依据这三方面的知识，能够保证儿童的学习经验既是富有意义的，又是相关联的，从而促进儿童的适宜性发展。由此我们可以知道，发展适宜性实践模式的课程内容主要包括以下三方面的课程内容。

（一）儿童的发展和学习的知识

NAEYC 在两次声明中都对 0～8 岁儿童的年龄阶段进行了不同种类的划分，从而以某一特定阶段的儿童发展特征为基础，向不同年龄阶段的幼儿提供不同的支持环境。另外，有关儿童发展的研究发现，尽管幼儿的文化环境会对幼儿发展方式和

---

① Gestwicki，C.．*Developmentally Appropriate Practice-Curriculum and Development in Early Education*（*Third Edition*）．Canada：Thomson Delmar Learning，2007，p. 11.

意义有影响，但是幼儿还是存在一种相对稳定并可以预测的发展模式①。教师在了解幼儿是如何学习的同时，也需要了解幼儿发展的整体性特征，并注意到不同年龄阶段幼儿间在发展水平和能力方面的差异，继而为幼儿提供既充满成就又富有挑战的学习环境。

（二）儿童个性特点的知识

教师对于儿童年龄特点知识的掌握，有助于教师对某一个年龄阶段所有幼儿的发展水平有一个整体认识。另外，教师必须理解每个儿童的学习方式、兴趣点、个性以及脾气、能力和劣势、挑战和困难，从而使教师及他们设计的教育项目能够帮助所有儿童的全面发展，包括那些残疾儿童和发展迟缓的儿童，从而促进幼儿的成长和发展。关注每个幼儿的特点可以避免教师将差异视为"缺陷"②。对儿童个性知识的学习可以帮助教育工作者了解小组中每个孩子的力量、兴趣和需要的知识，用来适应个体差异，并对不可避免的个体差异做出反应，进而构建适宜个体发展的学前教育课程。

（三）文化差异的知识

1986年，NAEYC在声明中将文化差异性归为个体差异性的一部分。然而，随着研究的不断深入，人们逐渐意识到，在相同年龄阶段内，幼儿个体的发展既与自己的个人经历有关，又受到所处的文化背景中群体共享行为预期的影响，文化差异性与个体差异性之间存在着一定的区别。文化由价值、权利和行为预期组成，通过家庭和社区群体的力量以间接的方式在两代人之间进行着传递③。了解儿童生活的社会和文化环境的知识，这能够确保儿童的学习经验对儿童来说是有意义的、相互联系的，并且尊重了参与其中的儿童和他们的家庭。要促使儿童的健康发展，文化差异的知识必须要考虑进来，这样可以帮助构建文化适宜的学前课程，使得课程内容对儿童所属的不同文化和语言群体真正的尊重和了解。

---

① Gestwicki, C.. *Developmentally Appropriate Practice-Curriculum and Development in Early Education* (*Third Edition*). Canada：Thomson Delmar Learning, 2007, p. 12.

② Ibid, p. 10.

③ Ibid, p. 10.

二、课程设计：循环设计模式

教师在设计发展适宜性课程时应进行的一系列循环活动是观察和做笔记，评价儿童为达成特定发展性目标和目的所取得的进步，并通过观察了解儿童感兴趣的主题，辨别支持儿童进步的策略、材料和经验，通过观察来评价方案的效果及重新开始整个循环①。在整个设计循环中，观察贯穿于程序的开始、过程和结尾：通过观察来了解儿童能力、技能和兴趣的认识；观察以决定目的和目标确定的进展；观察以知道儿童的想法和问题；观察以评价教师的设计；观察以评价教师的设计是否能够促进儿童更好地学习和更富有游戏经验，制造定期的机会去观察对改变设计的程序至关重要。此外，设计的循环周期使得教师需要通过三种知识资源来制定发展适宜性决策：①有关年龄特点的知识；②有关能力、兴趣和儿童个体需要的知识；③有关儿童生活的社会和文化背景的知识，以保证其学习经验既富有意义又相关。设计由此而渗透进了教师的每日生活和师幼之间的所有互动之中②。

总体来讲，在整个设计循环过程中，教师需要依据幼儿的年龄特点、文化背景，以及幼儿间的个体差异，对幼儿进行观察、总结和分析，并依托分析结果不断地完善整个课程设计过程。整个设计循环是一个开放的过程，既能充分地激发教师与幼儿的互动，也使得教师能对幼儿的不同需求做出及时的回应。

三、课程环境：为儿童的适宜性发展提供结构化环境

发展适宜性实践的课堂教学经常由于缺乏构建而受到质疑③。但事实上，发展适宜性课程模式的课堂教学是高度结构化和条理化的，"课堂的结构是依据一定的教育学理论、儿童的兴趣和发展、所提供的组织材料与环境及精心规划的日程而构

---

① Gestwicki, C.. *Developmentally Appropriate Practice-Curriculum and Development in Early Education* (*Third Edition*). Canada: Thomson Delmar Learning, 2007, p. 87.

② ［美］卡罗尔·格斯特维奇：《发展适宜性实践——早期教育课程与发展》，（第三版），霍力岩译，北京：教育科学出版社，2011，第 82 页。

③ Rae Ann Hirsh, *Early Childhood Curriculum: Incorporating Multiple Intelligences*, *Developmentally Appropriate Practice*, *and Play*, Pearson Education, Inc., 2004, p. 10.

建的"①。正如科斯特尔尼克对发展适宜性课堂的描述，即发展适宜性课堂是"某种积极的状态，而不是一种混乱的状态；儿童是有事情可做的，但不是硬性地遵循某种单一的探究方式②"。发展适宜性课程不仅仅定义去教什么，更重要的是它致力于社会环境和物理环境的创设，以适宜于每一个儿童的成长和发展③。

结构化的环境包括教师为达到一定的课程目的，对课程设计的规划，对空间、时间、活动材料，以及物理、社会情感、认知和语言环境所进行的精心安排④。尽管在一些只是偶尔参与的参观者看来，发展适宜性课程模式的课堂似乎是杂乱无章和漫无目的的，但事实上这些环境都是有组织、有计划的，在这样结构化的环境中儿童主动发起学习。教师会根据不同年龄段的儿童的不同特征，为其提供有不同着重点的机构化的支持性环境，包括物质环境、社会情感环境、认知环境，以及语言及读写环境等。

第五节　发展适宜性课程模式的实践运用

发展适宜性实践"不是课程，也不是一套可以用于支配教育实践的僵死的标准"⑤。研究表明："与发展适宜性实践课程相比，在发展不适宜的课程中，学前儿童和学龄儿童显示出 2 倍的压力表现；与参加发展适宜性课程模式相比，发展不适宜实践的课堂中的儿童学习成就相对较差、行为评价率低而且往往缺乏主动性。此外，这些研究显示参加更多的儿童中心的发展适宜性实践课堂的儿童在所有发展领

---

① Rae Ann Hirsh, *Early Childhood Curriculum*: *Incorporating Multiple Intelligences*, *Developmentally Appropriate Practice*, *and Play*, Pearson Education, Inc. , 2004, p. 10.

② Ibid.

③ Dodge, Diane Trister. The importance of curriculum in achieving quality child day care programs. Child welfare. Vol. 74, 1995, p. 1171.

④ Gestwicki, C. . *Developmentally Appropriate Practice-Curriculum and Development in Early Education* (*Third Edition*). Canada: Thomson Delmar Learning, 2007, p. 23.

⑤ Bredekamp, S. , & Rosegrant, T. (Eds.). *Reaching potentials*: *Appropriate curriculum and assessment for young children*, Vol. 1. Washington, DC: National Association for the Education of Young Children, 1992, p. 4.

域的表现都更好，甚至是与那些参与混合课程模式的项目的儿童相比。①"发展适宜性课程作为一套完整的幼儿园课程方案，涵盖了幼儿发展的各个领域：身体、情感、语言、审美和认知领域。另外，从课程的目标到内容，再到实施和评价，发展适宜性课程模式所坚持的教育理念和三个"适宜性"理论，它所倡导的综合课程模式、生成性课程组织形式及多元评价模式，以及在课程决策、内容、组织与实施、环境设置、如何成为有效教师及课程评价等方面的丰富、完善的经验值得我们去思考。

一、运用整合和多元思维思考幼儿园课程

新中国成立后，在我国第一次向国外学习的浪潮中，主要学习苏联的"直接教学"和"分科教学"模式。改革开放后的 30 多年间，我们主要学习和借鉴西方以"活动教学"和"综合教学"为主要特点的自由主义教育模式，如高宽教育方案、蒙台梭利教育法、瑞吉欧教育方案和光谱教育方案等。从教育哲学的角度而言，这些课程模式是教师主导和儿童主导的对垒，也是所谓"建构主义课程"和"训导主义课程"的争锋。实际上，美国幼儿教育领域长久以来也存在着类似两种互相对立的观点。然而，我们今天的责任是，放弃非此即彼的教育哲学，运用整合思维思考幼儿园课程问题，走出直接教学和活动教学的对立、分科教学和综合教学的对立，让幼儿从知识的接受和经验的获得过程中走出对立并走向和解，让幼儿在适合年龄特征、适合个体发展和适合文化环境几个方面都得到有效的发展。

对于幼儿园课程而言，我们试图找到所谓的最优道路，我们不学习某一种单一的课程模式，我们试图在多种课程模式的学习与借鉴，创造出自己的课程模式。例如，蒙台梭利教育法与多元智力理论指导下的光谱教育方案是否有共通之处，高宽教育方案与创造性课程模式是否有异曲同工的地方？认真借鉴、思考与学习后，我们只有运用一个整合及多元的思考方式，才能对幼儿园课程有更高位的思考，才能在实践中摸索出适合我国幼儿园教育的模式。

① Rosalind Charlesworth：Developmentally appropriate practice is for everyone，in *Childhood Education*，1998.

二、发展适宜性课程对我国幼儿教师专业化发展的要求

从发展适宜性课程发展和实施的经验来看，幼儿教师在施教之前，首先要对儿童的发展和学习规律有深入的了解，把握各领域的学习目标，同时在施教的过程中时刻把握适合儿童身心发展的原则来满足儿童的需要，进而提高教师设计课程、组织活动的能力，提高自身的专业素质[①]。我国颁布的《国家中长期教育改革和发展规划纲要（2010—2020年)》，强调要提高幼儿教师的专业化素质。积极探索幼儿教师培养模式，完善幼儿教师专业标准和教师准入制度，提高幼儿教师的专业素质和教育技能，进一步提高幼儿教师待遇，增强幼儿教师职业的吸引力[②]。然而，我国各地区间的差异较大，加上教师个体间在能力、理念方面存在一定的差异，所以，我国在幼儿教师专业化道路上可能还有很长的路要走。

在第三版的"发展适宜性实践"中，全美幼儿教育协会专门列出一章解释所谓的"成为优秀教师"，系统地论述了教师如何设计发展适宜性实践以及如何做一名有准备的有效教师，以便能够为儿童提供有准备的环境，让儿童得到最优化的发展。另外，"发展适宜性课程"需要优秀教师——能够让儿童快乐并让教学有效的教师。优秀教师首先是有准备的教师，有准备的教师需要在经过深思熟虑后准备教育的各个环节，务求"润物细无声"和"无声胜有声"的境界。

设计环境是教师最重要的工作之一。教室的环境如何布置，选择怎样的玩具和游戏，都需要教师进行精心设计。孩子们在教师精心提供的环境中的自由学习、自由探索教师精心制作的材料。从表面上看进行自由教学的教师，实质上是儿童发展环境的创造者，是儿童在对环境进行探索时的观察者和引导者。其次，优秀教师是在各个领域有效工作的教师。教师的多种角色定位表现在以下几个方面：创建一个关怀儿童成长的环境（学习者社区），教学的目的定位在于提升儿童的发展与学习，为了实现重要的发展目标对课程进行精心策划，评价儿童的发展和学习，与家庭建

---

① 郭力平：《早期学习标准与发展适宜性教育的冲突、融合及其启示》，载《幼儿教育（教育科学版)》，2008（10）。

② 《国家中长期教育改革和发展规划纲要（2010—2020年)》，http://www.gov.en/jrzg/2010-07-29/content-1667143.html.2011-03-15.

立互惠的关系①。

在幼儿园教师的日常教学活动中，教师具有多重身份：幼儿的伙伴、指导者、相关教育政策的执行者和沟通者，等等。发展适宜性实践认为，提高教师教育教学的有效性是实现高质量学前教育的核心问题。所以在其理论和实践中，教师在实际工作中的自主权力很大，他们可以自主选择课程模式、课程内容和教学材料，行政管理人员只需要在宏观上调配和支持教师的教学工作，比如说提供资源和配备助手等②。目前来说，我国的幼儿园还很难赋予教师较大的自主权，课程的内容、教材的选用都很难让教师自己决定。这样的安排使得教师在日常教学中受到限制，教学积极性和有效性都会受到影响。我们应当借鉴发展适宜性课程对教师的要求，在具体的教学中，教师转换角色，以平等、合作的方式融入幼儿的生活与学习之中。

三、幼儿教师教学有效性的达成

为确保教师提供的保育和教育是高质量的，发展适宜性实践要求教师必须是有效的，即教师必须是有准备的、参与到持续的专业发展过程中的并且得到足够支持和补偿的。正因为教师是帮助幼儿身心发展的关键人物，发展适宜性实践强调优秀教师是有准备的"有效教师"，应该具备全面的素质。在整个课程实施的过程中，教师应通过持续不断地对幼儿进行观察记录来评价幼儿的发展，从而为幼儿提供更适宜的支持。

（一）儿童中心教育观

在我国，学前教育提倡"儿童中心"和"以儿童为本"的教育理念并不是一个新的问题，但在教学实践中还未能做到，因此形成理念与实践之间的脱节。教师和家长的理念及教育行政部门的观点都没有实实在在地接受儿童中心的教育观。不可否认，这与中国的传统教育文化的影响有关，但是面对幼儿园里各种各样的特色班及小学化倾向的教学内容，小小年纪就要背负的文化课、才艺班的重压，这样的教育环境不能够为儿童的发展提供有利的条件。因此，教育工作者要将成熟与环境综

---

① ［美］卡罗尔·格斯特维奇：《发展适宜性实践——早期教育课程与发展》，（第三版），霍力岩译，北京：教育科学出版社，2011，第12页。

② 乡严冷：《美国幼儿园教师的生存状态及启示》，载《幼儿教育》，2006（19）。

合起来、将儿童的自发活动与教师主导的活动综合起来、将幼儿的探究与幼儿技能的获得综合起来、将社会情感的发展和认知的发展综合起来，实施"发展适应性课程"，即把适应儿童的发展作为决定课程质量诸因素（如社会文化传统、家长要求等）中的重要因素，重视儿童的年龄发展特点及个别儿童发展的差异。

（二）教师是环境的创造者

环境是由教师创设的，教师是环境的组成部分。教师所关注的不应仅仅是物质环境，更应该关注精神环境的创设；不应只注重环境表面的形式，更应该关注环境对幼儿发展的意义。除了维持环境的舒适、卫生与整洁外，教师还应为儿童营造一个安全、温馨、放松的人文心理环境，从而促进儿童心理的健康发展。例如，教师可以和幼儿共同探讨环境的布置及活动区域的设置，共同合作开展各种活动，共同完成对环境的设计和创设，帮助幼儿责任感的提升，也能让幼儿成为环境的主人，获得主动发展。

总之，在教育活动中，教师都应做到尊重幼儿、信任幼儿，不将自己的意愿强加给幼儿，从而充分调动幼儿的主体性，促使幼儿有效学习。这就要求教师：一是要时刻留意幼儿的需要、能力和兴趣，对环境设置进行变更；二是要考虑到课堂中的残疾幼儿和有特殊需要幼儿的需求，相应地调整空间和材料的设置。同时，教师在环境创造中的重要作用之一还要使环境井然有序，即呈现出结构化的环境，使得幼儿在此环境中的任何活动和发展都是可控的，教师在此环境中的作用是非控制性的指导。

（三）教师是课程实施中的观察者

为了更好地支持幼儿的发展，教师必须了解个体的发展水平及每个幼儿的具体需要、兴趣、学习风格和偏好等，成为敏锐的观察者。对幼儿的观察、记录与评价可以帮助教师为幼儿的发展提供更为适宜的支持。

发展过程的根基是对儿童的了解，观察儿童是课程的起点也是教师的重要职责。有计划的观察是衡量有效教师的标准之一，通过观察，教师不仅可以了解幼儿的需要与发展潜力，也可以了解自己的进步与不足，从而进一步调整和完善课程。因此，教师观察幼儿时需要从技术和思想两个层面予以引领。在发展适宜性实践中，能否遵循"三个适宜性"的理念，促使幼儿教师在实践中始终以与儿童年龄、个体及文化背景有关的知识为依据，以儿童适宜性发展的需求为导向，最终取决于幼儿教师对每一位幼儿的深入观察。

（四）教师是课程的设计者

教师对课程的设计来源于对所处的课堂环境的观察及他们对于幼儿发起活动的参与和支持。在这个支持过程中，教师对材料和活动进行设计，以帮助幼儿从现有水平出发，朝下一个阶段的学习和兴趣方向前进。教师的这种设计不仅仅建立在对幼儿的年龄和个体知识的了解上，还建立在对幼儿所处的地理和文化背景的了解上。有效教师了解幼儿群体和个体，并结合期望的结果，设计体验活动来促进幼儿习得和发展。如果新的体验活动建立于幼儿已有的认知和能力的基础上，且这样的活动能促使幼儿在合理范围内去获取新的技能、能力或知识，那么习得和发展就极可能实现。在幼儿的技能和认知水平达到一个新的高度后，教师会继续思考下一步的目标，这样的循环会一直持续，以一种发展适宜性的方式推进幼儿的习得。

教师与幼儿时时刻刻的交往互动对幼儿学习的结果和发展是最有力的决定因素。因此，教师在使用方法和策略的时候是有目的性的，需要支持幼儿每个学习领域的兴趣。此外，教师还会调整课程以适应他所教授的群体的整体特征和每个幼儿的个体特征，以促进幼儿的发展。

（五）教师是儿童家庭与学校间桥梁的搭建者

家长们在幼儿生活当中起着很重要的作用。他们非常了解他们的孩子，而且他们的偏好和选择也起了一定作用。优秀的教师应努力在互相交流和相互尊重的基础上和家长建立长期良好的沟通互助关系①。教师设计的课程是非常欢迎家庭参与其中的，在课程中也会设计很多让家长参与的环节。因此，家长们也可以参与到有关他们孩子护理和教育的课程决策中来。教师要与家长合作，共同建立和维护一个有秩序的、定期的双向交流系统（和不会说英语的家长交流时，如果他们能够或尝试获得双语志愿者们的帮助，教师应该尽可能用他们的母语进行交流）。教师要认识到一个家长的选择和对孩子的预期，然后谨慎地对此做出回应，尊重家长们的偏好和关心，但是不要放弃作为学前教育教师的责任——即教师必须通过发展适宜性训练来帮助幼儿学习和成长。教师和家长应互相分享幼儿的信息以及对幼儿成长和学习的理解，并将此作为日常交流和家长会的内容。教师应以最大限度地提高家长决

---

① Carol Copple，Sue Bredekamp. *Developmentally Appropriate Practice in Early Childhood Programs*. NAEYC. p.45.

策能力的方式帮助他们。教师应将家长作为获取学生信息的一个渠道，并让他们参与到与幼儿相关的计划中来。①

在我们这个多元的社会中，教师们需要深入了解幼儿家庭的文化背景。优秀教师能够很好地倾听和保持开放的思想去接纳不同的家庭文化将是非常重要的，这也是他们服务于所有家庭的基础。②

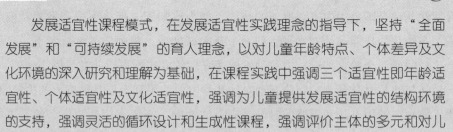

小结

发展适宜性课程模式，在发展适宜性实践理念的指导下，坚持"全面发展"和"可持续发展"的育人理念，以对儿童年龄特点、个体差异及文化环境的深入研究和理解为基础，在课程实践中强调三个适宜性即年龄适宜性、个体适宜性及文化适宜性，强调为儿童提供发展适宜性的结构环境的支持，强调灵活的循环设计和生成性课程，强调评价主体的多元和对儿童的多元评价，其实践对美国乃至世界的学前教育都产生了深刻影响。

关键术语

发展适宜性实践理念；年龄适宜性；个体适宜性；文化适宜性；综合课程；有效教师；结构化环境。

思考题 ●●●●●●●●●

1. 分析发展适宜性课程模式与发展适宜性实践理念的关系。

2. 分析发展适宜性课程中关于组织课程的三个适宜性。

3. 发展适宜性实践理念对当代幼儿教育的主要影响是什么？

4. 发展适宜性课程模式在实践中是如何运作的？

---

① Carol Copple，Sue Bredekamp. *Developmentally Appropriate Practice in Early Childhood Programs*. NAEYC. p. 23.

② Ibid，p. 45.

参考文献

[1] [奥] 鲁道夫·斯坦纳著. 人智学启迪下的儿童教育 [M]. 柯胜文译, 台北：光佑文化事业股份有限公司, 2002.

[2] [美] 爱泼斯坦著. 高宽课程的理论与实践：学前教育中的主动学习精要 认识高宽课程模式 [M]. 霍力岩等, 译. 北京：教育科学出版社, 2012.

[3] [美] Linda Campbell, Bruce Campbell, Dee Dickinson. 多元智能教与学的策略（第二版）[M]. 霍力岩, 沙莉, 孙蔷蔷译. 北京：中国轻工业出版社, 2015.

[4] [美] 格斯特维奇著. 发展适宜性实践 早期教育课程与发展. 霍力岩译. 北京：教育科学出版社, 2011.

[5] [美] Bruce Joyce, Marsha Well, Emily Calhoun. 教学模式（第七版）[M]. 荆建华, 宋富钢, 花清亮译. 北京：中国轻工业出版社, 2009.

[6] [美] 陈杰琦, 玛拉·克瑞克维斯基, 朱莉·维恩斯. 多元智能的理论与实践：让每个儿童在自己强项的基础上发展 [M]. 方均君译. 北京：北京师范大学出版社, 2004.

[7] [美] 道治, 柯克, 海洛曼. 幼儿园创造性课程 [M]. 吕素美译. 南京：南京师范大学出版社, 2006.

[8] [美] 加里·鲍里奇. 有效教学方法 [M]. 易东平译. 南京：江苏教育出版社, 2002.

[9] [美] 贾铂尔·L. 鲁普纳森, 詹姆斯·E. 约翰逊. 学前教育课程（第三版）[M]. 黄瑾, 裴小倩等, 译, 上海：华东师范大学出版社, 2005.

[10] [美] 卡德韦尔. 把学习带进生活：瑞吉欧学前教育方法 [M]. 刘鲲, 刘一汀译. 上海：华东师范大学出版社, 2006.

[11] [美] 考其克. 学习与教学策略 [M]. 伍新春, 朱瑾, 夏令, 秦宪刚译. 北京：北京师范大学出版社, 2007.

[12] [美] 罗伯特·斯莱文. 教育心理学：理论与实践（第七版）[M]. 姚梅林等, 译. 北京：人民邮电出版社, 2004.

[13] [美] 玛利·霍曼, 伯纳德·班纳特, 戴维·P. 韦卡特. 活动中的幼儿——

幼儿认知发展课程［M］. 郝和平，周欣译. 北京：人民教育出版社，1995.

［14］［美］蒙·科克伦. 儿童早期教育体系的政策研究［M］. 王海英等，译. 南京：江苏教育出版社，2011.

［15］［美］斯泰西·戈芬，凯瑟琳·威尔逊. 课程模式与早期教育［M］. 李敏谊译. 北京：教育科学出版社，2008.

［16］［美］珍尼特·沃斯，［新］戈登·德莱顿. 学习的革命［M］. 顾瑞荣，陈标，许静译. 上海：上海三联书店，1998.

［17］［日］今西嘉藏，蒙台梭利教育法［M］. 但焘译. 北京：商务印书馆，1914.

［18］［日］相良敦子. 蒙台梭利教育的普遍性与特殊性之生根［M］. 刘冷琴译. 台北：科学启蒙学会出版社，1992.

［19］［瑞士］皮亚杰. 教育科学和儿童心理学［M］. 傅统先译. 北京：文化教育出版社，1998.

［20］［意］玛丽亚·蒙台梭利. 童年的秘密［M］. 马荣根译. 北京：人民教育出版社，1990.

［21］［意］玛丽亚·蒙特梭利. 蒙台梭利幼儿教育科学方法［M］. 任代文译. 北京：人民教育出版社，1993.

［22］［意］玛利亚·蒙台梭利. 蒙台梭利教育法［M］. 霍力岩，李敏谊等，译. 北京：中国人民大学出版社，2008.

［23］［意］马拉古奇. 孩子的一百种语言：意大利瑞吉欧方案教学报告书［M］. 张军红，陈素月，叶秀香译. 台北：光佑文化事业股份有限公司，1998.

［24］［英］洛森. 解放孩子的潜能［M］. 吴蓓译. 北京：人民文学出版社，2006.

［25］［英］萨德勒. 比较教育的理论与方法——国外比较教育文选［M］. 北京：人民教育出版社，1996.

［26］Joanne Hendrick. 李季湄，施煜文，刘晓燕译. 学习瑞吉欧方法的第一步［M］. 北京：北京师范大学出版社，2002.

［27］陈时见. 幼儿园课程的国际比较：侧重幼儿园课程设置的经验、案例与趋势研究［M］. 重庆：西南师范大学出版社，2011.

［28］陈文华主编. 中外学前教育史（第二版）［M］. 北京：科学教育出版社，2011.

［29］崔国华. 蒙台梭利教育实践攻略［M］. 北京：九州出版社，2010.

[30] 顾明远，梁忠义主编. 幼儿教育［M］. 长春：吉林教育出版社，2000.

[31] 黄晓星. 迈向个性的教育：一位留英、美学者解读华德福教育［M］. 广州：广东教育出版社，2002.

[32] 霍力岩，莎莉等. 重新审视多元智力——理论与实践的再思考［M］. 北京：北京师范大学出版社，2007.

[33] 霍力岩等. 多元智力理论与多元智力课程研究［M］. 北京：教育科学出版社，2003.

[34] 简楚瑛. 学前教育课程模式［M］. 上海：华东师范大学出版社，2005.

[35] 卢乐山. 蒙台梭利的幼儿教育［M］. 北京：北京师范大学出版社，1985.

[36] 罗炳史著. 外国教育史［M］. 南京：江苏人民出版社，1981.

[37] 彭莉莉. 教育的桃花源：华德福学校研究［M］. 上海：华东师范大学出版社，2007.

[38] 施良方. 课程理论——课程的基础、原理与问题［M］. 北京：教育科学出版社，1996.

[39] 屠美如. 向瑞吉欧学什么：《儿童的一百种语言》解读［M］. 北京：教育科学出版社，2010.

[40] 吴式颖. 外国教育史［M］. 北京：人民教育出版社，2005.

[41] 许惠欣. 蒙台梭利与幼儿教育［M］. 台北：台湾人光出版社，1979.

[42] 周采. 学前比较教育［M］. 北京：人民教育出版社，2010.

[43] 周采，杨汉麟. 外国学前教育史［M］. 北京：北京师范大学出版社，1999.

[44] 周玉衡，范喜庆. 学前教育史［M］. 上海：复旦大学出版社，2009.

[45] 朱家雄，王峥. 让儿童的学习看得见：个体学习与集体学习中的儿童［M］. 上海：华东师范大学出版社，2007.

[46] 朱家雄. 幼儿园课程的理论与实践［M］. 上海：华东师范大学出版社，2010.

[47] 朱家雄. 建构主义视野下的学前教育［M］. 上海：华东师范大学出版社，2009.

[48] Ann S. . Epstein. Essentials of Active Learning in Preschool. Ypsilanti, Mich. : High, Scope Press. 2007.

［49］ Biber B. . A developmental-interaction approach：Bank Street College of Education ［J］. The preschool in action：Exploring early childhood programs，1977，pp. 423-460.

［50］ Bruetsch A. . Multiple intelligences lesson plan book ［M］. Zephyr Press，1999.

［51］ Campbell L. ，Campbell B. ，Dickinson D. . Through multiple intelligences ［M］. Needham Heights，MA：Allyn & Bacon，1999.

［52］ Chattin McNichols. Childs G. . Steiner education in theory and practice ［J］. 1991，1992.

［53］ Childs G. . Steiner education in theory and practice ［J］. 1991.

［54］ Cremin L. A. . The transformation of the school：Progressivism in American education，1876-1957 ［J］. 1961. David Gettman. Basic Montessori ［M］. London：Christopher Helm，1988.

［55］ Edwards C. P. ，Gandini L. ，Forman G. E. . The hundred languages of children：The Reggio Emilia approach-advanced reflections ［M］. Greenwood Publishing Group，1998.

［56］ Edwards C. P. . Three Approaches from Europe：Waldorf，Montessori，and Reggio Emilia ［J］. Early Childhood Research & Practice，2002，4（1）：n1.

［57］ Evans E. . Curriculum models and early childhood education ［J］. Handbook of research in early childhood education，1982，107：134.

［58］ Forman G. E. ，Edwards C. P. ，Gandini L. . The hundred languages of children：The Reggio Emilia approach-advanced reflections ［J］. Connecticut：Greenwood Publishing Group，1998.

［59］ Gardner H. ，Feldman D. ，Krechevsky M. . Project spectrum：Preschool assessment handbook ［J］. NY：Teachers College press（Traduccin Caste-llano，El Proyecto Spectrum. Tomo III：Manual de evaluacin para la Educacin Infantil. Madrid：Morata，2000），1998.

［60］ Gardner H. . Frames of mind：The theory of multiple intelligences ［M］. Basic books，2011.

［61］ Gardner H. . Multiple intelligences：The theory in practice ［M］. Basic books，

1993.

[62] Gestwicki C. . Developmentally appropriate practice: Curriculum and development in early education [M] . Cengage Learning, 2013.

[63] Hohmann M. , Weikart D. P. . Active learning practices for preschool and child care programs: Educating young children [J] . High/Scope Press, Ypsilanti, MI, 1995.

[64] Hohmann M. , Weikart D. P. . Young children in action: A manual for preschool educators (rev. ed.) . Ypsilanti, MI: High [J] . 2002.

[65] Korfmacher J. , Spicer P. . Toward an understanding of the child's experience in a Montessori Early Head Start program [J] . Infant mental health journal, 2002, 23 (1-2): 197-212.

[66] Kornhaber M. , Krechevsky M. . Expanding definitions of learning and teaching: Notes from the MI underground [J] . Transforming schools, 1995, pp. 181-208.

[67] Kostelnik M. J. , Stein L. C. . Social development: An essential component of kindergarten education [J] . The developing kindergarten: Programs, children, and teachers. Saginaw, MI: Mid-Michigan Association for the Education of Young Children, 1990.

[68] Lazear D. . Multiple intelligence approaches to assessment: Solving the assessment conundrum [M] . Zephyr Press, PO Box 66006, Tucson, AZ 85728-6006, 1999.

[69] Mitchell A. W. . Explorations with young children: A curriculum guide from the Bank Street College of Education [M] . Gryphon House, Inc. , 1992.

[70] Moll L. C. . Vygotsky and education: Instructional implications and applications of sociohistorical psychology [M] . Cambridge University Press, 1992.

[71] Montessori M. . Spontaneous activity in education [M] . Montessori Helper, 2014.

[72] Montessori M. . The absorbent mind [M] . Macmillan, 1995.

[73] Montessori M. . The montessori method [M] . Transaction Publishers, 2013.

[74] Montessori M. . The secret of childhood [M] . Calcutta: Orient Longmans, 1936.

[75] Moore S. G. , Kilmer S. . Contemporary preschool education: A program for young children [M] . John Wiley & Sons, 1973.

参考文献

［76］ Morrison G. S.. Early childhood education today ［M］. Columbus, Ohio: Merrill Publishing Company, 1988.

［77］ Morrison G. S.. Early childhood education today ［M］. Columbus, Ohio: Merrill Publishing Company, 1988. London: Rudolf Steiner Press, 1973.

［78］ Principles and standards for school mathematics ［M］. National Council of Teachers, 2000.

［79］ Reese H. W., Overton W. F.. Models of development and theories of development ［J］. Life-span developmental psychology: Research and theory, 1970, pp. 115-145.

［80］ Rhine, W. Ray, ed. Making schools more effective: New directions from Follow Through. ［M］. Academic Pr, 1981.

［81］ Roopnarine J., Johnson J. E.. Approaches to early childhood education ［M］. Merrill/Prentice Hall, 2013.

［82］ Schweinhart L. J.. Significant Benefits: The High/Scope Perry Preschool Study through Age 27. Monographs of the High/Scope Educational Research Foundation, No. Ten ［M］. High/Scope Educational Research Foundation, 600 North River Street, Ypsilanti, MI 48198-2898, 1993.

［83］ Schweinhart L. J.. Significant Benefits: The High/Scope Perry Preschool Study through Age 27. Monographs of the High/Scope Educational Research Foundation, No. Ten ［M］. High/Scope Educational Research Foundation, 600 North River Street, Ypsilanti, MI 48198-2898, 1993.

［84］ Shapiro E., Biber B.. The education of young children: A developmental interaction approach ［J］. The Teachers College Record, 1972, 74 (1): 55-80.

［85］ Smilansky S.. The effects of sociodramatic play on disadvantaged preschool children ［J］. 1968.

［86］ Standing E. M.. Maria Montessori, her life and work ［M］. NAL, 1998.

［87］ Steiner R.. Practical advice to teachers ［M］. Steiner-Books, 2000.

［88］ Steiner R.. Waldorf Education and Anthroposophy 1: Nine Public Lectures, February 23, 1921-September 16, 1922 ［M］. SteinerBooks, 1995.

[89] Stremmel A. J. , Hill L. T. . Teaching and learning: Collaborative exploration of the Reggio Emilia approach [M] . Prentice Hall, 2002.

[90] Weikart D. P. , Hohmann C. F. , Rhine W. R. . High/Scope cognitively oriented curriculum model [J] . Making schools more effective, 1981, pp. 201-219.

[91] Weikart D. P. , Schweinhart L. J. . The High/Scope Curriculum for early childhood care and education [J] . Approaches to early childhood education (4th ed. , pp. 277-294) . Upper Saddle River, NJ: Prentice Hall, 2005.

[92] Zigler E. , Valentine J. . Project Head Start: A Legacy of the War on Poverty [J]. 1979.

参考文献

后 记

学前教育是终身教育的开端，基础教育的基础，是国家教育体系中不可或缺的重要一环与起始阶段。当前，我国政府高度重视学前教育的发展，并为我国学前教育的发展指明了方向，奠定了政策和体制的基础，也反映出人民对于普及化、高质量的学前教育的需求。学前教育课程作为连接教育者和幼儿的重要渠道，是实现幼儿教育目的的重要方式和手段，关乎着幼儿教育质量的高低，影响着幼儿的身心健康与发展。因此，对西方经典的学前教育课程模式的深入研究具有实际意义：一方面有利于进一步推进对各种学前课程模式的认识和运用，促进学前教育质量的提升；另一方面，西方早期教育的课程模式在经历了若干年的发展之后已形成具有一定质量保证的"模板"，因其利于推广的稳定性结构，会对幼儿园运用或开发优质的学前教育课程模式产生裨益。

笔者对西方经典学前教育课程模式的研究长达数十年之久，出版和发表了一些相关的著作和论文，关于西方经典学前教育课程模式积累了大量资料和系统思考。在学前教育备受重视和大力发展的新时期，我带领团队着力将前期积累的经验和成果进行系统整理并归纳成书，以期为学前教育工作者全面深入地理解和借鉴西方经典学前教育课程模式提供参考，理性思考学前教育课程模式的本质、价值、要素等重大问题提供方向，努力建构具有中国民族文化底蕴、接轨时代精神的幼儿园课程模式提供启示。

本书希望从以下两个向度对西方经典学前教育课程模式进行全面系统的呈现：（1）横向的研究主体：选取较有影响力并能代表世界学前教育课程改革方向的10种课程模式进行分析，即蒙台梭利教育法、发展—互动课程模式、直接教学模式、华德福教育方案、高宽课程模式、光谱方案、卡米-德弗里斯课程模式、瑞吉欧教育方案、创造性课程模式、发展适宜性课程模式等10种西方经典学前教育课程模式为研究主体；（2）纵向的分析要素：分别从形成动因、演变历程、理论基础、课程理念、课程目标、课程内容、课程实施、课程评价、课程特点、实践运用十个方面对课程模式进行介绍和分析。以期不仅"知其然"，还要"知其所以然"，通过探究10种课程模式的形成动因、演变历程和理论基础，思考一种课程模式产生的时代、文化、社会和理论背景；不仅重理论介绍，更强调实践运用，通过"全球视野"对10种课程模式理念、目标、内容、实施和评价等要素进行系统分析，因时因地制宜探求新形势下这些课程模式对我国学前教育实践的"本土行动"。

本书的修订、完稿是团队集体智慧的结晶。研究过程由三个阶段组成。第一阶段为基础阶段。2013年9月，研究团队启动了《西方经典学前教育课程模式及运用》的编写工作。在基础阶段，我和孙蔷蔷一起确立研究题目、设计研究逻辑、制定写作框架、确定各章的主要内容。之后由孙蔷蔷负责组织并协调研究生团队分别进行了10章的撰写工作，此阶段参与书稿撰写的人员有黄爽、陈雅川、高宏钰、房阳洋、王逢利、田甜、阿淼羽、周彬、瞿露、张娜娜等。第二阶段为推进阶段。在基础阶段形成的初稿基础上，2014年6月，我和孙蔷蔷带领研究团队对全书各章的写作体例、行文风格、具体内容进行了进一步的讨论，并确定了各章下一步修改的具体方向。推进阶段参与的人员有高宏钰、房阳洋、孙蔷蔷、潘越、沈旭、孙亚男、刘璐、魏佳等，研究团队对各章内容进行大力修改和推进，对章节的编排做了增补或调整。第三阶段为完善阶段。此阶段由我和孙蔷蔷带领研究团队对书稿各章节进行了反复审核、修改、补充和删减，此阶段由孙蔷蔷、耿泽、胡恒波、魏宏鑫、潘越、沈旭、刘璐、孙亚男、魏佳等组队分工，逐字逐句对各章的逻辑、观点、素材、图表、格式、规范等进行修改和提升，由孙蔷蔷对书稿进行整体的提升与完善，最后再由我进行通读、审阅和定稿。

本书的撰写并不是个人的研究行为，它是在参考、借鉴学者们已有研究成果的基础上完成的，在此对参考文献的作者们致以深深的谢意。在本书修订完成之际，还要感谢北京师范大学出版社编辑罗佩珍同志，在罗佩珍同志的支持下，本书才能顺利出版。

限于著者水平，疏漏与错误难免存在，敬请学界同人不吝指正，容当以后不断完善、调整和补充。

霍力岩
2015年7月15日

后记